JN214074

上宮聖徳太子伝補闕記の研究

新川登亀男 著

吉川弘文館 刊行

戊午叢書

目次

人間の手になる作品についての判断を損なう多くの誤りは、
それらの発生状態に対する奇妙な忘却によるものである。
――ヴァレリ『レオナルド・ダヴィンチの方法』渡辺広士訳――

第一章　補闕記の伝来

第一節　書題の展開

『上宮聖徳太子伝補闕記』（以後、補闕記と略称する）とふつう呼ばれる一つの書かれたもの、何らかの意思をもって撰述されたものを観察しようとしている今、ヴァレリの至言は、差し迫った真実の声に聞こえる。補闕記が、『最後の晩餐』のような名作だからではない。何よりも、「人間の手になる作品」だからである。それは、絵画であれ、彫刻であれ、はたまた言葉の構成であれ、少しも違うことはないのであって、補闕記は言葉の「作品」である。

言葉の「作品」にも、しばしば優劣が問われて、歴史学ということになると、それはおそらく史料としての優劣になろう。それが芸術や文学などと違うのは、その史料としての優劣があくまで手段ということであり、言葉の「作品」

も、手段としての史料になる。聖徳太子の諸伝や、聖徳太子をめぐる研究が決して止絶えたわけではないのに、補闕記が依然として余り問題にされないのは、手段としての史料に有効力がさ程認められないという、歴史学的判断によるものであろうか。もしそうであるなら、言葉の「作品」を史料として手段化してしまう行為と思惟に対して、今一度、保留を迫るべきであるし、「人間の手になる作品」をさらに尊重しなければなるまい。また、史料としての補闕記に、どの程度の有効性があるのか、把握し難いというのであれば、手段としての有効力を模索するまえに、補闕記そのものを目的とすることが肝要である。

補闕記が余り問題にされないという事実がいずれであるにせよ、その原因は、補闕記の「発生状態に対する奇妙な忘却」にあるように思える。しかしそれは、今日のわれわれだけの責任では必ずしもないと言える。なぜなら、『聖徳太子伝暦』（以後、伝暦と略称する）がすでに、「無名氏撰伝補闕記」と記述していて、撰者が不明であるだけではなく、その書題も正確でない。

このような補闕記が、今日知られる限りではじめて引用紹介されたのは、伝暦においてであった。この点はのちに述べることにして、とにかく当の書題を知らねばならない。しかし遺憾ながら、善本としての古写本もなく、伝本も今日では少い。幸い最近、飯田瑞穂氏の調査によって、その全容がほぼ明らかになったので、同氏の報告論考[1]を中心に、筆者の披見とあわせて、その内容をうかがい得る現在の伝本を一覧するに、水戸彰考館蔵本より以外の伝来系統を的確に示すものは、今のところないのが現状である。

水戸彰考館蔵本は、題簽からもわかるように、「太子伝抜書」「秘密太子伝目録」「上宮聖徳法王帝説」（以後、法王帝説と略称する）の三部とともに合綴されている。題簽の方は、「太子伝補闕記」と記し、内題は、「上宮聖徳太子伝補闕記」と書き、本文末尾にも、「上宮聖徳太子伝補闕記一巻」と書止されている。そうすると、「上宮聖徳太子伝補闕記」が、本書原題ということになりそうだけれど、水戸彰考館蔵本以外の伝本系統が明確に知られない今、ただちにそうと決めるわけにもいかなくて、たとえそうだとしても、「上宮聖徳太子伝補闕記」という呼称は、むしろ孤高を保つものであるとさえ言えるのである。

伝暦の引用から推しても、その原題に、また初期の書題に、「補闕記」という言葉がすでに含まれていたのは、確かであろう。事実、本書を、ただ「補闕記」と呼んだ例もある。『太子伝見聞記』（彰考館本による）などはその好例で、「補闕記一巻」と紹介し、あわせて「作者不分明」と傍注したのである。『平氏伝雑勘文』下三でも、「補闕記」と呼んだことがあった。また、飯田氏のさきの調査でも明らかなように、伴信友旧蔵『法王帝説證注』（国立国会図書館蔵）に記述された信友自筆の識語にも、「補闕記」とだけ述べられていた。

この「補闕記」という呼称は、おそらく略称にちがいないが、それはただ省略したというよりも、伝来の書題が必ずしも確定的なものでなかったことにも由来したはずで、あわせて、「補闕記」という呼称だけは捨て難いとの、人々の認識をうかがい知ることができよう。ところが実際には、「補闕記」と呼ぶよりも、「補闕伝」と言った例の方が、少くとも量的には圧倒的に多い。顕真自筆『古今目録抄』（荻野本による）や、『聖徳太子伝抄』（岩瀬文庫蔵）、『太鏡鈔』（慶応義塾図書館蔵）や『太子伝大意』（尊経閣文庫蔵）などにもその例があって、もちろん、『平氏伝雑勘文』とか、『上宮太子拾遺記』、『太子伝玉林抄』（法隆寺蔵尊英本）、『聖誉鈔』などでも、あまねく知られている。

しかしこの「補闕伝」も、略称に相違ない。なぜなら、さきの『古今目録抄』上は、「松子伝」「井伝」「平氏伝」「障子伝」等に続けて、「補闕伝」と書いていて、いずれも略称もしくは通称の類である。また、さきの『聖徳太子伝抄』上にしても、「一巻伝」「平氏伝」とともに、「補闕伝」を紹介したのであった。そこですでに述べた「補闕記」という略称をも参照する時、本書題に「補闕」という用語が少くとも早くから使われ、あるいは原書題の一部を構成していて、以後も決して、人々の忘れることのなかった言葉であったのを、今さらに知ることができる。

ところが、この「補闕」を含む原書題そのものに及んでは、撰者が誰であるのかということとともに、早くから忘れ去られたままで来ている。だからこそまた、その原書題を復原しようとした歴史があった。その試みの歴史はしかし、一つの例外を除いて、余り実り多きものであったとは言えないようだ。そのテキストとも言うべきものは、管見の限り、伝暦が記し残した「無名氏撰伝補闕記」という呼称を唯一とした。たとえば、『太子伝撰集別要』(彰考館蔵)が、「無名氏撰伝補闕記トハ上宮聖徳太子補闕記一巻也」と説くようにである。

この『太子伝撰集別要』もそうだけれど、補闕記書題の復原試考に当たって、『平氏伝雑勘文』の仮説は、その後世に残した影響力の点からみれば、無視できない。本書は、橘寺の法空が、正和三年(一三一四)に撰述したもので、同じ法空の撰になる『上宮太子拾遺記』とともに、伝暦注解書の主流を占めて来たのである。太子諸伝の分類でも、独自の手法を示して、同書上一は、「有名有氏伝」「有名無氏伝」「無名有氏伝」「無名無氏伝」の四種に整理してしまった。この方法はおそらく、「無名氏撰伝補闕記」という呼称から、多くのヒントを得たものにちがいない。

四、無名無氏伝、

上宮聖徳太子補闕記　一巻、

此伝、一向無名字姓氏、

若准此句、平氏伝終、無名氏撰伝補闕記者、無名氏撰シ伝タル補闕記可読也、

此伝奥批文云、以空海上人御本広隆寺林尊写之云云、

法空はここで、一つの論証を立てている。彼は、「上宮聖徳太子補闕記」と書かれた一巻本を、ともかく直接その眼で見、読んだのである。それは、撰者のことが全く記録されていない、広隆寺林尊本であった。そして彼はただちに、「上宮聖徳太子伝補闕記」とは書かれていないのを、訝しく思ったようである。その理由は、ほかに「上宮聖徳太子伝補闕記」なる一書を読み知っていたからではない。ほかでもない、伝暦の「無名氏撰伝補闕記」という呼称から、「(太子呼称名)伝補闕記」なる一書を、かねてより想定していたからにほかなるまい。そこで彼は逆に、はじめて確認した「上宮聖徳太子補闕記」なる書題を基に、旧来からの自分の推定を正す意味もあって、「無名氏撰伝補闕記」のあらたな訓読を試みねばならなかった。それが、「無名氏撰シ伝タル補闕記」である。こう訓めば、書題からはたしかに「伝」という文字が消えることになり、かつ、「無名氏撰伝補闕記」の意味も損なわないですむ。

法空はまた、『上宮太子拾遺記』を書いた。この書題は、彼の見た「上宮聖徳太子補闕記」なる一書にヒントを得たものに相違なく、『上宮太子伝拾遺記』とはしていない。「拾遺」が「補闕」からのアナロジーであったのは、言うまでもなかろう。法空の一生において、この「上宮聖徳太子補闕記」なる書題の発見は、彼自身を大きく揺さぶることがあったのである。

しかし彼以後の太子伝注解者達は、少くともこの点に関する限り、冷ややかに、かたくなに、ただただ法空説を繰り返したに過ぎない。その一端を掲げれば、『太子伝玉林抄』がある。本書は、法隆寺僧訓海が、文安五年(一四四八)に完成したもので、そこにはまさしく、法空説がそのまま引用されていた。また、国立国会図書館蔵の伝暦(近世初写本)にも、法空説の注記がみえるし、書陵部蔵の伝暦(貞享五年版)に到っては、「無名氏撰伝補闕記(ムメウシノエラビツタヘタルホケツキ)」と訓みまで付け

て、法空説は流布し、通説化していったのである。

「ムメウシノエラビツタヘタルホケツキ」と訓むことは、「上宮聖徳太子補闕記」と呼ぶことに等しい。法空説が流布する限り、当然ながら、「伝」の字を除いた呼称が広くおこなわれたはずである。法空の論証をそのまま引用したものはもちろんであるけれど、さきの『太子伝玉林抄』でも、無窮会神習文庫蔵の叡福寺本では、「上宮太子補闕記一巻」と書かれるちがいがある。それでも、「伝」の字を欠くことには、何らかわりがない。また、『聖徳太子御絵指示』（史料編纂所蔵大正十三年影写本・達磨寺旧蔵本）は、「上宮太子補闕伝」と記していて、「伝」の字そのものは含まれているのだが、「上宮太子伝補闕記」とは書かれていないのである。さらに、「皇太子補闕記」と呼ばれた例もあるようだから、(2)この例も、「伝」の字を用いない類に入れてよい。

たしかに、「(太子呼称名)補闕記」という呼び方は流布していったのであるが、「(太子呼称名)」の方は、案外に不安定のままであった。「上宮聖徳太子」とも言えば、「上宮太子」とも言い、果ては「皇太子」とも呼ばれている。このことはおそらく、法空の論証に由来するところがあって、「(太子呼称名)」には、何ら論ずるところがなかったからである。しかしそれは法空の責任であろうはずがなく、むしろ彼は、「上宮聖徳太子」の呼称を実見して、論証するまでもない確定的なものとしていた。今、その功罪を問うのは、さして意味のあることではなかろうが、法空の驚異と論証を蔑ろにしたまま、ただその記述上の字面を踏襲することの多い、のちの人々にこそ、強いて言えば責任があろう。

だからと言って、法空説を是認すべきというのではない。彼の情熱と論理に対して、敬服することには吝かでないが、その客観的な是非は、まだ保留されなければなるまい。なぜなら現に、水戸彰考館蔵の補闕記は、「上宮聖徳太子伝補闕記」と明らかに表しているからである。そして、本書の奥書が確かなものであり、少くともこの「伝」の字に関する幾度にもわたった転写に誤りがないとすれば、どう降ってみても、保安三年より前から、「上宮聖徳太子伝補闕記」なる書題を持つ補闕記が伝えられていたことになる。

本書の伝来を知る手掛りは、言うまでもなく、その奥書と、奥に縫い付けられた附箋とである。すでに、さきの飯田氏により、さらには家永三郎氏によって、(3)その意とするところは、あらかた論じ尽くされている。重複をおそれず、あらためてみておこう。本書は、同じく合綴された法王帝説の転写と、分かちがたい。両書は同筆で、奥の附箋も共通する。

(朱)「法王帝説」
　右元禄乙亥(朱)「季夏」以和州人山本
平左衞門伝借本写之　(朱)「大串元善奉命」

これが、法王帝説の方の奥に縫い付けられた貼紙の文面であるなら、補闕記の方は、こう書かれていた。

(朱)「太子伝補闕記」
　右元禄乙亥(朱)「季夏」以和州人山本
平左衛門伝借本写之　(朱)「大串元善奉 命」

ほんのわずか、書き様(最後の朱筆)や、字体(衞と衛)にちがいはあっても、全くの同筆文である。すると両書とも、元禄八年(一六九五)に大串元善が、大和国の山本平左衛門からの伝借本を写したことになる。もちろんそれは、個人的な関心や好学で求められたのではない。水戸徳川家による『大日本史』編纂の命を奉った大串元善(平五郎)が、法隆寺で山本平左衛門に会い、同寺伝来の諸書借用の仲介を依頼したもようで、その結果、両書は一括して大串元善に貸し出されその書写は、京都でおこなわれたふしがある。彰考館蔵本の補闕記は、法隆寺蔵本のそれにもとづくといって、さしつかえあるまい。

ところが、本書の奥書は、法隆寺蔵本となる以前の伝来経由を示唆してくれる。

保安三年十一月十二日於洛陽写了
本書是広隆寺住大蓮房定海聖人本
也
建長二年庚戌七月廿四日校点已了
円斉

かつて広隆寺住僧定海の所持していた補闕記を、某氏が保安三年（一一二二）十一月十二日に、京都で書写したものがあり、それを円斉が、建長二年（一二五〇）七月二四日をもって校点したという。この円斉校点本こそ、法隆寺蔵本として継承され、それが円斉校点本そのものなのか、転写本であったのかはよくわからないにせよ、さらに彰考館本として今日残ったと言えよう。とにかく、本書は少くとも保安三年以前の広隆寺僧定海本にまで、遡り得るのである。

一方、法空も補闕記を実見していたのだが、それは、「空海上人御本」を「広隆寺林尊」が書写したものであったことは、すでに触れた。もし「空海」に誤りがなければ、補闕記の成立にも及ぶ重大な記録になるが、この「空海」は「定海」の誤写とも考えられるので、「空海」をそのまま認めて、論をすすめるには余りに冒険と言うべきだろう。しかしそれとは別に、広隆寺がその伝来に介入していたのは、彰考館本の場合とあわせて、やはり注目すべきことで、法空の実見した補闕記も、広隆寺本であった。かりに「空海」が「定海」の誤写であるとするなら、つまるところ、彰考館本とその源流を一にすることになって、林尊の書写は、保安三年十一月十二日の書写に等しいとも考えられないことはない。すると、保安三年十一月十二日に書写した某氏は、ほかならぬ林尊であったということになる。

そうであれば、法空の実見した補闕記と、彰考館本は、全く系統を同じくするものであったことになるけれど、どういうわけか、前者は「上宮聖徳太子補闕記」と題され、後者は「上宮聖徳太子伝補闕記」と題されている。これはやはり、別系統であったとみるのが妥当であろう。もし「空海」をそのまま認めてよいなら、補闕記の本来の書題は「上宮聖徳太子補闕記」と言った可能性が極めて濃い。それでも、「定海」の誤写である可能性は捨て難い以上、法空の実見した補闕記と、彰考館本とは、いずれも定海本に源流を持つことでは一致し、定海本に「伝」の字が入っていたか否かはわからないけれど、それ以後の伝来過程で、「伝」の字の入らないもの（法空の実見した補闕記）と、「伝」の字の入ったもの（彰考館本）とに分かれたことになる。

では、その分かれた時期はいつかである。林尊の書写が、保安三年十一月十二日の書写を指すかもしれないとまえに述べたが、その可能性は薄いだろう。なぜなら後者の場合、「於洛陽」て書写したというもので、それは「洛陽」以外の某氏が上洛して、「洛陽」で書写したと言いたげではないか。これに対して前者の場合は、「洛陽」中に住む広隆寺僧林尊の書写である。要するに、法空の実見した補闕記と、彰考館本とが、たとえ定海本までともに遡り得たとしても、その定海本を直接に転写した段階から、すでに伝来の道は分かれていたことになる。前者は広隆寺内に伝わり、後者は広隆寺はもとより「洛陽」以外へと伝えられ、それは法隆寺であった可能性があろう。

そこで気付くのは、『太子伝玉林抄』追加抄（法隆寺蔵尊英本）に記録された、やはり訓海の手になるであろう(4)一言である。

而宝徳元年己巳十月日、□(補)闕伝見処奥書云、本云、保安三年壬寅十一月十日上洛之次、以広隆寺住大蓮房定海聖人本書写之畢云々、

訓海は、宝徳元年（一四四九）十月に、補闕記を見て読み、その奥書に眼を止めたのだけれど、彰考館本の奥書と酷似していたのに、今日のわれわれはすぐ気付くであろう。すると彰考館本は、訓海の実見した補闕記の系統をそのまま受け継いだとも考えられる。しかし、日付その他に若干の相違があるのも事実で、別本であるとみる向きもある。(5)だが、その日付とてわずか二日ちがいであり、「広隆寺住大蓮房定海聖人本」の句は、転写の際の藍本を表記する極めて重要な意味を持ち、転写行為の生命たるべきもので、その句が、しかもかなり長くこみいった句が、一字の例外もなく合致する事実を、やはり無視してはならない。また、彰考館本が「於洛陽」て書写したことを伝えているのも、その意は「上洛之次」に書写したとみた方が、どうも自然である。

訓海の実見した補闕記と、彰考館本とは、同系統に属するものであったとみるべきだろう。言い換えれば、二日ちがいで、おそらく法隆寺僧であろう別々の二人が相続いで上洛し、定海本をそれぞれ転写し、持ち帰ったと解するのには何とも無理があって、実際は、十日もしくは十二日のいずれかに、一人の法隆寺僧が上洛したついで、定海本を転写し帰ったものとすべきだろう。にもかかわらず、日付などに若干の相違がみうけられるのは、転写し帰った一本が、法隆寺内でさらに転写されていったからと思う。そうだとすれば、いずれの奥書が当初の原型をより伝えているのだろうか。確定的なことは言えないまでも、訓海の実見した奥書の方が、より本来の句に近いと推定される。彰考館本系統が、「壬寅」を省略し、「十日」を「十二日」と誤り、「上洛之次」を、「於洛陽」云々と簡略化し、「以広隆寺」

以下を、よりわかり易く簡明に書き改めたのではなかろうか。もちろんこれは一つの憶測で、決して断定するつもりはないが、ただ訓海の実見した補闕記と彰考館本は、定海本を転写した段階までは少くとも同一本であり、それ以降の書写経路において、若干異なる伝来となったのではないかと言いたいわけである。

もしそうだとしてもしかし、定海本における「伝」の字の出入は、依然として謎である。だがここでわれわれは、ささやかな見落しをして来たことに気付くべきである。筆者はさきに、「空海」をそのまま是認した立論が冒険に過ぎることを指摘した。たしかにその通りなのだが、その危険は、「空海上人御本」が事実空海本であると容認した時、冒されることになるのであって、空海本と伝承されたものを指していたとすれば、また別の理解が許されるはずである。もちろんその理解は、林尊さらに法空が、空海本そのものの存在を確信していたとしても、何ら妨げられるものではない。

「空海上人御本」と称される一書が造作され、伝えられた可能性は、少くとも広隆寺においてあり得ないことではなかった。今、大谷文庫の『広隆寺別当補任次第』（広隆寺旧蔵）に従えば、平安朝を通じて広隆寺には、ほぼ二度の内紛期が知られるだろう。一度は、平安遷都直後の頃であり、もう一度は、十一世紀末から十二世紀初にかけての時期であった。前者の内紛期を切り抜けた広隆寺は、元興寺三論の系譜を引く道昌門徒の掌握するところとなり、後者の内紛期を契機に、「弘法大師門流」が別当に補任されていくことになったという。それは、永久四年（一一一六）の寛助別当補任にはじまる。前者の道昌門徒とて、「弘法大師門流」に無縁とは思えないが、寛助より一代前の別当となった増誉（承徳二年任の智證門人）の時期に、その断絶があったのは否定できない。

爰寺僧寺務、道昌門徒、此時始依被取放、一寺大愁、門侶含歎、不達訴訟之間、住侶等或晦跡逐電、或離寺引居、

依之恒例仏事悉退転、厳重寺役皆解怠、莫非此事矣、

そこで、「弘法大師門流」を以後別当に補任していくべきとの官符が下され、一応、混乱の収拾がなされたのであった。この収拾は、道昌門徒の一応の断絶を示すとともに、道昌門徒との最大限の妥協でもあったろう。

この時期を契機として、「空海上人御本」なる一書が、他寺から広隆寺にもたらされたり、旧来広隆寺伝来の一書を、そのように称しはじめた可能性はあり得よう。ただ問題なのは、「空海上人御本」なる一書が、広隆寺内に存在していたという保証はどこにもなくて、広隆寺僧林尊が転写したというだけで、その時期さえわかっていない。しかもし、「空海上人御本」なる一書が、広隆寺以外に伝わるものであっても、広隆寺僧林尊は、「弘法大師門流」寺院内の住僧であるという意識に支えられながら、本書を転写していったことはあり得よう。

補闕記を空海がかつて、現実に所持していたかどうかは、その判断に慎重でなければならないが、伝「空海上人御本」の実在には、認められる余地がある。たとえば法空は、思詫撰の『上宮皇太子菩薩伝』も実見したようで、次のように記録している。

又此伝奥批文云、以空海上人本写之、云々

今もし、さきの「空海上人御本」を「定海」のそれの誤写であるとするなら、この「空海上人本」の句も、何らかの誤写なのだろうか。そうではなかったとみることも充分できるはずである。そうとするなら、法空の実見した補闕記は、彰考館本もしくは訓海の実見した補闕記とは、系統を異にするものであったと言うこともできよう。前者は、少くとも伝空海所持本を広隆寺僧林尊が写し取り、おそらく広隆寺に伝えられたもので、後者は、広隆寺に住していた定海の所持本を、おそらく法隆寺僧が写し帰って、法隆寺に伝えられたものということになる。そして前者には、

「上宮聖徳太子補闕記」の書題が記され、後者には、「上宮聖徳太子伝補闕記」と表わされていた。ともに定海本（「空海」を「定海」の誤写とみる）を藍本としながら、異なった書題でそれぞれ伝来されて来たとみるよりも、その方がより自然であるようにも思う。

いずれにせよ、法空の論証は早計に過ぎたと言わなければなるまい。彼の唯一頼んだ論拠も、不動ではないからである。当然ながらその結論である、「無名氏撰シ伝タル補闕記」との意味も、充分の説得力を持ち得ないことになるだろう。しかし彼の弁護が許されるなら、問題の訓読を導く論証過程そのものは、それなりに確かなもので、訓詁学に過ぎないとの謗りを受けたとしても、補闕記そのものの存在に、とにもかくにも真正面から迫った、稀有なものであった。

第二節　伝暦と「無名氏撰伝補闕記」

補闕記の伝来で、今日われわれが確実に遡り得るのは定海本である。だがそれは、定海が補闕記なる一書を手元に置いていたというだけのことで、彼はもはや補闕記の存在に無頓着で、補闕記はすでに忘却の書であったといって過言でない。そこで今度は、伝暦のなかの「無名氏撰伝補闕記」が問われることになるだろう。

伝暦の撰述者が、補闕記の撰者をすでに知らなかったのは明らかである。その限りで言えば、補闕記は早くも忘れ去られようとしていたことになるのだが、それは、伝暦以後の忘却とは異なるばかりでなく、その単なる端緒もしくは予兆であったと、必ずしも言い切ることはできない。なぜなら第一に、「無名氏撰」とわざわざ冠した事実を看過すべきではないし、第二は、伝暦が補闕記を参照したり、引用したふしがうかがえるからである。

無意味な問いのようではあっても、なぜ「無名氏撰」と書かれなければならなかったのかは、あらためて問題とすべきである。というのも、補闕記の撰者が誰であろうと、その関心がないのなら、ことさらに「無名氏撰」と書くはずのない逆説に想い当たるからである。伝暦の撰述者は、補闕記が誰によって書かれたのかという問いに、むしろすこぶる拘泥していたとみるべきだろう。それは当然、補闕記の存在と発生そのものに無関心ではいられなかったことを示唆しており、「無名氏撰」であることへの強いこだわりがあったと、言い換えてもよい。

そのこだわりとは、何であったのか。ひたすら撰者を知りたいとの欲求に由来するのか、はたまた、「無名氏撰」であること自体の「伝」の意味が、こだわりを追認させたのか。まずは、補闕記がいかに伝暦に参照され、引用されたのかを知らなければ、その答え、もしくは予想の見当がつかないのである。

それは大別して、ほぼ二群に整理できよう。一つは、異聞もしくは異伝として採用されたもので、「又説」「一説」などの書き出しを持つ。もう一つは、伝暦本文のなかに巧みに織り込まれたもので、叙述上から言えば、何ら顕著な表示があるわけではない。厭わずかつ遺漏を恐れず示してみよう。(6)

(1)一説、声慈法師講説之日、我朝使至通太子薨状、法師停講失声大哭、（中略）大発誓願曰、生々世々、必逢上宮聖王於浄土也、吾以来年二月五日（或説曰、二月廿二日必死）必死、竟如其言、明年二月廿二日、無病而逝、時人大異、彼此大聖、誰測其深、云々、

(2)一説、辛巳年十二月廿二日薨、太子怜之、造墓而葬、墓今在中宮寺南、長大墓是也、（以上、推古二十九年二月条）

(3) 一説曰、癸卯年十一月十一日丙戌亥時、宗我大臣児林臣入鹿、致奴王子児名軽巨（ママ）王勢徳太古臣、大伴馬甘連、中臣塩屋連板夫等六人、発悪逆計、太子々孫男女廿三人王、無罪被害、今見計名廿七（五歟）王、山背大兄王、乎末呂々、菅手（女）々、殖栗々、春米々、近代女々、桑田女々、磯部女々、茨田王、三枝々、三枝末呂古々、馬屋（女イ）々、財々、日置々、片岡（女イ）々、白髪部々、手嶋女々、孫、難波王、末呂女王、弓削々、佐保女々、佐々王、三嶋女々、田可々、尾張王也、于時王子等皆入山中、経六箇日、辛卯辰時、弓削王子率諸弟、并在斑鳩寺、大狛法師手殺此王、山背大兄王子率諸弟、并王子等、出自山中、入斑鳩寺塔内、立大誓願曰、吾暗三明之智、未識因縁之理、然以仏言推之、我等宿業于今可賽、吾捨五濁之身、施八逆之臣、願魂遊蒼旻之上、陰入浄土之蓮、擎香大誓、香気郁然、上通烟雲、天上三道、現種々仙人之形、種々妓楽之形、種々天女之形、種々禽獣之形、向西方飛去、光明炫燿、天花零散、音楽妙響、時人仰看、遙加敬礼、当于此時、諸王共絶、諸人皆歎未曽有曰、王等霊魂、天人迎去、而賊臣等目唯看黒雲、耳聞微雷覆于寺上、賊臣滅太子々孫、謂快其志、乃告於父大臣、々々大驚、拍手曰、聖徳太子々孫無罪、奴等専輙奉除、我族滅門、其期非遠者、期年合門被誅、亦如其言、一何可奇矣、（皇極二年十月条）

(4) 一説、甲辰年三月八日、東方種々雲気飛来、覆斑鳩宮上、連于天、良久而銷、又有種々奇鳥、自上下自西方、飛来悲鳴、或冲天或居地、良久即指東方去、又溝瀆池川魚鼈咸自死爛、天下生民塡道合門、哭愴之声日夕不輟、又諸池水色皆変為血太臭、又六月、海鳥飛来、居上宮門、又十一月、飽波村有虹、終日不移、時人太異、又王宮有不識草、忽開青花、須臾而萎、又有二蟇如人立行、又有二赤牛如人立行、又有無量蛙、満犕伏王門、有少子、造弓射之為楽也、又童子相聚謡曰、盤上丹児猿米焼米谷裙、喫而今核山羊之伯父、又曰、山背之莵手之支々水、金丹相看社根莵手之支々水、此二童謡嬌（ママ）、始起王子孫未滅之前、王子孫滅後、猶不之止、

(5) 又説、庚午年四月卅日夜半、灾斑鳩寺、而暦録不記、此年是推古天皇十五年矣、

(6)又説曰、寺被灾之後、衆人不得定寺処、故百済入法師、率衆人令造楓野蜂岡寺、又造河内国高井田寺、又百済開法師、円明法師、下氷君雑物等三人、令造三井寺、云々

(7)又曰、太子平生之日、常歎曰、吾得合意妻与馬、但馬子未得、召天下大盗最秀者而駈使、然命駕之日、調伏麻呂（ママ）不離馬後、躡雲而行、生年八十四、己巳年死、其子足人、年十四年出家、住大安寺、己巳年、天智天皇即位八年也、

(8)一説、調使麻呂者、太子生年十三之時、始為舎人、時年十八、癸亥年二月十五日出家為僧、癸亥年、天智天皇即位二年也（中略）家人馬手、革衣、香美、中見、大吉、波多、犬養、弓削、許母、河見等十人、為奴婢首領、其胤子今在法隆寺、分在四天王寺、奴婢黒女、連麻呂等、常訴寃枉、連麻呂弟益浦、性堪領寺、為法隆寺頭、寃枉奴婢等根本、於妙教寺訪定蔵置、于今未免、（以上、皇極三年十一月条）

以上が、「一説」とか「又説」などの書き出しを持つ、あるいはそれに連らなる補闕記の引用であり、参照であって、。印を付した箇所がそれに当たる。実はこのほかに、「又説」や「一説」と明記して叙述されたところが、伝暦には二箇所まだある。(7) しかし逆に言えば、このような異聞あるいは異伝の明示された記述は、そのほとんどが補闕記に依るものであったということになろう。それは、伝暦の撰述者が補闕記をいかに認識していたのか、という事実を知ろうとする時、この上ない示唆をわれわれに与えずにはいない。

同じ「伝」の体裁をとってはいるものの、補闕記は伝暦にとって、すでにはなはだ奇異な「伝」であり、存在であったと言わざるを得ない。たとえば(1)をみると、この「一説」はあくまで伝暦の〝本説〟に付属されたものに過ぎなくて、その〝本説〟を抄出すれば、このように書かれていた。

于時高麗恵慈法師、聞太子薨、大悲曰、我雖異国心在断金、即待明年太子薨日、即自閇気死、時人大異、

ここにいう「我雖異国、心在断金」は、推古紀二十九年二月条に記された、太子死去をめぐる記事のなかに同文として知られるもので、少くとも『日本書紀』の「伝」が、〃本説〃として扱われたことはたしかである。また(3)にしても、「暦録文」を〃本説〃に掲げ、補闕記が「一説」であった。(4)も、その〃本説〃は「暦録文」であったようで、(3)の場合に等しい。(5)の「又説」において、「而暦録不記」とことさらに付言したのも、補闕記に対する「暦録文」が、〃本説〃として認識されていたことを物語っていた。従って、今仮に、『日本書紀』や「暦録文」を正統としての「伝」と呼べるなら、補闕記は伝暦にとって、いわば異端的な「伝」の類であったことになるのである。

それは当然、「伝」としての補闕記そのものを前にして、伝暦の撰述者が当惑し、困惑せずにはいられなかったことでもある。その有様を如実に示してくれるのは、(4)以下であって、補闕記の文章を「又」とか「又曰」とかで、全く無秩序に分解して、ただひたすら列挙していったのであった。伝暦の「伝」たるべき構成から、完全にはみ出し、はみ出された箇所であり、伝暦の撰述者をもってしても、認識し把握し得ないところが、補闕記に多く含まれていたのである。

ところが一方、伝暦の〃本説〃に補闕記が引用されたり、参照されたと思われるところも、たしかにうかがえる。

(イ)夜、妃夢有金色僧、容儀太艶、対己而立、謂之曰、吾有救世之願、々暫宿后腹、(中略)自此以後、始知有娠、(欽明三十二年正月朔条)

(ロ)妃巡第中、至于厩下、不覚有産、惣経一十二ヶ月矣、入胎正月一日、開誕亦正月一日、女孺驚抱、疾入寝殿、妃亦無恙、安宿幄内、皇子驚詢、侍従会庭、忽有赤黄光、至自西方照曜殿内、良久而止、(中略)天皇太異、勅群臣曰、此児後必有異於世、即命有司、定太(ママ)湯坐若湯坐、而沐浴抱挙、(敏達元年春正月一日条)

(ハ)後、太子能言能語、知人挙動、不妄啼哭、（敏達元年四月条）

(ニ)育後僅朞有二月矣、始十五日平旦、合掌東向、称南無仏而再拝、不因人教、孀母常禁、（敏達二年二月条）

(ホ)皇子第中、有諸少王子闘叫之声、皇子聞之、設笞追召、諸王子等皆悚逃竄、而太子脱衣独進、皇子問之、兄弟不和、諸小児等輙以口闘、今欲笞誨、皆悉隠避、而汝何独進、太子合掌、対皇子并妃、低首啓白、不得立橋於天而昇、不得穿穴於地而隠、故自進受笞、皇子并妃太悦曰、汝之岐嶷非只今日、妃披懐而抱、其身太香、々気非常、乃最加寵愛、或説云、一抱太子、数月懐香、故後宮争欲奉抱、及妃亦加抱、（敏達四年正月条）

(ヘ)（大連）誓放物部府都大神之矢、中太子鐙、太子命舎人迹見赤檮、放四天王之矢、定弓和須恵箭、遠逸中大連胸、倒而堕木、賊衆躁乱、斬川勝（ママ）大連頭、（用明二年七月条）

(ト)高麗僧恵慈、百済僧慧聡等化来、此両僧弘渉内外、尤深尺義、則太子問道、聞一知十、問十知百、二僧相語曰、是実真人也、或不思而達、出於論外、三年業成、道被幽顕、聴政之日、宿訟未決者八人、共声白事、太子一々能弁答、各得其情緒、无復再訪、大臣率群臣已下、敢献御名、称厩戸豊聡八耳皇子、又称大法王皇太子、々々辞譲、（推古三年五月条）

(チ)太子謂恵慈法師曰、法華経中、此句落字、師之所見者如何、法師答啓、他国之経亦无有字、（推古四年五月条）

(リ)閇戸不開、七日七夜、不召御膳、不召侍従、妃已下等不得近之、時人大異、恵慈法師曰、殿下入三昧定、宜莫奉驚、八日之晨、玉机之上有一巻書、（中略）太子出自定後、常有口遊曰、可怜々々、大（ママ）随国僧、我善知識、好々読書、若不読書、非為君子、是勧戒之訓也、（中略）太子崩後、王子山背大兄、六時礼拝、丁亥年十月廿三日夜半、忽失此経、不知所去、求之無由、王子大恠、復以大憂、今在院者、妹子将来者也、（推古十六年九月条）

(ヌ)十七年己巳夏四月八日、太子始製勝鬘経疏、（推古十七年条）

(ル)妃膳氏侍坐、語妃曰、汝如我意、触事不違、吾得汝者我之幸也、（推古十八年十月条）

(ヲ)十九年辛未春正月廿五日、太子製勝鬘経疏竟、（推古十九年条）

(ワ)廿年壬申春正月十五日、太子始製維摩経疏、（推古二十年条）

(カ)同月十五日、暦（ママ）禄曰、十二月、太子命駕、巡看山西科長山下墓処、還向之時、即日申時、枉道入於片岡山辺道人家、即有飢人臥道頭、去三丈許、烏駒此届不進、太子加鞭、逡巡猶駐、太子自言、哀々、用音、即下自馬、舎人調使麻呂走進献杖、太子歩近飢人之上、臨而語之、可怜々々、何為人耶、如此而臥、即脱紫御袍、覆其人身、賜歌曰、科照耶、片岡山飯飢而、臥其旅人可怜、祖无、汝成来刺竹之、君速无、飯飢而、臥其旅人可怜、是夷振歌也 飢人起首、進答歌曰、（記脱カ）七代云、飢人若達摩歟、怒鹿之、富小川之絶者社、我王之御名者忘目、飢人之形、面長頭大、両耳復長、目細而長、開目而見、内有金光、異於時人、亦其身太香、非人之所聞、太子命麻呂曰、彼人香不、麻呂答啓、太香、太子曰、汝麻呂者命可延長、飢人与太子相語数十言、舎人左右不識其意、還宮之後、遣使視之、使復命曰、飢者既死去、太子大悲、使厚葬埋、造墓大高、于時大臣馬子宿祢、七大夫等皆奉譏曰、殿下聖徳難測、妙跡易迷、而道頭飢人是卑賤者、何以下馬与彼相語、復賜詠歌、及其死也、無状厚葬、何以能治大夫已下之臣、太子聞看、即召七大夫譏者、命曰、卿等七人、宜往片岡、発墓看之、七人大夫等受命往開、無有其屍、棺内太香、所賜斂（ママ）物彩帛等帖在棺上、唯太子所賜紫袍者無、暦録曰、衣裳帖置棺上、詔取其衣、自服如常、時人異之者、七大夫等看而太奇、深嘆聖徳不可思議、還向報命、太子日夕慕恋、常誦其歌、即遣舎人、取斂（ママ）衣服而御之如故、

（推古二十一年十一月条）

(ヨ)此年九月十五日、製維摩経疏竟、(推古二十一年条)

(タ)廿二年甲戌春正月八日、始製法花経疏、(推古二十二年条)

(レ)太子舎人宮池鍛師、有一壮犬、咋折一鹿之脛、太子逢而痛之、令舎人放之、復同犬咋折同鹿之四胑、為三段、太子恠之、誓夢見之、欲識其縁、入於夢殿、見夢(イ本)艶僧至自東方、謂太子曰、此鹿与犬、過去宿業也、鹿為嫡、犬為妾、時嫡折妾子之脛、因此九百九十九世結怨而来、于今千世正満足耳、(推古二十二年三月条)

(ソ)廿三年乙亥夏四月十五日、製法花経疏竟、此経疏者、自前製了、伝於漢土、而今復為制釈諸蕃法師等義理妙説并夢金人所授不可思議之義、以問於恵慈法師、々々亦領悟、発於不思、嘆未曽有、故称上宮後疏、謂弟子曰、是義非凡、将還本国、欲伝聖趣、(推古二十三年条)

(ツ)廿四年丙子夏五月三日、天皇不悆、太子大愁、誓願延天皇命、建諸伽藍、即以平複、諸国々造伴造臣連并大夫已下百官人等、各随其勢、誓建寺塔、(推古二十四年条)

およそ以上の。印を付した箇所が、〝本説〟に採られた補闕記の引用ないし参照である。しかしこれは、文章上比較的まとまった引用に限って紹介したのであり、補闕記の意を任意に文章化したり、補闕記の句文を個別的に織り込んだりした例は、まだほかにうかがえる。推古十二年八月条の、秦川勝と広隆寺に関する叙述や、同十八年九月条の、馬の死に関する叙述などは、その一例と言えよう。その意味からすると、〝本説〟に採られたもの(B群)と、明瞭に異説として引用されたもの(A群)との間には、その参照の仕方に相違があった。A群では、「一説」「又説」などの書き出しとともに、ほぼ補闕記の文章がそのまま、改編されることなくまとまって引用転載されたのに対して、B群では、特定の年月日条に、補闕記の文章がそのまま転載されることは余りなく、〝本説〟のなかに文字通り巧妙に織り込まれているのである。

このようなA群とB群のありかたは、同時に、伝暦の、あるいは「伝」の文化の終焉としての伝暦の補闕記に対する、二様の認識を物語っていると言わなければなるまい。A群についてはすでに述べたように、「伝」の文化に容易に受け容れ難い、もしくはそこから逸脱した性格のもので、伝暦の補闕記に対する〝負〟の認識と仮称することができよう。言い換えれば、「伝」の文化からはみ出したところに、補闕記そのものの重大な側面がすでに存在していたことになるのである。

これに比して、B群は、伝暦の補闕記に対する〝正〟の認識の表示とでも言い得よう。それは、伝暦の撰述者が、補闕記以外からは採用しようのない伝承を、補闕記から採って来て「伝」になじませたということでもあり、その限りにおいて、「伝」の文化への許容が可能なところで、かつ補闕記の他に比肩するもののない特徴記事がB群に当たる。その特徴記事とは、第一に、太子の出生・養育および幼年期に関するもので、(イ)(ロ)(ハ)(ニ)(ホ)がそうである。第二は、恵慈法師をめぐるもので、(ト)(チ)(リ)(ソ)がそれに相当する。第三は、舎人に関するところで、(カ)(レ)を掲げることができる。第四は、秦川勝の伝承で、(ヘ)がそうである。第五に、いわゆる三経義疏の製作年次を伝えるものがあって、(ヌ)(ヲ)(ワ)(ヨ)(タ)(ソ)がそれに当たるけれど、(ソ)は恵慈法師にもかかわっていて、第二の群とも不可分であったとすべきだろう。ほかに、(ル)は膳夫人のことであり、(ツ)は推古天皇病気平癒のための、寺院建立発願であるが、これは推古紀二年二月条と類似したところでもあって、補闕記独自の特徴記事と言うべきかどうかには疑問が残る。

これらの特徴記事について、今は深く立ち入らない。なぜなら、補闕記の発生にとって、いずれも重要な鍵になるもので、のちにあらためて取り上げるべきだからである、ただ目下のところ、このB群が、単に伝暦の内容としてのみならず、また補闕記の任意の引用や参照ということだけではなく、補闕記そのものの特徴を逆に吐露したものであることを推し測っておけば充分であろう。

さて、伝暦の補闕記に対する認識、つまり伝暦における「無名氏撰伝補闕記」とは、結局、このA群とB群との二様の事象にあらわれており、ここから逆に理解する以外に術はない。まず共通するのは、いずれも伝暦が、補闕記をその「伝」のなかに、何とか受容しようと試みている事実である。その限りで言えば、補闕記の撰者が誰であったのかは、伝暦の撰述者にとって、極めて強い関心事であったにちがいない。しかしその関心に、二つの有様があって、一つは、強い拒否反応をともなう関心で、逆説的関心と呼べるなら、今一つは、稀有な発見にかられた、順接的もしくは肯定的な関心とでも称し得るものであった。

これらは、あたかも矛盾するがごとき様相を呈している。しかしそれがもし矛盾であるなら、伝暦自体の矛盾ではなく、むしろ補闕記そのものの具有する矛盾であったと言うべきだろう。つまり、「入胎之始、在世之行、薨後之事」を『日本書紀』や「暦録文」などに准じて構成すべき「伝」の文化から、余りに乖離した側面と、必ずしもそうでない側面との両様を兼ね備えていたのが、ほかならぬ補闕記であったのである。伝暦の補闕記に対する認識も、畢竟このような補闕記の存在を投影したものに過ぎない。その意味で言えば、伝暦における「無名氏撰伝補闕記」は、補闕記の発生と存在を知り得る、かけがえのない一つの有力な手掛りになるだろう。

ところで、このような矛盾は、必ずしも矛盾のままであり続けるものではない点を、今一つ見通しておく必要がある。B群が、補闕記そのものにとっても、他に類のない特徴記事であるらしいことはすでに述べたが、言い換えれば、『日本書紀』や「暦録文」などの、やがて伝暦に正統的に継承されるべき「伝」には叙述されることのなかった記事であったのがB群であり、かつ補闕記の重要な側面であったということである。そうである以上、たとえ「伝」の文化への受容、もしくは継承が可能であったとしても、B群から、補闕記が傍系の、あるいは〝特殊〟な「伝」に属するものであったことを予想してもよいにちがいない。そうすると、A群とB群の二様は、存外に近いことになって、矛盾の様相というよりも、A群がB群の最も極端な側面に過ぎないとみることもできるはずである。

このような理解が許されるなら、伝暦の「無名氏撰」への強い関心も、ただその撰者を知りたい欲求に依るというだけではなく、「無名氏撰」である「伝」への、ある種の驚異と異和感にもとづくもので、「無名氏撰」であること自体への、あらためての確認と自覚にあったというべきだろうか。

注

(1)(2) 飯田瑞穂「『上宮聖徳太子伝補闕記』について——特に本文校訂に関連して——、附、彰考館蔵『上宮聖徳太子伝補闕記』翻印」(『中央大学文学部紀要』史学科二二)。

(3) 家永三郎『上宮聖徳法王帝説の研究』増訂版一〇八頁以下。

(4) 飯田瑞穂「法隆寺蔵尊英本『太子伝玉林抄』解説」(『法隆寺蔵尊英本太子伝玉林抄』下巻)。

(5) 飯田瑞穂、注(1)前掲論文。

(6) 阿部隆一「室町以前成立聖徳太子伝記類書誌」(『聖徳太子論集』)によって「現存本中書写年期の明らかな最古写本」と指摘された貞応二年写本二巻一軸並一冊の宮内庁書陵部蔵(伏見宮家旧蔵)本伝暦を典拠とする。

(7) 孝徳元年条、推古二十九年二月条。このほかにも敏達四年正月条に「或説云」とあり、用明二年七月条に「一云」とか「又云」と言い、推古八年正月条や同十三年条に「又云」とあり、同十五年五月条に「或説曰」とみえるなどの例がある。しかし、最初の「或説云」は、補闕記そのものの文言から採ったものであるし、それ以外の諸事例にしても、文章というより割注に近い。その点からすれば、推古二十九年二月条の「又説」も、割注の域を出まい。従って、純然たる異伝の文章として、叙述上引用されたのは、孝徳元年条の「一説」に尽きるとも言えよう。

第二章　補闕記と古語拾遺

第一節　補闕と拾遺

補闕記に対する「奇妙な忘却」から、補闕記の存在を取り戻し、その異和感の真意を突きとめて、補闕記の「発生状態」を蘇生させるためには、補闕記の序文から入るに如くはない。

日本書紀、暦録、并四天王寺聖徳王伝、具見行事奇異之状、未尽委曲、憤憤不尠、因斯略訪耆旧、兼探古記、儻得調使膳臣「ツキノヲンカシハテノ」(朱)等二家記、雖大抵同古書、而説有奇異、不可捨之、故録之、云爾[1]、

これが、その序文である。ここにみられるのは、抑制を知らない真情の吐露であり、旧来の書かれた太子の「伝」に対する「憤憤」と、それにともなって、捨てることのできない口伝・「古記」・「家記」を、何とか表面に押し上げようとする生々しい意欲と熱情である。けれどもその基調は、何か抗しがたいものに挑む、狂おしさを漂わせてはいないだろうか。

この調べを、われわれは、ほかにも聞くことができる。それは、『古語拾遺』の序文においてである。

蓋聞、上古之世、未有文字、貴賤老少、口口相伝、前言往行、存而不忘、書契以来、不好談古、浮華競興、還嗤旧老、遂使人歴世而弥新、事遂代而変改、顧問故実、靡識根源、国史家牒、雖載其由、一二委曲、猶有所遺、愚臣不言、恐絶無伝、幸蒙召問、欲攄畜憤、故録旧説、敢以上聞、云爾、

何と、全く協調する和音ではないか。補闕記において、「日本書紀、暦録、并四天王寺聖徳王伝、具見行事奇異之状」と述べられたところは、『古語拾遺』の「国史家牒、雖載其由」に呼応して、あたかも、『日本書紀』あるいは「暦録」が、「国史」に当たるなら、「四天王寺聖徳王伝」は、「家牒」に類することになる。また、補闕記の「未尽委曲」は、『古語拾遺』の「一二委曲、猶有所遺」に、さながら符合する。そして、「憤憤不尠」と「欲攄畜憤」とには、何ら異なるところがないのである。その上、補闕記の依るべき「耆旧」・「古記」・「家記」は、『古語拾遺』でも同様で、「旧老」・「旧説」・「故実」さらには「根源」と語られたものに、多く通ずるであろう。

もちろん、補闕記と『古語拾遺』とでは、その撰述・上聞の具体的な理由や企図が同じであろうはずがない。にもかかわらず、序文が少くとも酷似しているのは、その「発生状態」に、何らかの歴史的共有性があったことを示唆して余りある。まず時期にしても、共通しよう。『古語拾遺』は、大同二年（八〇七）に上聞されたようであるが、(2) 補闕記の撰述も、平安朝を遡るとは考えられず、少くとも伝暦撰述を下限とするなら、(3) 平安朝初頭、あるいはどう降ってみても平安朝中期である。

先是、太子巡国、至于山代楓野村、謂羣臣曰、此地。為体、南弊（朱）「本敞歟」北塞、河注其前、龍常守護、後世必有帝王建都、

補闕記のこの一節は、明らかに平安遷都を知った筆致であり、しかもその印象さえ古くはなっていない文章である。さらに、「補闕」と「拾遺」(4) が、同義であることも、今は重要である。中国では、しばしば「拾遺補闕」というふ

うに使用されることがあって、(5)両語は不可分の関係をなす。文字通り、〝遺を拾い〟〝闕を補う〟ことなのだが、それはさらに歴史的語義を分かち合っていると言わなければならない。なぜなら、少くとも中国では、官職名として使用されていたからである。『唐六典』八は、次のように記している。

皇朝所置、言国家有過闕而補正之故、以名官焉、

これは、門下省の左補闕（二人、従七品上）について述べたものだが、右補闕は、中書省に属す。ついで、門下省の左拾遺（二人、従八品上）について、こう記している。

皇朝所置、言国家有遺事拾而論之故、以名官焉、

そして右拾遺の方は、右補闕と同じく、中書省に属していた。もちろん、左右ともに職掌は等しい。今、『唐書志』二十三職官二によって設置の経緯を言えば、則天武后の垂拱元年（六八五）二月二十九日の勅に従い、左右補闕・拾遺にそれぞれ二員ずつ、計八員が置かれた。ついで天授二年（六九一）二月に及び、それぞれ三員が加えられて、総計二十員となる。さらに大暦四年（七六九）には、内供奉がそれぞれ置かれて、同七年（七七二）五月十一日の勅をもって、それは正式に発足したようである。

もっとも、これらの補闕・拾遺なる官名は、「古無此官」(6)と伝えられるように、唐代が初見であり、また唐制の特徴でもある。しかし、官としては存在しなくても、それ以前の中国王朝で、唐制的な職の行使は任意におこなわれていた。たとえば、『唐六典』八も紹介するように、魏文帝とか晋武帝などは、公卿に勅を下して、「宜拾朕之遺、補朕之缺」しとか、「宜補闕拾遺、献可替否」しとか述べているのである。唐の官名化も、このような語義や歴史的伝統に負うことで、むしろはじめて成り立つものであったろう。

補闕拾遺之職掌、供奉諷諫、扈従乗輿、凡発令挙事、有不便於時、不合于道、大則廷議、小則上封、若賢良之遺滞於下、忠孝之不聞于上、則条其事状、而薦言之、(7)

これが唐代における、補闕・拾遺なる官の職掌である。諫官であり、供奉官であったと言えよう。つまり、唐代に到って一躍強調された「補闕」「拾遺」の語義は、ただ物事一般の〝闕を補い〟〝遺を拾う〟ことではなく、またそれ自体が目的でもなくて、皇帝とか国家とかのある客体を潜在的な目的とした、あくまで手段の意味を持つのが「補闕」であり「拾遺」であった。

では、わが国ではどうであろうか。『日本書紀』継体七年十二月条に、「助朕施仁、翼吾補闕」と記述された例がある。天皇の勾大兄皇子に対する詔の一節であった。いわば皇太子としての国政補佐を命じたわけだが、詔文には、『日本書紀』編纂者の手が大いに加えられていて、詔としての事実性はまた別に問われなければならないとしても、唐代で強調された「補闕」の語義に准じて使用されていることの方を今は注目すべきで、わが国でもその語義が用いられることのあった事実を、わずかながら物語っている。

一方、「拾遺」の用例では、『日本書紀』仁徳七年九月条に「今黔首富饒、而不拾遺」とみえ、同皇極元年正月条に「盗賊恐懾、路不拾遺」と書かれている。いずれも、ただ〝遺を拾う〟ほどの意味で、さきの「補闕」の用法とはいささか性格を異にするようである。それでも、〝遺を拾う・拾わない〟ということ自体が目的として使用されてはいない。いずれも比喩的に用いられたもので、前者は、国家財政と民衆の富饒を形容し、後者は、蘇我入鹿の恐怖政治を形容している。

ところで、「補闕」「拾遺」が唐代の官職名として、広く流布したのであれば、当然ながら、わが国の官制にも何らかの形で移植されたはずである。たしかに「考課令」は、「朝夕常侍、拾遺補闕、為侍従之最」と記している。ここにいう侍従は、中務侍従で、「職員令」によると、「掌、常侍、規諫、拾遺補闕」とある。そして古記説は、「規諫者少々行事、仮令、御酒過度、正諫耳」と述べる一方、「拾遺者、可行事在遺忘、中悟耳、補闕者、仮令、臣等将朝見、不著御襪、令服耳」と説いている。ともに、天皇個人の世話を意味し、私的な留意をうながすものと言えよう。

しかし、「拾遺補闕」は、「規諫」よりも一層、私的な度合いが強いようにも解される。たとえば『令義解』は、「謂、以恩正君、曰規、以義匡主、曰諫」と、「規諫」を説いているからである。けれども、実質上、それ程の差異はないとみるべきで、『令義解』は、次のようにも説いている。

謂、拾掇遺忘、補益闕失、即是少事、与大輔規諫同也、

「拾遺補闕」と「規諫」は等しく、「少事」の範囲で理解されていたのである。この「少事」は、「献替」である「大事」に対応するもので、中務大輔（少輔もこれに准ず）の職掌は、「唯規諫、不献替」というものであった。

「献替」の職掌は、「職員令」によると、大納言と中務卿に分かたれていた。しかしその内容は、具体的でない。古記説は、「献進可也、替退否也」と述べるだけである。また『令義解』はこう説いている。

謂、君所謂可而有否焉、臣替其否、以成其可、君所謂否而有可焉、臣献其可、以替其否也、

「少事」よりもさらに積極的で、しかも公的な色彩が濃いようにも思われる。だが、大納言と中務卿との「献替」の区別も明らかでなく、「伴記」も思案の末、「但疑、納言注為天下政事、此注為御所尋常事歟」と結論したのであった。つまり、大納言（納言）の「献替」は、「天下政事」にかかわること、中務卿の「献替」は、「御所尋常事」にかかわることとしたわけで、前者が公的・外廷的性格であるとすれば、後者は私的・内廷的性格であったことになる。もしそ

う なら、「大事」「少事」の区別は、必ずしも公・私的な相違に依るものではなく、諫言の度合いによるものとも考えられよう。言い換えると、「少事」には供奉官的な職掌が濃厚で、「大事」には、当然それを踏まえつつも、諫官的な職掌がさらに加味されていたことになるだろう。

しかしこの問題は、太政官と中務省との性格そのものにも深くかかわっている。今は、それに言及しないが、「拾遺補闕」の職掌を持つ官が、「侍従」と呼ばれたことに、あらためて眼を向けよう。なぜなら、「侍従」は官であるとともに、職掌そのものをも指すからである。たとえば、中務卿の職掌のなかには、「掌侍従、献替」以下のことがあり、大納言のそれにも、「侍従、献替」などの職掌があった。そして、職掌としての「侍従」は、朱説が「侍従、謂与侍従注常侍規諫同心也」と述べたように、「常侍規諫」さらには「拾遺補闕」と同義であったと考えられる。つまり、中務侍従は、職掌としての「侍従」をそのまま官名に転用したもので、その限りにおいて、職掌としての「侍従」を専一につとめるのが、官としての「侍従」であった。

そしてまた、職掌としての「侍従」と「献替」は、しばしば対句をなして書きあらわせられている。それは、両者が密接な関係にあることを示すと同時に、区別されるべきことをも物語る。つまり、職掌としての「侍従」が「少事」で、「献替」が「大事」と言い換えることができよう。そうすると、中務卿も大納言も、「大事」としての「献替」のみを遂行するのではなく、「少事」としての「侍従」をも、当然、潜在的に職掌としている。「常侍規諫」さらに「拾遺補闕」は、中務侍従や大輔の職掌として限定されてはいなくて、中務卿とか大納言とかの職掌にまで、拡大されるわけだ。

わが国に、補闕・拾遺の官が存在しなかったことは言うまでもない。かわって、その職掌のみが導入されたわけだが、一つには、天皇個人の私的世話役として、「侍従」なる職掌に「少事」として局限され、一つには、諸官にその職掌が分散するという、責任の曖昧性を残していたと言わざるを得ない。この事実は逆に、補闕・拾遺の官が、わが国に存在し得なかったことと無縁であろうはずがないし、中国もしくは唐王朝と、わが国との異質性にも及ぶ問題である。

とまれ、わが国における「補闕」「拾遺」の語義は、たしかに唐代に強調されたその語義に依りながらも、はるかに天皇供奉の意味合いが強く、逆に天皇ないし国家を客体目的とする諫言的色彩は、より一層薄いと言えよう。「補闕」「拾遺」の用例が、さきのように意外に少いのも、それとかかわろう。

ここまで来て、『古語拾遺』の「拾遺」にあらためて留意する必要がある。文字通り読めば、〝古語の遺を拾う〟わけだが、それ自体が目的でないのは明らかで、忌部氏を圧倒するようになった中臣氏を批難する目的に止まらなくて、「歴世而弥新」「事逐代而変改」する国家や文化を、客体的に論ずるための「拾遺」であった。その序文といい、「所遺」の十一箇条の体裁といい、あたかも意見封事の様相を呈しているのである。いみじくも、上聞されたのだ。その意味で言えば、この「拾遺」は、唐代で強調された語義の方にむしろ近似していた。

だが、新しく変改されていく国家や文化を、客体的に糺弾するなかで、中臣氏と均衡を保つべき忌部氏の存命と正当性を、その「故実」や「根源」から主張しようとしたのもたしかである。つまり、一氏族としての自己もしくは主体に還元されるべき、自己主張でもあった。そして、このような自己主張には、忌部氏が天皇に供奉し近侍することで、一氏族たり得るのだという前提があり、かつその前提を確認し、確認させようとしたのが「拾遺」であったと解することができる。言い換えれば、「侍従」であるべき一氏族による、「侍従」の行使である。この側面からすると、

『古語拾遺』の「拾遺」は、わが国に導入され変質された「拾遺」の語義に、相渉るものであった。

『古語拾遺』の「拾遺」には、このような二重の意味が、分かちがたくからまっていよう。補闕記の「補闕」も、一氏族の自己主張というような性格に限定されないとしても、基本的には、「拾遺」と同様、二重の語意が錯綜している可能性を読み取ることができるように思う。そして、そのような「補闕」の真意が明らかになれば、補闕記の「奇妙な忘却」は回復されるし、その回復は、補闕記の「発生状態」を想起することに通じる。

しかしそのためには、補闕記そのものの具体的な吟味が肝要であるし、その前に、『古語拾遺』の内容と条件も、一応考慮しておかなければなるまい。

第二節　古語拾遺の「発生状態」

今は、忌部氏と『古語拾遺』について、多くを語る余裕はない。それはまた、別な機会に譲るとして、もっぱら「補闕」に相対する「拾遺」の観点から、その示唆になるであろうところを摘出するに留めざるを得ない。

まずはじめに、忌部氏の「祖業」遵守宣言とでも呼べる性格を、この『古語拾遺』は持つ。一見、氏族としては、当然の志向と思われがちだが、実はそうでないところに『古語拾遺』の意味があって、忌部氏の故意なる意思と、それを余儀なくさせた律令制国家およびその律令文化のあり方を知らねばならない。

この点、土師氏と忌部氏は、対照的な生き抜き方を選択する結果となった。たとえば天応元年（七八一）六月、土師宿禰古人・道長らは、その改姓を請う上表文のなかで、つぎのように述べたことがある。

式観祖業、吉凶相半、若其諱辰掌凶、祭日預吉、如此供奉、允合通途、今則不然、専預凶儀、尋念祖業、意不在玆、望請、因居地名、改土師、以為菅原姓、(8)

これ以後、土師氏族は矢継ぎ早に改姓を果し、最終的には、菅原朝臣・秋篠朝臣・大枝朝臣としてそれぞれ再出発することになり、土師氏の解体をみたことは、普く知られるところである。(9)言い換えれば、「祖業」を捨てたとみることができる。結果的には、時宜にかなった上計と言えよう。

しかし問題なのは、なぜ「祖業」を放棄したかということである。土師氏の「祖業」は、みずから述べているように、「吉凶相半」の供奉にあった。けれども、この言い方には見逃せない自己矛盾が潜んでいる。まず何よりも、「吉凶」とは、礼秩序を一つの大きな基盤とする律令国家によって与えられた概念であり、律令文化の欠かせない実体であった。たとえば「学令」公私条は、「凡学生、公私有礼事処、令観儀式」めよと規定し、「謂、元日及公卿大夫喪葬之類」と『令義解』は説く。さらに「古記」は、「令観儀式、謂、公私吉礼・凶礼・威儀法式、令見習也」と述べている。「吉凶」の礼が、いかに重視されたかは、この法令だけみても明らかで、「吉礼」の典型は元日に、「凶礼」の典型は喪葬にあった。しかしさらに重要なのは、「吉凶混雑」(10)が極力忌避されたことで、「吉凶」を峻別するところに、「吉凶」の礼秩序がはじめて存在し得るのである。

奈良朝の土師氏は、たしかに「吉凶」峻別観念にもとづく「凶礼」の喪葬に多くたずさわってきた。土師宿禰の諸陵頭任官はその好例である。天平三年（七三一）六月任の土師宿禰千村が初見であった。(11)しかしそれが同時に諸陵頭そのものの初見（史料上の任官初見）であったのは看過できなくて、天平元年八月五日の詔で、従前の諸陵司が諸陵寮に改組拡大されたこととかかわりを持とう。[12] これはただ、制度史上の問題では解決されない、すぐれて思想史上の表現とみなければなるまい。大宝令制下における第一次矛盾期とも呼べる段階に直面して、「吉凶」観念の峻別を促進させ、その定立を強いようとしたものと考えられるからである。なぜなら、この改組と同時に、「又諸国天神地祇者、宜令長官致祭」[13] しとされるに到った。「吉凶混雑」の具体事例が、喪と神祇祭祀との混在にあったということからして、[14] 同時に施行された二つの制度は、決して無関係であろうはずがなく、「吉礼」と「凶礼」をそれぞれ確定しようとする、共通の国家意思の産物とみるべきである。土師氏は、まさしくこのような「凶礼」に供奉せしめられることになったのだ。

しかし、「吉礼」の供奉から、土師氏が全く排除されたとみるには、今少し留保が必要だろう。天平勝宝四年（七五二）四月の東大寺盧舎那大仏開眼供養で、幾種もの歌儛が催されたが、そのなかに楯伏儛があって、土師氏が担当した。[15] この供養は、「其儀、一同元日」[16] じと録されたように、「吉礼」としておこなわれた。その意味で言えば、土師氏も「吉礼」に供奉することがあったのであり、「専預凶儀」るとの不本意開陳は、いささか誇張ぎみであろう。「動預凶儀」[17] ると言い換えた方が、より正しいということになりそうだけど、それでも、楯伏儛の催された例は、奈良朝を通じてこの一例だけであり、むしろ例外であったのか、次第におこなわれなくなったかで、ともあれ土師氏の言い方は、大筋において何ら歪曲されたものではなかった。

それでは、その「祖業」が何であり、それをどうして捨て去ろうとしたのか。「凶礼」にもっぱらたずさわること自体が、不本意であったのか。たしかに、半面はそう言えようが、本質的には、そのこと自体は派生的な問題に過ぎないという点が、とりわけ重要である。つまり、「吉凶相半」の「祖業」とは、たしかに、「吉礼」と「凶礼」のそれぞれに供奉していた「祖業」という意味なのだが、それは既存の律令文化の概念を用いて表現し、またその文化からもはや逃れることなく、そう表現する以外に仕方なかったのであって、事実は、「吉凶」の峻別観念を知らない、あるいは「吉凶」の礼秩序以前の文化にあった「祖業」を、土師氏は想いたいのである。土師氏のさきの上表文には、従って自己矛盾が横たわっていた。一方では、礼秩序の文化への参加を、たとえ無意識であったにせよ、既に甘受しており、一方では、その文化を客体視して、「祖業」を想起した。どちらに傾斜していたかというと、それは前者で、「祖業」の放棄、つまり改姓がそれを裏付ける。「吉凶相半」と上表で書いた時、そのレトリックは、すでに「祖業」の放棄を決断するものであり、少くとも、その決断は自ずと将来される運命にあった。事実、改姓の上表文であったのだ。

土師氏の「祖業」放棄は、その拠って立つ文化が、すでに忘失され、またその喪失に土師氏が執心し続けなかったことに起因する。しかし、こう言い切る前に、その「祖業」が何であったかを、少し述べておかねばなるまい。「祖業」と一口に言っても、それぞれの段階があったかもしれないが、今は、その端緒形態を探り、それぞれの段階を追うつもりはない。ただ一つ、土師氏の殯供奉を、その「祖業」[18]とみるだけで、事は足りよう。殯を「吉礼」とも「凶礼」とも、秩序付けられないのは、明らかである。大宝令制下に及んで、殯が急速に衰え、基本的には止絶したこと[19]自体からも、よくうなずける。たとえば楯伏儛が、かつて天武天皇の殯においておこなわれた[20]。「種々歌儛」も催され、「楽官」も楽奏した[21]。いずれも、のちの大宝令制下では、またとりわけ天平初年以降では、「吉礼」の儀にほかならない。それが殯でおこなわれていたということは、殯が「吉礼」であったという意味ではない。そもそも、「吉凶」の礼秩序に拘束されることのない、異質の文化を基盤としていたのが殯であったことを意味している。言うまでもなく、「凶礼」としての喪葬概念は、殯と無縁なところにある。殯は、いわば「吉凶」の分かちがたいもので、その限りにおいて、「吉礼」でも無ければ、「凶礼」でもあり得ない。

そのような意味での殯がおこなわれなくなった以上、土師氏の「祖業」の存在する余地はどこにもない。しかし、土師氏が「拾遺」を上申しないで、改姓の上表文を提出したのは、「祖業」と無縁な文化を甘受し、その文化に身を埋没させて可なる勇断を下したからにほかならない。

以上のことを踏まえて、忌部氏の『古語拾遺』が、どのように「祖業」を遵守しようとし、それがなぜ「拾遺」なのかを問うことにしよう。今、そのもっとも流布する理解を示せば、中臣氏に圧到された忌部氏の反発と、忌部氏の自勢力回復を企図して上聞されたのが、この『古語拾遺』であったということになろう。もちろん、この通説を拒絶する必要はないが、土師氏と紙一重の自己矛盾を、やはり忘れるべきでない。一つには、中臣氏の「専権」を批難すればするほど、律令神祇官人としての中臣氏の存在に近づこうとしている皮肉な結末がある。それでいて、中臣氏の拠って立つ律令文化に妥協し切れなくて、独自の文化体系を構想し、何とか「祖業」の遵守を計ろうとする、狂おしい自己矛盾である。

はじめに、前者の側面を指摘しよう。『古語拾遺』の「拾遺」が、伊勢宮司・斎宮寮主神司・大宰主神司などの神祇官職、およびそれに准ずる役職の確保を主張しているのは、つまるところ、中臣氏と同様、律令神祇官職に根強い執心を示す一端を吐露したことになる。その限りにおいて、好むと好まざるとにかかわらず、律令国家及びその文化への参与意識を抱いていたのであった。

この点は、奈良朝の忌部氏を一見すれば、明らかなところである。『続日本紀』天平七年七月庚辰条は、次のように記している。

依忌部宿禰虫名・烏(鳥)麻呂等訴、中検時々記、聴差忌部等、為幣帛使、

今日知られる中臣・忌部両氏の抗争ないし相論のうち、その初回に当たるものである。この訴えを忌部氏がおこした直接的要因は、西海道から蔓延した疫病や、前年から続いている天変地異の消除を目的とした、諸神への幣帛問題にあったと思われる。[22]そこで忌部氏は、「神帳」をもとに幣例を主導する「中臣専権」の現実に遭遇し、あらためて切実な自覚を迫られたに相違ない。[23]しかし、それに劣らず重要なことは、『大宝神祇令』常祀条との遭遇であった。

凡常祀之外、須向諸社、供幣帛者、皆取五位以上卜食者充、

その条文は、このようなものであったと想定される。[24]今、この時の訴えが、疫病や天変地異に由来したとすれば、その幣帛は、「常祀之外」に該当する。幣帛使は、五位以上の卜食者でなければならないだろう。ところがこの時期、忌部氏を統率する忌部宿禰で、五位以上の者は、一人も存在しなかった。これは、忌部氏にとって、重大な危機である。そこで訴えをおこし、かろうじて例外的に、かつ旧来の慣習を尊重する形で、その幣帛使の権利が忌部氏に認められたものとみられる。さきの『続日本紀』の記録が、虫名と鳥麻呂の位階を省略したのも、以上の実情と無縁ではあるまい。

この訴えの、後世忌部氏に及ぼした影響は大きい。律令官職位制を思い知らされ、それに強い関心を抱かざるを得なくなったからである。事実、この時の鳥麻呂は、天平二十一年四月になって、正六位上から従五位下に昇り、神祇少副として、伊勢神宮奉幣使をつとめることになる。[25]ここに二つの問題がある。一つは、伊勢神宮奉幣使も、律令官職位制に例外なく規定されていたという点である。『続日本紀』天平十一年閏六月甲午条は、次のように述べている。

制、奉幣伊勢大神宮者、卜食五位已上充使、不須五位已下、

この制の意味するところは、諸社への供幣が「常祀之外」を限って、その使に「五位以上卜食者」を充てるのに比して、伊勢神宮のみは例外とし、常祀であるか否かを問わず、すべて奉幣使は「卜食五位已上」の者とするという点にある。すると、さきの天平七年の訴えの時も含めて、天平二年以降、伊勢神宮奉幣使問題に限っても、忌部氏は重大な危機を迎えていたことになる。そして、天平七年の訴えを経験した鳥麻呂によって、一応その危機は乗り越えられたのである。

今一つの問題点は、鳥麻呂が従五位下にして神祇少副となったことにある。本来、神祇少副の相当位は、正六位上であって、従五位下の相当官職は、神祇大副でなければならない。このくいちがいは、何を物語っていようか。それは、諸社の「常祀之外」の奉幣、そして伊勢神宮の奉幣にたつ使者の資格を、何とか確保しようとする忌部氏の、最大限の努力の成果であり、中臣氏にとっては、これまた最大限の妥協であり、譲歩であったはずである。忌部氏は、鳥麻呂によって、かろうじて五位を得ることができた。しかし、神祇伯はもちろん、神祇大副の官職も確保することができず、それらは中臣氏の譲らないところであった[26]。ここに、変則的な官職位が生まれ、これはそのまま呰麻呂にも踏襲されて[27]、忌部氏の律令神祇官人としての極官職位が規定されることになる。しかしここで一番重要なことは、天平年中以降、中臣氏に圧倒される忌部氏が、律令官職位制の秩序の枠組みのなかで、はじめてみずからを自覚し、その秩序への強い参加の意思を抱くようになってきたという点である。これは、もはやかなわない中臣氏の二番煎じでもあり、忌部氏の悲劇の一幕は、そこにある。

けれども、今一つの側面からみると、どうであろうか。『古語拾遺』の上聞の直接的契機をなしたといわれる中臣・忌部両氏の相訴と、その裁定について、『日本後紀』大同元年八月庚午条は、次のように記している。

先是、中臣忌部両氏各有相訴、中臣氏云、忌部者、本造幣帛、不申祝詞、然則不可以忌部氏為幣帛使、忌部氏云、奉幣祈禱、是忌部之職也、然則以忌部氏為幣帛使、以中臣氏可預祓使、彼此相論、各有所拠、是日勅命、拠日本書紀、天照大神閉天磐戸之時、中臣連遠祖天児屋命、忌部遠祖太玉命、掘天香山之五百箇真坂樹、而上枝懸八坂瓊之五百箇御統、中枝懸八咫鏡、下枝懸青和幣白和幣、相与致祈禱者、然則至祈禱事、中臣忌部並可相預、又神祇令云、其祈年月次祭者、中臣宣祝詞、忌部班幣帛、践祚之日、中臣奏天神寿詞、忌部上神璽鏡剣、六月十二月晦日大祓者、中臣上御祓麻、東西文部上祓刀、読祓詞訖、中臣宣祓詞、常祀之外、須向諸社供幣帛者、皆取五位以上卜食者充之、宜常祀之外、奉幣之使、取用両氏、必当相半、自余之事、専依令条、

ここで下された勅定は、応々にして、忌部氏有利の裁定であったと思われがちである。[28] たしかに、『日本書紀』が引かれて、「然則至祈禱事、中臣忌部並可相預」という。しかしこれは、正史にもとづく一般論であって、『日本書紀』の当時における文化的価値がいかに大きなものであったにせよ、現実的施策に関して言えば、少くとも今の場合、充分な有効力を持っていたとは考えられない。事実、「神祇令」の引用によって、その一般論は、具体的に裏切られる結果となっているのである。「常祀之外」の奉幣使に関してのみ、忌部氏の訴えは許容されたが、それ以外は、ことごとく「神祇令」の遵守という形で、忌部氏は押し切られてしまったのだ。一見、忌部氏の訴えを大いに容認するかにみせて、基本線は動いていないし、譲られてもいない。巧妙な、苦慮の跡のうかがえる、体裁としては極めて出来の悪い勅定であった。

本質的に言って、この時、忌部氏は敗訴したのである。もはや、『古語拾遺』を上聞する以外に手はないだろう。では、勅裁の譲らなかった基本線、そして忌部氏の確保したい基本線は、何であったのか。それは、「奉幣祈禱、是

忌部之職也」というところにあった。言い換えれば、奉幣と祈禱とが、それぞれ職掌として分解することのない、未分化の「忌部之職」が、論争点の本質をなしていたのである。中臣・忌部両氏のうち、いずれが祈禱をおこない、いずれが奉幣をおこなうのかというよりも以前の、あるいはもっと根本的な問題がそこにはある。「神祇令」からも明らかなように、奉幣と祈禱とは職掌としてそれぞれ分離され、その分置された職掌に氏族が貼り付けられていた。そこに氏族の「祖業」が生かされていたとしても、それは副次的なことで、分配された職掌こそが優先する。何よりも、「設官分職」かち、「分官設職」けることが第一義なのだ[29]。官職位制、そして律令国家の正体が、そこに顔を出していよう。忌部氏の『古語拾遺』は、従って律令国家そのものを相手に訴えたことになり、律令国家そのものによって、やはり斥けられたことになる。

ならばなぜ、平安朝初頭にまで降った段階で、このような相訴が生じたのか。一つには、大中臣氏の専横化に比して、忌部氏の弱体化が著しかったということもあろう。鳥麻呂や呰麻呂に匹敵するほどの氏族統率者を、忌部氏のなかから見出すことは、今や困難である[30]。しかしこれは、単に中臣・忌部両氏の力関係に左右されものではあるまい。逆説的な言い方になるが、むしろ律令国家そのものの解体もしくは変質に由来するはずである。もはや、鳥麻呂とか呰麻呂が抱いたような、律令官職位制への強い参加の意思に、さしたる有効力と意味が認められなくなっていた。その秩序自体が実質的に国家価値の動揺をきたしていたからである。その限りで言えば、律令国家そのものを相手に訴える、何程かの余地が生じたことになる。言い換えれば、律令国家そのものを客体視できる可能性が、いささかなりとも生まれたのである。それでもなおかつ、「神祇令」が引かれて、最終的には依然忌部氏の屈服するところになったのはなぜか。一口に言えば、律令国家の解体とて、そう生易しい道程を歩むものではなかったということになろうが、この時期の国家自体もまた、しばしば律令を太政官符などに持ち出していることからもわかるように[31]、官職位制に限ってみても、その本来の秩序意識をみずから客体視する動きを示す。律令官職位制が動揺すればするほど、それを一層観念的に固執しようとする反動は、想像以上に根強い。従って、律令国家そのものを相手取って訴える余白が生まれ、またそうしようとすればするほど、その律令国家からの反発も逸れ得ない。

しかし、ともかく訴え得る余地もしくは間隙が生じたことは事実で、律令官職位制の秩序を越えた氏族の裸形の職掌が、自ずと頭をもたげてくる。それが、「祖業」遵守の主張である。土師氏のような「祖業」放棄宣言が、「祖業」遵守宣言よりも先行したのは、律令国家の歴史的推移の然らしめるところであった。

だがこの場合、忌部氏の主張する「祖業」が、そのまま歴史的事実であったとは限らない。事実『古語拾遺』は、『日本書紀』に負うところも多くあって、この時期の律令国家が持つ『日本書紀』への価値観を、充分すでに共有していたのである。さらに『古語拾遺』は、「職」という言葉を十三回も用いている。まえにみた、「奉幣祈禱、是忌部之職也」と言う表現からしてすでにそうだが、律令官人としての忌部氏から、もはや忌部氏は逃れられない暗々の前提に拘束されていた。忌部氏の主張する「祖業」も、当然ながらその拘束から充分逃れられるものではない。土師氏のかつて内包していた自己矛盾と、たしかに紙一重であった。しかし決定的にちがうのは、「奉幣祈禱」の「職」を一つの焦点にしつつ、「職」の体系を独自に構想していったことである。つまり、ある種の歴史的根拠を一方では持ちながらも、ともかく「祖業」を構想していったところに、『古語拾遺』の「祖業」遵守宣言の宣言たり得る点があるのであり、そのことが今は重要である。しかしまた、その宣言が、あらたな「望秩之礼」に生かされることを懇願するものである限り、「拾遺」の「拾遺」たる所以が潜んでいた点も、忘れるべきでない。かつての土師氏の自己矛盾より、一層深刻な自己矛盾を、おそらく無意識に犯していたのである。

では、忌部氏の構想した「祖業」とは、どのようなものなのか。それは、端的に言って、「神代之職」であり、「神代之事」であり、「天上儀」であり、「供奉其職如天上儀」くとされるものであった。具体的には、天岩戸がくれにおける「職」が、「祖業」とみなされていた。まず『古語拾遺』は、世代論によって貫かれる一面を持つ。「歴世相承、各供其職」すと説くように、天岩戸がくれの「天上儀」と、それを反復する天孫降臨では、忌部氏の遠祖である太玉命が供奉し、その孫に当たる天富命の代になると、神武東征に供奉して、やはり「祖業」を反復する。人代への接点と言えようが、これ以後、世代の説明は止絶えはするが、「太玉之胤、不絶如帯」しと述べている。『古語拾遺』がその序文で、「遂使人歴世而弥新、事逐代而変改」むと糺弾したことは、まえに紹介した。「祖業」反復の世代論は、身をもってそれを批判したことになる。

この世代論は、忌部氏だけに限らない。太玉命の孫、天富命の世代は、とりもなおさず天児屋命の孫、天種子命の世代に等しい。さらに、「神代之職」を奉仕した手置帆負・彦狭知・櫛明玉命・天日鷲命にしても、それぞれの孫は、やはり神武東征に供奉したとされるのである。「歴世相承、各供其職」すと述べたのも、実はただ忌部氏に限定された意味ではなく、忌部氏を含み、また忌部氏を位置付けるべき「神代之職」の体系が、世々代々、反復されてきた、あるいは反復されるべきであることを主張したのであった。逆に言えば、そのような「職」の体系を「祖業」と仰ぎ、構想したのである。

そこには、「祖業」遵守宣言以上の意味がある。忌部氏族そのものの、レゾン・デートルの問題である。それがレゾン・デートルにかかわるからには、当然そこにある種の全体世界が想定されて、そのなかで忌部氏族を位置付けていくという論理が必須で、『古語拾遺』はその通りに書かれた。またそうであるからこそ、「祖業」遵守宣言たり得るのでもある。

「神代之職」の体系、そして反復されるべき「祖業」の世界は、「然則三氏（中臣・忌部・猨女の各氏）之職、不可相離」と言い、「然則神祇官神部、可有中臣斎部猨女鏡作玉作盾作神服倭文麻続等氏」と述べたところによくうかがえる。「三氏」を中核に、鏡作以下の六氏によって構成される神祇祭祀の世界と、「各有其職」する「職」の体系が、ここに開陳されたのである。そして、これら都合九氏の遠祖は、すべて「天上儀」に登場する。このうち、鏡作以下の六氏とその「職」は、忌部氏に率られ、忌部氏の「職」に包摂される。「令太玉神、率諸部神」むとはその謂で、石凝姥神（鏡作遠祖）・櫛明玉神（出雲国玉作祖）・手置帆負と彦狭知二神（讃岐国忌部と紀伊国忌部の祖で矛盾の製作にも従事）・天棚機姫神（神衣を織る）・天羽槌雄神（倭文遠祖）・長白羽神（伊勢国麻続祖）のそれぞれが造った「其物既備」って、はじめてそれらを賢木の枝に懸けるなどして、太王命は「捧持称讃」をおこなうのである。また、「儲備既畢」って、太玉命は「広厚称詞」を陳べるのである。さらにその孫の代も同様で、「天富命陳幣、祝詞、禋祀皇天」する。「奉幣祈禱、是忌部之職也」が、たしかにここで主張されたのであった。

これに対して、中臣氏の「職」に関しては、必ずしも明瞭でない。「亦令天児屋命、相副祈禱」むとか、「仍太玉命・天児屋命、共致其祈禱焉」すと述べる一方、忌部氏の「祝詞」に対して、中臣氏の「禊詞」や「祓詞」を想定したりして、実のところ曖昧の域を出ない。すでにみた『日本後紀』の記録によると、忌部氏は明らかに、「祓使」としての中臣氏を主張しているが、『古語拾遺』では、その点の攻撃性が後退している。上聞としての充分なる配慮によるものか、中臣氏の祈禱と言う時、「解除」の意味を重視して用いたものなのか、とまれ中臣氏の「職」に曖昧性を残したのは、『古語拾遺』の致命傷で、またその越えられない限界を暗示する。

猨女の「職」については、「供神楽之事」すと言い、「解神怒」くと言い、「凡鎮魂之儀者、天鈿女命之遺跡」と要約する。中臣氏の「職」に対するよりも、明解な認識と言えよう。このちがいは、忌部氏と猨女の「職」が同期の文化のもとにかつて存在し、かつ双方に一応の区別が定立しており、なおともに衰退の一途を辿って、その「職」が少くとも律令制下の職掌と相容れないという現実が[32]、むしろ『古語拾遺』をして、猨女の「職」を混乱少く語らしめたように思われる。

ここで最後に、反復されるべき忌部氏の「祖業」、そしてその「祖業」を存立させる忌部氏族そのもののレゾン・デートルが、究極的に『古語拾遺』で、どのように集約されているかを問おう。それはつまるところ、「瑞殿」や「美豆乃御殿」を造営し、天照大神および皇孫をそこに安置もしくは鎮めて、なおその「御殿」を守護し、祝おうとするものであった。これまでみた「職」の体系も、天岩戸がくれの段といい、天孫降臨の段といい、また神武東征の段といい、すべてこの点に帰結するよう構想されているのである。その典型を一例だけ示しておこう。

其物既備、天富命率諸斎部、捧持天璽鏡剣、奉安正殿、并懸瓊玉、陳其幣物、殿祭祝詞其祝詞文、在於別巻次祭宮門其祝詞亦、在於別巻

要は、大殿祭と御門祭における「奉幣祈禱」ということになる。あるいは、平安遷都という近い現実ともかかわっていたかもしれないが、とにかく「奉幣祈禱、是忌部之職也」との主張が実際上、受け容れられていたのも、この大殿祭と御門祭においてだけであったことを忘れてはなるまい[33]。その意味からすれば、「祖業」の構想と言っても、極めて現実性を帯びたものであった。しかし、大殿祭と御門祭における忌部氏の「職」を、ただ保守しようとして、この『古語拾遺』が上聞されたとみるのは、やはり本質を歪曲したことになろう。この時の忌部氏にとって、「奉幣祈

禱」の分かちがたい「職」とその体系は、わずかに大殿祭や御門祭にだけその現実を残していた。従って、そこから出発し、そこへ帰結するレトリックを生じずにはいないが、より基本的な点は、やはり「奉幣祈禱、是忌部之職也」というそのものにあったと考えられる。それは同時に、律令国家や律令文化そのものを、ある程度対象化し、時に糺弾し、またあらためての参加を企てるものであった。

注

（1）補闕記の引用は、以後水戸彰考館蔵本による。

（2）嘉禄元年卜部兼直筆写本は、その末尾に「大同二年二月十三日」と記す。しかし、はじめ「一年」と書いたのを消して、「二年」に改めている。この年月日については、諸伝本必ずしも一致しないようであるが、のちにも本文で述べるように、「大同二年」の成立とみて、何ら矛盾はないと考えられる。安田尚道・秋本吉徳「古語拾遺　解説」（新撰日本古典文庫『古語拾遺・高橋氏文』）参照。

（3）伝暦の成立については、かつて延喜十七年に藤原兼輔が撰したものと言われてきた。これは藤原猶雪「聖徳太子伝暦復原の研究」（『日本仏教史研究』）にみえるものである。しかし、阿部隆一氏が「室町以前成立聖徳太子伝記類書誌」（『聖徳太子論集』）で、疑問を提出された。そしてこの疑問を受ける形で、林幹彌氏は「『聖徳太子伝暦』について」（笠原一男博士還暦記念会編『日本宗教史論集』上巻）を発表され、伝暦の成立をいわゆる「正暦本」に求め、正暦三年と推論されている。

（4）『古語拾遺』という書題は、さきの「古語拾遺　解説」によると、大同二年当時のものではなく、一方鎌倉期までには付帯されたものとされ、なお内容とは必ずしも符合しないとみられている。たしかに、その書題はのちのものであろうが、「所遺」を箇条書きにしたところからして、「古語」の採用はともかく、「拾遺」の意は、のちに本文で述べるように、妥当な採用と言えよう。

（5）諸橋轍次『大漢和辞典』巻五「拾」項に従って、『史記』汲黯伝・司馬遷報任少卿書、『後漢書』王渙伝などの例を数えることができる。

（6）『唐書志』巻二十三職官二。

（7）『唐書志』巻二十三職官二。『唐六典』巻八も、ほぼ同文である。

（8）『続日本紀』天応元年六月壬子条。

（9）直木孝次郎「土師氏の研究――古代的氏族と律令制との関連をめぐって――」（『日本古代の氏族と天皇』）などがある。

（10）『続日本紀』延暦元年七月庚戌条。

（11）『続日本紀』天平三年六月庚寅条。これ以後、天平九年十二月に土師宿禰三目が、同十八年八月に土師宿禰牛勝が、それぞれ諸陵頭に任ぜられ、神護景雲二年二月に土師宿禰位、宝亀二年七月に土師宿禰和麻呂が、それぞれ諸陵助に任ぜられたことは、すでにさきの直木孝次郎氏によって指摘されている。

（12）『続日本紀』天平元年八月癸亥条。『令集解』職員令諸陵司条所収令釈。

（13）『続日本紀』天平元年八月癸亥条。

（14）『続日本紀』延暦元年七月庚戌条。

（15）『続日本紀』天平勝宝四年四月乙酉条。『東大寺要録』巻二。

（16）『続日本紀』天平勝宝四年四月乙酉条。

（17）『続日本紀』延暦元年五月癸卯条。

（18）和田萃「殯の基礎的考察」（森浩一編『論集　終末期古墳』）。直木孝次郎氏も同様の指摘をされているが、ただ、その殯供奉を喪葬の概念に直結させて理解する傾向が、いずれにもみられて、私の視点とは、その点で基本的に異なる。

（19）さきの和田萃氏の指摘にもあるように、殯の営まれた史料上の下限は、文武天皇までである。

（20）『日本書紀』持統二年十一月条。

（21）『日本書紀』朱鳥元年九月条・持統元年正月条。

（22）たとえば『続日本紀』天平七年是歳条・同八月乙未条・丙午条など。

（23）たとえば『続日本紀』天平六年四月戊戌条・癸卯条・戊申条・壬子条・同七月辛未条・同九月壬午条、同七年五月戊寅条・己卯条・同閏十一月戊戌条など。このほか、『続日本紀』天平五年是年条には、「左右京及諸国飢疫者衆、並加賑貸」うとある。また、『豊後国正税帳』は、天平五・六年の未償分を記し、『和泉監正税帳』は、天平二・四・五年の未納分を記録していて、天平五年を相前後する時期における、いわば人災・天災の流布を知ることができる。

(24)『養老令』では、このあと「唯伊勢神宮、常祀亦同」じと書かれているが、この九字は、本来『大宝令』になかったものと考えられる。日本思想大系『律令』補注、および直木孝次郎「奈良時代の伊勢神宮」(『日本古代の氏族と天皇』)等参照。

(25)『続日本紀』天平勝宝元年四月戊戌条。

(26)忌部氏で、神祇大副以上に昇ったものはないし、大副と伯は、多く中臣氏の占有するところであった。西山徳「神祇官の研究」(『神社と祭祀』)所収の「奈良時代の神祇官補任表」参照。

(27)『続日本紀』天平宝字三年十一月戊申条・同六年十一月丁丑条。

(28)竹内理三「古語拾遺その他」(『古代の日本』9研究資料)は、その一例である。

(29)たとえば延暦十八年四月二十三日太政官謹奏・大同二年八月十二日太政官符・弘仁十二年八月二十九日太政官謹奏(以上『類聚三代格』巻四)など。この点に関しては、拙稿「日本古代における仏教と道教(下)」(『東洋学術研究』十八の四)で、若干言及しておいた。

(30)従五位下で斎宮頭をつとめた忌部宿禰呰麻呂以後、神祇官人としての忌部氏には、まず忌部宿禰人上がいる。彼は、延暦三年に神祇大祐となり、同五年に少副へ昇り、同十年になって、少副として伊勢神宮奉幣使をつとめた。時に外従五位下である。人上ののち、『古語拾遺』上聞までで知られるのは、管見の限り、延暦二十三年当時、正六位上の大祐であった比良麻呂のみである。以上、『続日本紀』および『止由気宮儀式帳』による。

(31)たとえば弘仁七年六月八日太政官符・大同三年七月二十日太政官謹奏(以上『類聚三代格』巻四)、あるいは承和七年九月二十三日太政官謹奏・大同二年十二月十五日太政官謹奏(以上『類聚三代格』巻五)など。

(32)弘仁四年十月二十八日太政官符は、「応貢猨女事」として、猨女を供する氏族の矛盾と混乱を指摘し、「猨女公氏之女一人」の定立を回復し、計ろうとした。その職掌については、『貞観儀式』第五の鎮魂祭儀で、「御巫覆宇気槽、立其上、以桙撞槽、毎十度畢、伯結木綿鬘訖、御巫舞訖、次諸御巫猨女舞畢」と説く。御巫については、『江家次第』第十鎮魂祭でも、「次御巫衝宇気」と言う。『古語拾遺』の言う猨女の「職」は、むしろ現実には御巫のなかに存在するかのようである。しかし『延喜式』巻二四時祭下なども伝えるように、神祇官に率いられる御巫、縫殿寮に属する猨女、治部省の雅楽寮に率いられる歌女の、それぞれの「職」に分解されていたのが現実であろう。逆に言えば、『古語拾遺』が説く天鈿女命の後裔である猨女の「職」は、律令官職位制のなかで、すでにその解体がおこなわれていたとみることができる。

(33)『延喜式』巻八祝詞。

第三章　太子伝の運動

第一節　「日本書紀暦録幷四天王寺聖徳王伝」の訓読

補闕記の「発生状態」を知ろうとすれば、すでに述べたように、その序文が糸口となる。この序文は、当然ながら限られたことについて限られたことしか語っていないが、なおそこには、個別性を超える歴史そのものがあって、むしろある普遍的な歴史の運命を開陳せずにはいない。

開口一番補闕記は、「日本書紀暦録幷四天王寺聖徳王伝」と書いた。それが補闕である以上、これらの書伝の存在は、今日のわれわれの意識では到底及びもつかないほど、補闕記自身に迫るものがあっただろう。そしてこれら書伝とそれを存在せしめる文化、宗教さらには国家に向い、しきりにみずからの意思と認識を、補闕記は顕示しようとしたにちがいない。しかしそれも、早く忘れられる時がきた。

水戸彰考館本には、朱筆で読点が施されている。「日本書紀、暦録、幷四天王寺聖徳王伝」とある。結論を先に言うと、この訓みは正しい。けれども、この訓みがいつも自明の理であったわけではなかった。『平氏伝雑勘文』下三は、次のように記すのである。

問、若如今料簡者、日本記(ママ)与暦録一物也、爾者補闕記序文云、日本書記(ママ)与暦録竝四天王寺聖徳王伝、(中略)已上序文、既記(ママ)与録両題別表、豈猥可混同乎、答、観彼序文、又非別表、還可為連続一体証拠、都不相違文、可読日本記(ママ)暦録也、随暦録下ニ正安并字、為表余別伝等、以前一物之義、道理顕然也、云々、

この問答の要点は、「日本書紀暦録」というのが、一書であるのか、別書であるのかというところにあった。「日本書紀ト暦録」ではないかと問うたのに対して、「日本書紀暦録」であると答えたのである。

これはやはり、別書でなければなるまい。まず何よりも、「日本書紀暦録」と呼ばれる一書は、他に例がない。伝暦が、「日本書紀」とは別に「四巻ノ暦録」を記したことは、よく知られるところである。いわゆる『天王寺秘決』[1]には、また「略伝四巻在天王寺」とも記している。しかしさきの問答は、ただその訓み方に終始したものではなかった。その背景には、この「暦録」が、『日本書紀』から抄出した性格を持つ「日本書紀ノ暦録」なのかどうかという問題をも、当然含んでいたはずだからである。事実『平氏伝雑勘文』下三は、つづけて「四巻暦録事」を取り上げ、「有人云、今暦録者云日本記(ママ)歟、而四巻者、日本記(ママ)中別巻四巻也」と述べる。つまり、十九巻(欽明紀)・二十巻(敏達紀)・二十一巻(用明紀・崇峻紀)・二十二巻(推古紀)の四巻が、「四巻暦録」として抽出編修されたのではないかと想定するむきもあったのである。もしそれが事実なら、「日本書紀ト暦録」であれ、「日本書紀暦録」であれ、その実体に何ら相違はないことになる。

ところが、永久元年(一一一三)九月一日付の沙門賢仁加点・付注本を祖本とする、貞応二年(一二二三)五月七日付の伝暦古写本(伏見宮旧蔵)下巻の末尾書入に、次のようにある。

暦録、自神代至聖武、此伝、自欽明至老(ママ)徳天王(ママ)也、

この一文が、すでに賢仁によって書かれていたものか、貞応二年書写の際に書き加えられたものかはよくわからないが、いわゆる「四巻暦録」は、神代から聖武代までを記したものであると説く。この説明が、ただ伝暦を読んだ結果として出てくる性格のものでないことは明らかで、おそらく、「暦録」そのものの存在を知った上でのことであろう。すると、それは『日本書紀』の十九巻から二十二巻までの四巻を抄出しまとめたものではないばかりか、聖徳太子の伝を記述する目的で編纂されたわけでもなく、その成立は、聖武朝もしくはそれ以後でなければなるまい。この意味からしても、「日本書紀暦録」や「日本書紀ノ暦録」であろうはずがなく、やはり「日本書紀ト暦録」である。

従って、補闕記の撰者がつねに念頭に置き、いつも意識していたのは、『日本書紀』の太子関係記事と「四巻暦録」の太子関係記事、それに「四天王寺聖徳王伝」の三者であったと言えよう。ただその際、「日本書紀、暦録、并四天王寺聖徳王伝」と書かれたのには、『日本書紀』がまず正史としての価値を発揮している現実を知悉し、それに准ずる史書として「四巻暦録」を掲げ、最後に太子の個別伝を取り上げたという事情があろう。「并」という一字は、そのような意味に解すべきであるかもしれないが、また別の理解も充分可能である。それは、『日本書紀』と、「暦録」ならびに「四天王寺聖徳王伝」という二種の存在が想定されていたかもしれないからである。なぜなら、「暦録」も「四天王寺聖徳王伝」も、ともに四天王寺で生まれたか、もしくは四天王寺という場で大いにその有効性を発揮したと考えられるからだ。「暦録」が四天王寺に伝えられたことは、すでにその史料を掲げて述べておいた。

それでは、「并」の一字をどのように位置付けるのが賢明であろうか。表面上はたしかに、通史一般の太子関係記事と太子の個別伝とに分けられて、その限りで言えば、「日本書記ト暦録、ナラビニ四天王寺聖徳王伝」となる。し

かし、今補闕記の撰者の意識に深く入り込もうとすれば、『日本書紀』と、四天王寺という歴史的条件を背負った「暦録」や「四天王寺聖徳王伝」の二種に分かたれて、「日本書紀ト、暦録ナラビニ四天王寺聖徳王伝」と訓むべきかもしれない。これは国語の問題ではなくて、補闕記そのものの問題である。

第二節　四巻暦録

まず、伝暦に引載された「暦録」を紹介しておこう。

(1)暦録曰、皇女懐胎之日、巡行禁中、当厩戸生、因以為名、（推古元年四月条割注）

(2)暦禄（ママ）曰、十二月、（推古二十一年十一月条本文もしくは割注）

(3)暦録曰、衣裳帖置棺上、詔取其衣、自服如常、時人異之者、（推古二十一年十一月条本文）

(4)暦録附云、随（ママ）煬帝太上皇、為宇文化及等所殺於江都、恭帝遜位于唐王、唐高祖神堯皇帝受随（ママ）禅、即皇帝位、政元（ママ）武徳、随（ママ）滅唐興云々、（推古二十六年八月条本文）

(5)略録中云、夏四月、一僧犯重罪、天皇詔曰、夫僧頓帰三宝、何犯悪逆、非独僧之罪、諸僧亦有罪、爰百済僧観勒上表言、仏法自西域至漢地、経三百歳、乃伝百済、百済之後、乃至天朝、今此僧未習法律、輙犯悪逆、願除一僧、自外悉赦、天皇聴之、詔曰、道人尚如此、何以誨俗人。仍以観勒僧為僧正、以桉（ママ）（鞍イ）部穂徳積為僧都、自今以後、宜校検僧尼云々、（推古甲申年条本文）

(6)二年癸卯春三月、五色大雲満覆(ママ)於天、一色青霧周起於地、秋七月、河内茨田池水臭、其色如藍汁、大少魚死爛、冬十月、大臣蝦夷臣臥病不朝、私授紫冠於男入鹿擬大臣位、復呼其弟、字曰物部大臣、々々祖母物部弓削大連之妹也、因以為威也、十一月、入鹿臣独謀、遣小徳巨勢臣徳大(ママ)等、率兵殺山背大兄王等於斑鳩宮、於是大兄王奴三成、率数十人拒戦、出於万死、鋒不可当、然而大兄王即取骨、投置内寝、率子弟従間道出、隠膽駒山、軍焼斑鳩宮、見骨灰中、軍衆皆謂王已死、解囲退去、大兄王謂左右曰、我以一身豈煩万民乎、不欲使言後世之人、由吾故、而喪父子兄弟、即還斑鳩宮、遂与子弟等自絞而死、于時雲色変化、為五色幡蓋、種々妓楽、照灼於空、臨垂於寺、有人指示入鹿、率(ママ)為黒雲、大臣聞入鹿殺大兄王等、歎曰、我亡不久、是暦録文也、(皇極二年条本文)

(7)三年甲辰冬十一月、大臣并入鹿起二家於甘檮岳上、大臣家外作城垣、積貯兵食、又氏々人等入侍其門、名為祖子孺者、大臣徹奢、無君之意、日々弥深、時人危之、故天皇譲位於皇太子、自為皇祖母尊、是復暦録文也、(皇極三年条本文)

(8)又説、庚午年四月卅日夜半、災斑鳩寺、而暦録不記、此年、是推古天皇十五年矣、(皇極三年条付記本文)

およそ以上の八例となる。このうち(6)については、「暦録文」が「十一月」以降に当たるのか、「二年癸卯春三月」のはじめからすべてそうであるのか、定かでない。

ここでまず、「暦録」の記述年代が推古朝を少くとも降って、皇極朝にまで及んでいることを知らねばならない。では、『日本書紀』との関係はどうなっていようか。。印を付した箇所が『日本書紀』に等しいところである。しかし、あらかじめ断っておかなければならないのは、。印が多分に便宜的でしかないということである。別段不用意に施したつもりはないが、それが便宜的にならざるを得ないほど、実は多く『日本書紀』に依っているからである。念のためにその該当条を示しておけば、(1)は推古元年四月条、(2)は推古二十一年十二月条、(3)も推古二十一年十二月条、(5)は推古三十二年四月条、(6)は皇極二年正月と是月(七月)と八月それに十月と十一月の各条、(7)は皇極三年十一月条、のそれぞれとなる。

もちろん、「暦録」は『日本書紀』そのままの引き写しではなかった。しかし以上の例に限ってみても、そのコンテクストといい、その呼吸といい、「暦録」が『日本書紀』を土台とし、参照しつつ撰述されたものであることは動かしようがない。だからと言って、「暦録」を『日本書紀』の二番煎じと唾棄してしまうには、今少し慎重であるべきだろう。一つには、むしろ『日本書紀』の問題であって、「暦録」という一書を生むほどの価値を負っていたのが『日本書紀』であったことが、あらためて確認される。言い換えれば、『日本書紀』を基本として踏まえて成り立っていること自体に、「暦録」の意味があるのである。少くとも補闕記にとって、その意味が重大であったことを、あらかじめ想定しておいてよい。今、伝暦の引用文のみで云々するのは、その引用の任意性も配慮すると、必ずしも妥当でないかもしれないが、とにかく、太子生誕(1)・飢人説話(2)(3)・僧綱起源談(5)・上宮王家滅亡(6)・蘇我蝦夷と入鹿の専政(6)(7)の各記事が、『日本書紀』の範囲を大きく逸脱することなく、「暦録」に反復され続けた事実は、それとして充分意味のある太子認識を表示したものと言わなければならない。また『日本書紀』は、まぎれもなく生きて存在したのだ。

その『日本書紀』を反復しながらも、聖武朝までの記述をおこなったと考えられる「暦録」が『日本書紀』以後を何に依ったかは、詳らかでない。しかし、そのことを詮索するよりも、『日本書紀』をいかに反復しようとしたのかを考えてみることの方が、有意義であるはずである。紀伝学生、矢田部公望は、『日本書紀』講書で、「暦録第一」が参照されたことを伝えている。(2) それは、景行紀で用いられたようで、「暦録」の内容が景行代をも含んでいたことを教えてくれるとともに、「暦録」の成立が、延喜六年（九〇六）を、何としても降らないことを知らせてくれる。(3) さてここに、「暦録」がいわば参考書として用いられたというのは、そこにおのずと、『日本書紀』に対する参考のものがあったからにほかならない。その参考こそ、「暦録」が『日本書紀』をいかに反復したものであったかの実体を物語るであろう。

その一端を若干知ることができそうである。まず、『東大寺要録』八裏書に、「暦録第一合四巻可考」として、懿徳から成務までの陵と宮都が列挙されている。少しく錯誤のところもあるけれど、むしろ『東大寺要録』の方に責任があったかもしれない。それはともかく、この記述も『日本書紀』の抄出を基本としていたことは明らかで、たとえば、孝安天皇の項に「遷都於室地、是謂秋津嶋宮」とみえるなどは、孝安紀二年十月条と寸分たがわない。しかしそれとは別に、天皇の陵や宮都を重要視し、時としてそのことのみに終始した記述のところもあったのではないかと推測させる。「暦録」の第一巻が、少くとも神代から成務代までを含むものであったとみてよいとすれば、(4) 神代を除くそれ以後の、『日本書紀』に記載の少い各代に対しては、ただ天皇の陵と宮都を列挙していっただけの可能性も大いにある。まさしく「暦録」であるが、その「暦録」たる所以の一つが、陵と宮都の抽出列挙もしくは強調であった。

知られる限り「暦録」は、「陵」と書かず「山陵」と記した。「暦録」が採用した『日本書紀』では、その該当記事がすべて「陵」であったにもかかわらず、悉く「山陵」に書き改めたのである。このような反復の仕方は、やはり等閑できない。一体に、『日本書紀』と『続日本紀』を比較すると、「山陵」の語が前者に極めて少く、(5) いわんや天皇埋葬記事で「山陵」と書くことすらない。『続日本紀』になると、「山陵」の語は急増する。これは両紀の成立時期における、それぞれの天皇観や国家観に起因しよう。「暦録」はその意味で、むしろ『続日本紀』に近い。『続日本紀』における「山陵」の初見は、文武二年正月庚辰条の「大内山陵」である。しかし『日本書紀』ではこの天武陵を、ただ「大内陵」[6]と書くのみであるから、「大内山陵」という呼称が、文武朝に広く流布していたとは考えられない。『続日本紀』編修時の潤色とみるべきだろう。『続日本紀』天平宝字四年十二月戊辰条は、次のように記している。

勅、太皇太后宮・皇太后御墓者、自今以後、並称山陵、其忌日者亦入国忌例、設斎如式、

これは勅の引載文であるから、この時すでに、「山陵」の意識が明確に存在していたことは疑えない。それのみではなく、実はこれ以後の奈良朝末期から平安朝初頭にかけて、「称山陵」すべき詔勅が、しきりに出されるのである。宝亀二年(七七一)十二月には、先妣紀氏に皇太后の尊号を授け、その「御墓」を「山陵」に呼び改め、忌日は国忌例に入れられた。[7]宝亀九年三月になると、淡路親王の墓が「山陵」と称されはじめた。[8]ついで延暦十九年(八〇〇)七月に及んで、故早良親王を崇道天皇と追称し、故井上内親王を皇后と再び追称し、両者の墓は「山陵」と呼び改められた。[9]いずれも、いわば祟りに関係しようが、「先皇陵」[10]に限らず「山陵」の称号が授与されはじめたのは、必ずしも「山陵」の意識の稀薄化と低下を意味しない。事実はむしろ逆であって、皇統の安寧と自覚のために、「山陵」としての認識が、益々不可欠の条件となっていたとみるべきだろう。言い換えれば、「山陵」という称号のもとに、遂次、現皇統譜が精神的に創出され補強されなければならなかったのである。

国忌例に入ることが、「山陵」と呼称される条件であったともすれば、「国忌斎」の初見は、『日本書紀』持統元年九月庚午条の天武天皇忌日にある。そして『大宝儀制令』太陽虧条には、国忌日の規定がたしかにみえ、これに相俟って、大宝二年(七〇二)十二月には、九月九日(天武忌日)と十二月三日(天智忌日)とが、それぞれ「先帝忌日」に定められ、当日は廃務となった。[11]国忌のいわば制は、『大宝令』にはじまるとみてよい。すると、『大宝令』の施行当初、

「山陵」とは天智・天武の陵に限られて呼ばれたものだろうか。しかし、『日本書紀』の記述にそのような痕跡がみられないことは、すでに述べた。国忌例に入ることと、「山陵」の称号とは、必ずしも結びつくものではなかったと考えられる。たとえ国忌例が制度上実施されていても、「山陵」の称号と「陵」の語とには、さしたる意味の区別はなされなかったと、言い換えてもよい。

ところが、天平年間以降になると、事情は異なる。『続日本紀』天平元年八月癸亥条は、次のようにいう。

又諸大陵差使奉幣、其改諸陵司為寮、増員加秩、

まえに述べたように、この諸陵司の改組と拡大は、「吉凶」の峻別を促し、礼秩序の定立を確認しようとするもので、おのずと土師氏の「祖業」をも有名無実化させてしまうほどの、無視できない意味を持っていた。そして同時に、「諸大陵」への奉幣がおこなわれている。この「大陵」は、「陵」と区別されるべきだろう。同じく天平二年九月丙子条の「山陵六所」に相当するのではないか。この六所がどれであるかは知る由もないが、『令集解』儀制令太陽虧条所収の穴記は、「張云、天子七代之祖死日為国忌者」と紹介し、また令釈は、「国忌日、謂七廟忌日也」と説く。国忌とは、本来礼の思想に由来する、天子七代の忌であり、七廟の忌であった。今言う六所とは、この七廟に倣ったきらいがある。

国忌と「山陵」の称号とは、制度であるよりも思想であり、意識上のことで、国忌日がつまるところ「別式」で随時定められていくのも、そのことを示唆して余りある。「山陵」という言葉が、ようやく意識されるようになるのも、また天平年間に入ってからであった。天平三年の十二月、甲斐国から神馬が献上された。黒身で、白髦尾であったという。その時の詔に、こうある。

詔曰、（中略）粤得治部卿従四位上門部王等奏偁、（中略）謹検符瑞図曰、神馬者河之精也、援神契曰、徳至山陵、則沢出神馬、実合大瑞者、斯則宗廟所輸、社稷所貺、朕以不徳、何堪独受、天下共悦、（後略）[12]

治部卿門部王らは「援神契」を引いて、神馬の出現は、天皇の徳と「山陵」とが通じた結果であると説くのであった。「山陵」とは、天皇の徳を啓示する必要な媒体であり、また天皇の徳を促すべき存在である。それは単なる「陵」とはちがい、「宗廟」であり「社稷」そのものであらねばならず、「大瑞」の期待されるところであった。それは今や、七廟の国忌例に近い。天平勝宝四年閏三月、新羅王子来朝の状が、「大内・山科・恵我・直山等陵」に告げられた。[13]大内は天武さらには持統の陵、山科は天智の陵、恵我は仲哀・応神・允恭の陵の可能性があり、直山は元明さらには元正の陵である。[14]この時果して、いくつの陵に告げたかはわからないが、「直山等陵」の語句が「直山等山陵」の誤脱によるものか、はたまた「直山等陵」の「山」を「山陵」に掛けて用いたとすれば、七つの陵、いわば七廟であった可能性もある。しかし、次の場合は、明らかに「山陵」とされ、かつ七廟に合致する。同じく七年十月、聖武太上天皇の病気平癒を、「山科・大内東西・安古・真弓・奈保山東西等山陵」[15]に祈ったのである。天智・天武・持統・文武・草壁・元明・元正の七陵であった。この数は、決して偶然ではあるまい。七廟の思想に、むしろ規定されていたとみるべきである。ただ、草壁皇子の加わっていることは、すでに慶雲四年（七〇七）四月、国忌例に入れられていたから、[16]その当初「山陵」としての認識は覚束ないとしても、今は「先皇陵」に准ずるもので、さらに「山陵」へと認識されたとみて支障はない。

天平年間から天平勝宝年間にかけて、「山陵」の称号と国忌例とは、急速な思想的結合をみた。藤原仲麻呂政権の樹立とともに、それは一層拍車をかけられることになる。大炊王の立太子を告げる天平勝宝九年四月の勅において、

「宜令天下、家蔵孝経一本、精譴誦習、倍加教授」[17]とある。孝経一本を家ごとに置き、誦習せよというのである。実は、「山陵」を説いたさきの「援神契」こそ、「孝経援神契」と称されたように、孝経の緯書にほかならない。さきの勅の指示が、どの程度実行されたかは別にしても、孝経の重用企図と「援神契」の流用とは、決して無縁であるまい。さらにのちの神護景雲二年（七六八）九月の勅でも、「孝経援神契」[18]のよく用いられていたことがわかる。「徳協直行、政至山陵、則沢出神馬」とそれには引用されていて、決まって「山陵」の箇所が使われる。「孝経」をわざわざ冠したのも、あるいは孝経一本設置のある程度の実現を踏まえてのことかもしれない。

「山陵」を称することがしきりに行なわれるようになったのは、孝経一本設置を指示した天平勝宝九年以降の天平宝字年間からであったことは、すでに述べた。これものちに述べる、「皇民」観念の形成の一端であったとみるべきである。さて、「暦録」が「山陵」という称号をもっぱら用いたのには、以上のような歴史的前提が必要であったはずである。それはあくまで『日本書紀』に多くを依りながらも、「暦録」としての反復の仕方を発揮しているわけで、その撰述期の時代意識をもろに反映した性格のものであったと言えよう。逆に言うと、かつての『日本書紀』も、「暦録」のような志向をかりて、存在しその価値を発揮することになっていく。

つぎに、『日本書紀』にまったくみられない「暦録」文も、たしかに存在する。はじめに掲げておいた(4)が、そうである。内容は、わが国のことではなく、隋から唐への王朝交替を記している。「暦録附云」というから、少くとも「暦録」本文には無かったものにちがいないが、「暦録」の撰述時に同時に付記されたものか、その後何人かによって書き加えられたものか、これだけでは判断の仕様がない。しかし、これとよく似た例が『釈日本紀』述義八の雄略のところにみえる。「一事主神」を説くところで、「暦録曰」との引載があるのである。大略『日本書紀』雄略四年二月条をその土台として書かれているけれども、続いて順次「一説」と「或説云」が掲げられている。もしこれらが、本来の「暦録」のなかに記されたものであるなら、「暦録附云」というのも、これら「一説」とか「或説云」という体裁をとって付記されていた可能性も出てこよう。その上、「或説云」のなかで、天平宝字八年（七六四）の土佐国からの高鴨神復祀が語られて、「于今祭祀而云々」と結ばれているので、もしこの「或説云」が、「暦録」撰述時の付記であるなら、「暦録」の成立時期の上限が知れることになる。

しかし、それは疑問である。同じ「一事主神」のところで、「論者曰」との引載があり、そのなかで「而今女巫計利仮威」とか「今正月十五日立例」とか述べられているが、「或説云」の「于今祭祀而云々」も、これと同様に考えられて、講書の折の横点か、もしくはいわゆる当時の異説を指そう。卜部兼文が講義し、兼方がそれを編修した、十三世紀後半以降の「或説云」である。すると、この「或説云」は、「暦録」に無関係で、当然「暦録」の成立時期がさぐれる手掛りの類ではあり得ないことになって、つぎにはじめの「一説」がどうかということになる。

一説、懸一指末而受之、是時、咸知有徳天皇矣、

この「一説」は、『日本書紀』雄略四年二月条の、「是時、百姓咸言、有徳天皇也」によく似ている。『日本書紀』に多くを依る「暦録」の性格からして、この「一説」が、本来「暦録」に付記されたものであったとみても、大きな不都合はないように思える。しかし逆に、それが『日本書紀』と類似するのであれば、むしろ「暦録」の本文であってもよさそうで、わざわざ「一説」として区別する必要があったのかという疑問も生じないではない。

そこで翻って「暦録」本文を読むと、葛城山の神が天皇を「来目川」（雄略紀は来目水）まで送る段は、たしかに『日本書紀』を参照しているが、そのあと、さきに紹介した「是時、百姓咸言、有徳天皇也」が述べられるべき段になっ

て、「暦録」はにわかに『日本書紀』に無い記述を開始する。

群臣各脱衣服而献、神拍手而受之、凌空而還、

これが、その一文である。そして、「一説」がこれに続いて書かれている。短かくはあるが、「暦録」本文の該当末尾にこう書かれているのは、『日本書紀』を反復しつつも、その『日本書紀』をくつがえすという結果を招来してしまった。もっとも、『古事記』雄略段に類話があるが、それをさらに進めて、主役が天皇から葛城山の神へと転倒したのである。反復の仕方の典型がここにみられるわけだが、それが単なる結果でないことはもちろんで、「暦録」のあらかじめの撰述意識の一端をのぞかせる。そしてここに、太子の飢人説話と類似した側面を、多くの人は見出すであろう。今は『日本書紀』推古二十一年十二月条と比較しておくと、それには太子が「即脱衣裳、覆飢者而言」というところがあって、ともに衣服(裳)を脱いで授けたという。もっとも、推古紀にみえる尸解仙のことが、この「暦録」にも述べられたというのではないが、その神が「凌空而還」と結んだのには、『古事記』にもみえない明瞭な神仙思想の投影を確認することができる。たとえば、『三教指帰』中の虚亡隠士論でも、「凌空」なる語句が用いられて、仙人として昇天することにほかならない。別段「暦録」が、太子の飢人説話を模倣して、このように書き加えたというつもりはないが、飢人説話を支える神仙思想に、ともに並々ならぬ関心を抱き、「暦録」撰述の一つの有力な意識を神仙思想に負っていたらしいことは、少くとも言ってよい。それは同時に、太子の飢人説話そのものにも執心させずにはいないはずで、事実「暦録」には、『日本書紀』のその当該記事を参照しながら、とりわけ飢人説話を特筆した痕跡がある。はじめに掲げておいた(2)と(3)が、それを予想させてくれよう。(19)

もちろん、雄略紀自体にも、神仙思想の投影がうかがえて、「有若逢仙」という。「暦録」も、この文章を全くその

まま反復しているが、雄略紀が最終的には天皇の徳を直接的に称讃して結んだのに比し、「暦録」は「有若逢仙」のところを、一部『古事記』に依りながら、さらに誇張し発展させる結末を選んだのである。このように考えてくると、問題の「一説」は、本来の『日本書紀』の意思ないし志向を紹介したことになる。言い換えるなら、『日本書紀』を基本とする「暦録」撰述者の姿勢からみて、この「一説」が「暦録」以外のある説を意味する必要はなく、「暦録」本文に付記した「一説」であってこそ、「暦録」としてのむしろ総体的な一貫性が保証されるのではなかろうか。立ち返ってさきの「暦録附云」というのも、『日本書紀』のある箇所、それはおそらく推古紀のうちであろうが、その箇所を参照しながら本文を記述し、かつ相応のところで「一説」として付記した文章に当たると思われる。ただその際、雄略条の「一説」と、その意味合いが同じであったかどうかは疑問で、また等しくなければならない必然性もない。「一説」といい、「暦録附云」といい、「暦録」の記述の体裁の問題でもあって、「暦録附云」と伝暦が引用したのが、元来「暦録」本文に付記された「一説」ではじまる一文であったらしいことを知れば、今のところ充分だからである。

けれども、隋唐の交替をその内容とする「一説」は、それ自体としてまた別の問題を惹起させる。隋煬帝の名は、『日本書紀』に一箇所しか残されていない。推古二十六年八月条の、高句麗使者来朝を録したところで、使者の言としてみえる。隋の高句麗遠征のことが、その内容であった。伝暦も、これをほぼ踏襲する形で記していったが、それに続けて「暦録附云」とある。この「暦録附云」以下は、おそらく、推古紀二十六年八月条に倣った記述の「暦録」本文に、付記された「一説」の内容であったろう。付記の位置といい、その内容といい、的確である。「暦録」撰述者の、中国王朝に対する知識の正確さをうかがわせるばかりでなく、唐王朝の発足に強い関心を持っていたのではないかと推測させられる。それは同時に、「暦録」撰述者の現在認識でもあり得て、彼もしくは彼らの中国王朝とは、唐以外の何ものでもなくて、唐に対する強い関心を抱き続けていた証左ではないか。

もしそうだとしても、その基底にあるものは、やはり中国や日本を問わず、皇帝とか天皇に具現された王朝の交替と、王朝としての相継に抱く強い執心であったように思われる。はじめに示した(7)の「暦録」逸文は、その点参考になる。蘇我蝦夷・入鹿の専政を、ほぼ皇極紀に従いながら記述した最後に、その専政の「故」をもって、天皇は皇太子に譲位し、みずからは皇祖母尊となったとする。もちろんこの譲位のことは、皇極紀四年六月庚戌条などにも記されるところで、しかも譲位の初見であるから、「暦録」がそのことに言及しても不思議はない。だがしかし、その譲位の理由については、少くとも文字上、『日本書紀』は黙して語らない。その理由付けを、「暦録」は試みたのである。それを果すには、正否はともかくとして、皇極天皇の譲位を記した『日本書紀』の該当記事そのものに、並々ならぬ関心をはらっていなければなるまい。ただ『日本書紀』を読んで、適当に抄録するような姿勢は、そこに見出せないのである。

一方また、『日本書紀』の天皇譲位の記述の前段が、中大兄皇子を中心とした蘇我蝦夷・入鹿暗殺記事であったのは注目してよい。(7)の逸文からして、この事件は捨象されていたか、少くとも天皇譲位に無関係とみなされたことは確実である。天皇譲位に関する「暦録」の理由付けは、「暦録」が『日本書紀』に忠実であったことを思う時、明らかに強引であり恣意的である。国忌例に加えられ、とりわけ「山陵」意識に支えられてある、先皇天智の存在を慮った上でのことと解す以外にない。

以上のように考えてくると、「暦録」雄略四年二月条末尾の本文で、天皇の徳を称讃した『日本書紀』にわざわざ従わなかった事実と、いささか矛盾しかねない。しかしその矛盾の半分は、「一説」の付記によって解消されよう。

しかもその「一説」は、葛城山の神が衣服を受け取るその特殊な所作を媒介として、一層天皇の徳を称える内容になっていた。そこであらためて本文末尾を再読するに、これもやはり、衣服を受け取った神が昇仙するということを媒介として、結局は天皇の徳を称えたものとみなければならない。太子の飢人説話に「聖之知聖、其実哉、逾惶」とあるのと、全く等しい論理が、そこにはみられるのである。

さて最後に、『日本書紀』とは全く無縁の「暦録」逸文を掲げる時がきた。それは、『天王寺秘決』に引載されたものである。

暦録云(ナシ)、太子召妃命曰、吾昔為卑(世)賤(微)人、逢師説法花(経)、逃家剪髪、為一沙弥、(修)行卅余年、捨身於(ナシ)衡山之下、今憶此時、向(ナシ)当晋末世、魂宿韓氏之腹、(こ)後得為人、出家入道誓也、生々世々不択中辺、伝通仏法、即登衡山、修行五十余年、当宋文帝世、復捨身命、託生劉氏、復得為男、出家入道、経四十余年、捨身於彼、託生高氏、此時斉王、君臨天下、又修行衡山、六十余年、捨命於此、当于梁世、託生梁相之子、復出家入道、猶在衡山、経七十年、歴陳・周世、誓願必生東海之国、流通仏法、云云已上(ナシ)、

実はこの一文は、伝暦推古二十六年十月条に、ほぼそのまま採られていて、「暦録」からの引載とは書かれていないが、その引用文であったか、はたまた「暦録」と同文を持つ某書からの引用であったものと思われる。今掲げた「暦録」逸文の、（ ）を施してあるところは、伝暦との異同を証すためで、全くと言ってよいほど、同文とみてさしつかえない。詮索すれば、この一文も「暦録」の付文ではなかったかと思えさえするが、それはともかく、本来太子伝の目的を持つはずのない「暦録」とはいえ、太子の事跡に強い関心を示したことだけはたしかである。

いくつかの点で、留意すべきものがある。第一は、太子みずから、かつて「卑賤人」であったと述べるところで、

これは飢人説話との関連を想起させる。飢人説話に強い関心を抱き、かつそのモチーフをさらに援用展開させた「暦録」のことは、これまで再三述べてきたが、今もその一例とみることができる。しかし第二に、その展開は雄略条と体裁を必ずしも同じくせず、太子の七転生として表現されてくる。今日いう、恵思禅師後身説に近いわけであるが、それと厳密には等しくない点が、今は重要である。いわゆる恵思禅師後身説とは、太子が恵思禅師の転生後身で、恵思禅師の中国における六転生があって、その七転生が太子に示現されたというのが基調をなす。その限りで言えば、太子もたしかに七転生を負うのだけれど、その転生の主体はやはりあくまで恵思の方にあって、その後身が太子であるということにほかならない。言い換えれば、太子が恵思禅師の後身である限りにおいて、はじめて太子の七転生が意味を持つ。

ところが「暦録」の場合、衡山のことがしきりに語られることから、恵思禅師をそこに想定するのは可能だとしても、明確に恵思の名が述べられたわけではない。それに何よりも、七転生の主体は太子その人とされ、それは同時に、卑賤人であり一沙弥であった。七転生は、太子自身において自己完結し、その分身が卑賤人であり一沙弥である。その上、託生の身にしても、いわゆる恵思禅師後身説とはいささか異なる。今、『異本上宮太子伝』の例と比較してみるに、それは、許氏(晋)→崔氏(宋)→李氏(斉)→韓氏(梁)→駱氏(陳)→姚氏(周)→(倭国之王家)と記されている。これに比して「暦録」では、韓氏(晋)→劉氏(宋)→高氏(斉)→梁相の子(梁)→(陳)→(周)→(東海之国)となっている。太王朝の転生では合意がみられるものの、託生の身は大幅にくいちがい、陳・周では曖昧のままである。「暦録」の太子自身の転生説は、いわゆる恵思禅師後身説と系統を異にするばかりでなく、まだ充分整えられていない性格をも持っていたと言えよう。

第三として、捨身の思想が濃厚である点が、注目されてよい。この転生は、捨身に貫かれていたとみて過言でない。しかもその発願が『法華経』に依ったことも、あわせて留意される。捨身と言えば、『金光明経』捨身品や『大般涅槃経』聖行品をもって、つとに知られるところであるが、それに限られた思想でないことは言うに及ばない。『法華経』薬王菩薩本事品においても、次のように説く。

我雖以神力、供養於仏、不如以身供養、

薬王菩薩の言であるが、これがいわゆる焼身供養となり、『高僧伝』十二などにその事例が伝えられるだけでなく、[20]わが国でも平安朝にはおこなわれたことがある。[21]捨身の極致と言えようか。しかし「暦録」に一貫する太子の捨身観を、この薬王品に結び付けるのはやはり行き過ぎで、勧持品の方が気になる。

勧持品は、仏滅に際して、薬王菩薩や大楽説菩薩をはじめとする二万の菩薩眷属が、弘経を誓うことにはじまる。

我等当起大忍力、読誦此経、持説書写、種種供養、不惜身命、

このように、その誓言で述べたのであった。また、「我不愛身命、但惜無上道」とも述べるのである。「暦録」のいう「捨身命」とは、このような捨身観を反映したものではなかろうか。同時に、「転賤」「転慢」されるに相違ない仏滅後の苦行が、事細かに予想されもしていて、「於他国土、広説此経」ともたびたび誓う。

世尊、我等於如来滅後、周旋往返、十方世界、能令衆生、書写此経、受持読誦、解脱其義、如法修行、正憶念、

とまれ「暦録」の太子七転生説は、飢人説話をその重要な契機とし、『法華経』勧持品などの『法華経』自体の影響を蒙ったものであったと言えよう。あわせて恵思の存在が稀薄で、いわゆる恵思禅師後身説とは、似て非なるものであったとみるべきである。もちろん、その結果的関連まで否定するものではなく、その関連自体また大きな問題と

なろう。のちに述べる。

第三節　四天王寺聖徳王伝

一　四天王寺障子伝

補闕記に言う「四天王寺聖徳王伝」が、四天王寺で、あるいはその寺僧や関係者の間で作られたものか、四天王寺に伝来するものか、とまれいずれかであることは容易に察せられる。もちろん、両者をかね合わせた性格のものであっても構わない。けれどもその際、「四天王寺聖徳王伝」なる呼称は、補闕記成立時でこそ通用し周知の伝であったとしても、のち、このような書題を持って伝えられたものはない点で、その実体は容易に知り難い。ところが幸い、伝暦の末尾に「在四天王寺壁ニ聖徳太子ノ伝」が掲げられていて、この伝の参照されたことが知れる。しかも、『日本書紀』や補闕記と同様、「聖徳太子入胎之始、在世之行、薨後之事」がやはり述べられていたこともわかる。「薨後之事」というから、上宮王家の滅亡や、さらにそれ以降の事柄も記されていた可能性があろう。しかしその内容は、今のところ定かでない。

補闕記の掲げた「四天王寺聖徳王伝」が、この「在四天王寺壁、聖徳太子伝」を指すとみて、おそらく大過あるまい。しかし厳密には、未だ曖昧の域を出ない。壁面を飾る太子絵伝であったらしいことはわかるが、その様式がいかなるものであったのかはもちろん、図絵面に記された伝記であるのか、図絵面には絵画のみで別にそれを説くような太子伝が存在していたのか、はたまた、図絵面に記述されてあるものをさらに単独の太子伝に仕立て直したものか、などと様々な憶測が可能になるばかりである。けれども、補闕記の「発生状態」のなかで、この「四天王寺聖徳王伝」は欠くことのできない条件を負っているのだから、何とかその成立や内容の一端を知らねばならない。

その手掛りになるものは、伝暦を除くと、平安朝末期の史料を遡ることができず、多く鎌倉・室町期に集中している。このような現状である以上、当然ながらそれぞれの史料に対して、時代錯誤に陥らないよう慎重でなければならない。言い換えれば、のちの史料上の文言だけから、それぞれを結び付け逆推するには、それなりの限界があるということで、その史料の時代条件を加味しながら論じていく必要があろう。

四天王寺に絵堂の存在したことは、『台記』などによってもよく知られている。同時に『台記』は、絵堂の存在を証す最古の確実な史料でもあるわけだが、『天王寺秘決』に引載された「大同縁起」逸文の「仏堂一宇八間」が、「絵堂一宇八間」の誤写であるとすれば[22]、少くとも延暦二十二年（八〇三）に、絵堂の存在が知れることになる。しかしこれが誤写でないからといって、太子絵伝が延暦二十二年に無かったということにはならない。のちに絵堂が独立し、それ以前の延暦二十二年を含む段階では、別な堂宇としての壁面を太子絵伝が飾っていた可能性もあるからだ。

しかしとにかく、『台記』にみえる十二世紀中葉の絵堂に触れないわけにはいかない。とりあえず、関係記事のところだけ抽出してみよう。

(1) 次参御聖霊院、余路次参万塔院、北政所、先参御画堂、禅閤及法親王坐砌下、（入道殿、乍手轝御之、法親王敷候坐之、）本寺権上座某、持楚指画説之、余依仰昇座上、有不審之時、問之、北政所、乍車引立聴聞之、良久説了、（中略）次北政所、参御聖霊堂、乍車引立、凡北政所参御講座之時、侍男共引之、暫乍車引立、入道殿乗手轝給、依行歩不叶也、余昇堂上、奉礼聖霊二度、用拝太子之礼、仍不三拝、（康治二年十月二十二日条）

(2)次参御聖霊院、（中略）導師同人、（権僧正・別当行慶）資賢朝臣、取紙燭参上、照聖霊御体、法皇及余奉見之、次御覧絵、（中略）次御覧甲斐黒駒影、次於中絵堂、令説絵、入道（通憲）祇候、申聖徳（太子）伝事、（久安二年九月十五日条）

(3)幸聖霊院、令説絵、奉見太子影、（久安三年九月十四日条）

(4)覧甲斐黒駒影、向絵堂、令説之、依仰、其説委曲於常、（久安四年五月十二日条）

(5)次余詣聖霊院、礼霊像、于時聖霊院童像自六時堂、依念仏会訖也、余跪地、（久安四年九月十五日条）

(6)仍詣聖霊院、礼霊像、聞講説始、帰参、（久安四年九月十六日条）

(7)申二刻、幸聖霊院、先礼霊像、次御絵堂、令僧説絵、于時余与信西侍左右、僧有謬誤改正、僧有闕偏補綴、説訖賜禄、次覧黒駒影、（久安四年九月二十日条）

(8)両院詣聖霊院、先礼木主、次移絵堂、令僧説之、（久安六年九月十七日条）

およそ以上であるが、(1)は藤原忠実・同室・頼長、それに覚法仁和寺法親王ら一行の参詣であり、(2)は鳥羽法皇・頼長、それに藤原通憲がのちに加わる一行の参詣で、(3)は法皇・頼長らの参詣、(4)は忠実・頼長らの参詣、(5)(6)(7)は法皇・頼長・通憲らの参詣で、(8)は法皇・美福門院・頼長ら一行の参詣であった。

まず聖霊院には、「聖霊」(1)と称され、「聖霊御体」(2)とも言われ、また「霊像」(5)(6)(7)とも「木主」(8)とも呼ばれた、太子の像の安置がうかがえる。礼拝の中心対象となる、いわば本像とも言えよう。しかしこの外、太子童像(5)の安置も察せられて、その上、甲斐黒駒の図絵もあったようである。また、「次御覧絵」(2)といい、「奉見太子影」(3)というのがあって、いわゆる絵堂の絵伝とは別に、太子の図絵があったようにも解されるが、やはり太子絵伝のことであろうか。⑶はそれでよいとしても、⑵はなお疑問である。

ところが一口に聖霊院と言っても、⑴などから察せられるように、少くとも聖霊堂と絵堂から成り立っていたことは明らかである。そして、「聖霊」の安置され、礼拝される聖霊堂こそ、聖霊院の中核をなすはずで、狭義の聖霊院と言い換えてもよかろう。これに対して、広義の聖霊院は、聖霊堂や絵堂を総称したものでなければなるまい。⑶で単に、「幸聖霊院、令説絵」と述べたり、はたまた久安四年九月二十日条で、「今日参聖霊院、欲令説絵」と頼長が録したのも、総称あるいは一区画としての聖霊院を意味し、厳密にはそのうちの絵堂を念頭に置いた筆致とみるべきである。「聖霊院之絵堂」という表現が『天王寺旧記』にみえるのも、けだし当然であった。「大同縁起」逸文に、「上宮太子聖霊檜皮葺大殿一宇四間」と呼ばれる建物は、必ずしも平安朝末期の堂宇と一致するものではあるまいが、聖霊堂の元来の姿を伝えたものと思われる。ただその際、この大殿に聖霊堂と絵堂とが合わさっていた可能性もないではないが、少し狭い気もする。

もう一つ注目すべきことは、絵説きのおこなわれたことであるが、逆にそれをいかに見聞したかの問題である。この点⑴に詳しいが、見聞する者は、ふつう堂座に昇ることなく、階下にあったらしい。頼長一人が座上に昇り居て、不審の事を問うたというのも、彼自身のこともさることながら、階下にある見聞者と絵説きの権上座との間の質疑応答などを、途中で中継ぎするためもあったのではないか。もっともこの時は、忠実の歩行困難に原因した例外措置とも思えないことはないが、やはり絵堂の階下にあって、敷物に坐したり、乗物にあって見聞することも、しばしばであったに相違なくて、それに答えられる様式や図絵を備えていたのが、絵堂の太子絵伝であったと言える。もちろん、見聞者の方は、視覚で絵を見、聴覚で説明を聞くわけで、もし図絵に色紙形銘のような絵詞が貼られていたとしても、それを読むことはなく、また読めるような条件でもなかった。少くとも、そのような関心は、この場合極めて薄い。

ところがこの時期、絵堂の顚倒したことが伝えられている。周知の通り、知恩院蔵『法然上人行状絵図』十五は、貞応三年（一二二四）に新造再興された絵堂内の図絵に貼られた「色紙形記銘」を引用して、「此堂、大僧正行慶寺務之間、顚倒之後、以聖霊院礼堂東廂、為其所、今新建立于旧跡、彰興隆之本意也」と述べるのである。行慶の寺務（別当）は、『僧官補任』によると、長承四年（一一三五）正月九日からはじまり、保元三年（一一五八）正月十四日に、その別当職を道恵親王へ譲渡することで終わっている。『天王寺別当次第』も、これと矛盾しない。あたかも法皇や頼長らの参詣を含む時期に相当し、事実、行慶は(2)でもわかるように、その参詣で導師をつとめたり、とりわけ法皇の庇護をうけた僧であったのは、天養二年閏十月二十日条や同十二月二十五日条などからもうなずける。

顚倒した絵堂が、聖霊院礼堂の東廂をもって仮に当てられたというのは、礼堂を持つ聖霊堂か別棟の礼堂の東廂を代用したということだろう。けれども、その顚倒のことは『台記』にみえない。この間もし、顚倒のことがあれば、『台記』の漏らすはずはなく、再興も容易であったにちがいない。法皇没後に顚倒した可能性が濃く、行慶寺務の末期であったのではないか。いずれにせよ今問題なのは、「四天王寺聖徳王伝」や「在四天王寺壁、聖徳太子伝」にかかわると思われる記事を残した史料、とりわけ太子伝注解書の類が、ほとんどこの貞応三年の絵堂新造以後に成るものので、それらにとって、より直接的な感覚は、この新造絵堂の太子絵伝を遡るものでなかった点を忘れるべきでない。

貞応三年の絵堂新造は、慈円の沙汰によって成就した。同年正月二十日に近江国滋賀郡の倭庄宿所をたった慈円は、翌日四天王寺に参着し、願文を草したが、その願文後序で、つぎのように述べている。

此間、絵堂事致沙汰、図本体絵出来了、図裏九品往生之間也、同三月四日、所労更発、不快之間、企上洛、(23)

彼の述懐によると、「図本体絵」が一早く仕上がり、その裏に九品往生の図絵が描かれていくはずであったが、その出来上がりを待たないまま、発病によって上洛しようとしたという。「本体」とは、太子絵伝にほかならず、それは九品往生の図絵と表裏をなすべきものであった。九品往生の図絵は、漢家本朝の往生伝にもとづいて、九品往生人を描出し、和歌を詠じ、四韻の周詩を賦して、それらを色紙形に清書したものを貼りつけて仕上がるはずであった。そして絵師は、表裏ともに法眼尊智であったが、さきの「色紙形記銘」はつぎのように伝えている。

貞応三年甲申始自去冬、三春孟夏之間、以絵師法眼尊智、守本様、依伝文、図絵既訖、今於西面、更画作九品往生之人、殊勧進一乗浄土之業、表裏共不交他筆、尊智図之、(中略)復当南北裏、同画四天像、

いわば「守本様、依伝文、図絵」されたものが、太子絵伝である。そこでまず注意すべきことは、すでに述べたように、太子絵伝が表に図され、その裏に九品往生の絵が画かれたということで、表裏両面を備えていたらしい。今も、絵堂の西壁に九品往生図が、南北両壁に四天王像が、そして残るはずの東壁に太子絵伝が、それぞれ描かれたと想定するようなことがあれば、それはおそらく短絡的な誤謬を犯したことになるだろう。いずれも、表裏両面を持つ様式でなければならないはずだからである。その正確な配置と様式については、目下充分な見解を持ち得ないが、四天王像が描かれたのが「南北裏」とすれば、それぞれ南・北の表があるはずで、九品往生図が描かれた西(裏)に対する東の表とともに、太子絵伝が連らなって図絵されていた可能性がある。[の字型か、]の字型ではなかったかとさえ思わせる。少くとも、絵堂そのものを構築するまわりの大壁に、それぞれ図絵されたものでないことはたしかであろう。

壁画と呼んで間違いではないが、それはあたかも障子襖としての室内意匠であったとも言える。その概念は、今日

でもまだ曖昧の域を出ないようであるが[24]、少くとも、奈良朝寺院の大壁を荘厳に飾るような壁画とは多分に趣を異にして、室内装飾的な間仕切りの効果をも今や負い、あらかじめ絵を描いた絹地を紙貼りし、裏から横桟の入った板壁上に仕立てたものを、壁面に嵌め込むというふうな、むしろ法隆寺絵殿の「障子絵[25]」に倣うところ大であったように思う。法隆寺のそれは、決して壁画と呼ばれることはなく、たとえば『天王寺秘決』によると、「法隆寺障子絵」と呼ばれている。

ここで想起されるのが、「四天王寺障子伝」なる一巻である。今、人口に膾炙する一例を掲げてみよう。

四天王寺障子伝一巻（彼寺三綱衆僧敬明等造之、宝亀二年辛亥六月十四日造立云々、）

『太子伝玉林抄』一に、述べられたものである。同じく五でも、「天王寺障子伝曰」と引いて、上宮太子八寺造立のことを説明している。しかしすでに指摘の通り[26]、訓海の『太子伝玉林抄』に先行する聖云の『太鏡底容鈔』一・三で、これとほぼ同じ記述があることから、訓海は聖云の記述を踏襲したのかもしれない。念のため、指摘に従ってその相当文を『太鏡底容鈔』一から記せば、こうなる。

四天王寺障子伝一巻

彼寺三綱衆僧敬明等造之、宝亀二年歳次辛亥六月十四日造立云々、

今、その成立の記入については、しばらく保留して、その書題に注目すると、四天王寺絵堂の太子障子絵の伝一巻と読める。その基本的性格は、『太子伝玉林抄』一・四・十などでも知れる、「法隆寺御障子五間略記一巻」とか「法隆寺五間障子略記」とか、さらに「法隆寺絵殿御障子略記」などと称された一巻物に似ていよう。法隆寺のそれは、絵殿障子絵を別に説いた一巻物の太子伝略記で、もちろん絵の上に貼られた色紙形題銘を別に抽出し、あるいは一部

追加修正してか、別巻として仕立て上げられた太子伝である。「四天王寺障子伝一巻」も、これによく似た体裁であろう。ところが、法隆寺の略記より問題を複雑にするのは、この「四天王寺障子伝一巻」なるものが、伝暦にいう「在四天王寺壁、聖徳太子伝」や、さらに補闕記にいう「四天王寺聖徳王伝」と同じものではないかとの仮説が生じ得るからである。もちろんそこには、「四天王寺障子伝一巻」の成立記述が一枚かんでいる。

　ところが厳密に言うと、「四天王寺障子伝一巻」なるものが、平安朝以前に存在した保証はどこにも見当たらない。太子伝の注解書の類で、四天王寺の「障子伝」と明言して引用されたその初見は、法空の『上宮太子拾遺記』で、二裏書の「天王(寺脱カ)障子伝ニハ玉作里文」がそうである。ただし、それとは明記されなくとも、四天王寺の「障子伝」を指すと考えられるものが、法空以前に無いわけではない。一つは、『天王寺秘決』に他書の引用文として、「七代記有障子図」と紹介され、今一つは、顕真の『古今目録抄』上に、「障子伝絵料」と掲げられたものである。だが、障子絵の別巻伝として、「障子伝」と明言されたのは後者の方で、前者は「障子図」があるというに過ぎない。問題とすべきは、とりあえず後者に限られる。

　この『古今目録抄』上の「障子伝」が、四天王寺のそれを指すのかどうか、法隆寺のそれではないのか、という一抹の不安が無いでもない。しかしこれはやはり、四天王寺のそれとみてよかろう。第一に、法隆寺の「障子伝」は知られていなくて、すでに紹介したように、それは略記と呼ばれた。第二に、その内容なのだが、『古今目録抄』は、その上でもう一回「障子伝」に言及する。

　障子伝廿五人王子、松尾山七日云々、二巻伝不見者也、此悪聊爾也、只隠胆駒山七日(六ヶ)許也、

これは、「障子伝」の上宮王家滅亡記事について、伝暦を比較しながら論じたものだけれど、今、本来の図と構成

をかなり忠実に伝えていると思われる法隆寺絵殿旧蔵（東京国立博物館現蔵）の太子絵伝と比較対照するに、その図といい、色紙形題銘といい、現存確認の限り、上宮王家滅亡に該当する図と記事はない。以上の点から、この「障子伝」を四天王寺のそれと理解しても、大過あるまい。すると、四天王寺の「障子伝」の確実な初見は、『古今目録抄』で留まるということになる。

「障子伝絵料」という意味は、たしかに太子絵伝の素材となった「障子伝」ということである。[27] そうすると、当然ながら、絵に先行する「障子伝」の存在が想定されるわけだが、実はその辺が微妙なのだ。「絵料」という表現には、妙に現実感が漂っていはしないか。もしこの「障子伝」が、宝亀二年製作の一巻物そのものであったなら、また、太子絵伝が少くとも伝暦あるいは補闕記以前に描出されたそのものであったなら、「障子伝絵料」なる筆致の生ずる余地はなく、むしろ、くどくどしい解釈を付記しておくのが、『古今目録抄』の常套でなければなるまい。それもそのはずで、『古今目録抄』が書き上げられる十余年前に、四天王寺の絵堂の再興があったからである。『古今目録抄』の上巻は、嘉禎四年（一二三八）頃、下巻は若干遅く、延応・寛元年間頃の成立であろうといわれている。[28] 顕真の見知る四天王寺の絵伝は、貞応三年再造のそれ以外何ものでもなかった。そして、「障子伝絵料」とは、貞応三年再造の太子絵伝の素材となったのが、「障子伝」であるという謂でなければなるまい。

けれども、「障子伝」という呼称は、単に通称であり、略称であることは言うに及ばず、決して絵伝に先行し優先する呼称ではなく、絵伝がすでに存在して、はじめて命名され意味を持つ呼び名である。するとここに、一つの矛盾が生じる。一方では、絵伝の素材となり、絵伝に先行するはずの「障子伝」でありながら、一方では、絵伝が存在してはじめて名付けられるべき「障子伝」となるからだ。たしかに、貞応三年再造の太子絵伝は、壁画というよりも、障子絵的であったと考えられ、「障子伝」と呼ばれるような一巻物が、その後存在するのも無理はない。では、この矛盾をいかに解消すべきか。その手掛りは、すでにみた「守本様、依伝文、図絵」に求められよう。一応、旧来の図絵を踏襲し、「伝文」を頼りに再製作したのが、貞応三年の太子絵伝であった。このうち「伝文」というものが、いわゆる「絵料」になったはずで、その限りでは、「伝文」が新造の絵伝に先行するわけだが、その「伝文」が障子絵的な絵伝の素材になったという理由によって、今度は以後、その「伝文」を「障子伝」と呼び慣わすようになったものと考えられる。

従って厳密に言うと、「障子伝」なる一巻物は、貞応三年を過ぎなければ、生まれようのないものであった。その限りで言えば、それが宝亀二年に、四天王寺三綱衆僧敬明らの手で仕上げられたというのは、正しくない。けれども、ある「伝文」が「障子伝」と呼び換えられただけのことで、その「伝文」が宝亀二年に従前の人々によってまとめられたものであったとすれば、「障子伝」に対する成立や撰者の理解も、あながち的はずれの虚構ではなかったことになる。にもかかわらず、ある「伝文」と「障子伝」が、内容的に全く等しいものかどうか、「伝文」とは一種類のそれに留まるのかどうか、疑問は尽きないし、その解明も容易でない。ただ少くとも、「伝文」の基本線、あるいは「伝文」のうちのある特定な一種の基本線は、「障子伝」としてそのまま踏襲され、一部では改修がおこなわれたかもしれない。とにかく、貞応三年を契機に、たとえ旧来の「伝文」にほぼ等しかったとしても、それとは別に、「四天王寺障子伝一巻」なるものが、別にまとめ上げられたとみるのが妥当だろう。

では、「障子伝」の前身をなすであろう「伝文」とは、いかなるものであったのか。それは少くとも、四天王寺に伝来していたはずである。実はかつて、頼長が四天王寺である太子伝を閲覧している。それは久安四年（一一四八）九月の参詣の時で、『台記』の十四日条には、次のようにみえる。

午刻、見聖徳伝上了、去十二日始見之、借当寺権別当前律師行祐、所見也、

ついで十七日条になって、またつぎのように書いている。

巳刻、見聖徳伝下了、去十四日始見之、若無太子、豈離三途、一称南無、唯太子恩、

結局頼長は、十二日から十七日にかけて、四天王寺権別当行祐に借りた「聖徳伝」上下巻を読破したのである。これから数日後、彼は信西入道とともに、絵堂太子絵伝の住僧による絵説きの非を厳しく正すことになるのだが、その知識と自信が、数日前に読了した「聖徳伝」上下巻によって培われたものであったのは、想像に難くない。では、この「聖徳伝」上下巻が、「障子伝」の前身をなすはずの「伝文」なのだろうか。答はおそらく、否定的である。この「聖徳伝」上下巻は、世にいう二巻伝で、伝暦に相違ない。すると、頼長らが絵説きの非を正したというのも、必ずしも絶対的な誤謬を指摘したというよりも、太子絵伝と密接な関係を持つある「伝文」と、伝暦との間に、くいちがう記事があったことをむしろ証すものである。

しかし一方、四天王寺においても、太子伝と言えば、伝暦がその代表で、伝暦の価値が絶対化しつつあったことも、

もはや否定できない。建保二年（一二一四）の六月、四天王寺宝蔵から発見された「太子先身御持経」の報告が、所司等からなされたことがある。その二十六日に、「於聖霊院絵堂、被勘合件経於伝文之時、既是件御経也」との判定が下された。(29) その判定基準となった「伝文」が、伝暦以外何ものでもなかったことは、その引用文からみて誰の眼にも明らかである。(30) 絵堂でわざわざ勘合しながら用いた「伝文」はまさしく伝暦であったことを想えば、四天王寺における伝暦の価値も、充分高く評価されてよい。以上の点を踏まえると、貞応三年の新絵伝にしても、あるいは伝暦をあらたに参照し、その「障子伝」も、伝暦をあらためて参照するところがあったのではないかとさえ想像させられる。

しかしもちろん基本的には、「障子伝」そしてその前身をなすはずの「伝文」が、伝暦と系譜を異にするものであったことは疑えまい。そこで肝心の「伝文」だが、すでに紹介した『天王寺秘決』引載文の「七代記有障子図」が、一つの糸口になろう。この『天王寺秘決』は、以下のような末尾をもって今日伝えられている。

本奥書云

嘉禄三年応鐘下旬中明、於天王寺東僧房書之、

嘉禄三年（一二二七）といえば、『古今目録抄』の成立より少し前で、四天王寺の絵堂が再興されて間も無い頃である。おそらくその事業にも、無縁でないと思われるが、嘉禄三年というのは、転写の年ではないかと言われている。そして、本文に建仁元年（一二〇一）の記述があることから、それ以後の嘉禄三年以前に、本書は書き上げられたらしいという。(31) もしそうであれば、貞応三年の絵堂再建以前であった可能性が濃い。本書に、「障子伝」なる一書の引用がみえないのも、その成立時期とかかわるはずである。そして今、「障子伝」の前身をなすであろう「伝文」、さらには遡って、補闕記のいう「四天王寺聖徳王伝」を少しでも知ろうとすれば、四天王寺関係の人物によっておそらく書かれ

たこととい い、太子伝注解書の類で最古に属することといい、伝暦とともにこの『天王寺秘決』は、優先して用いられるべき史料でなければなるまい。

さて、『天王寺秘決』が紹介した「七代記有障子図」は、「伝奥」に記されていたものらしく、次のように引用されている。

伝奥云、聖徳太子伝内、無名氏撰伝補闕記、古老伝太子行事書三巻、略伝四巻在天王寺、七代記有障子図、付属伝、思託伝天台鑒真和尚同来、明一伝維摩講師、東大寺明一、云云、法隆寺絵殿図、此平氏伝、正暦年中説云云、或又延暦年中支干相当文、正ノ字ヽ適作之歟、

私無名氏撰、是平氏伝也、以之為正本也、

七代記、宝亀二年教明作、付属伝、延喜廿四年、奉一修之、已上、

この一文には、いくつかの問題がある。まず「七代記有障子図」の意味なのだが、「七代記」と題する障子図そのものなのか、「七代記」という書かれたものがあって、それを絵画表現した障子図が別に存在するというのか、はたまた、障子図に色紙形題銘形式で「七代記」という太子伝が貼り付けられていて、別に「七代記」なる一書は存在しなかったのか、様々な可能性がうかびあがってくる。ついで、この一文自体の構成は、いかに理解したらよいか。

後者の方から検討しておこう。おそらくこの一文すべてが、ある太子伝の奥書に属すべきものであったろう。ただし、全文が同筆であったとは考えられなくて、逐次加筆されていったものに相違ない。そのなかにあって太子伝を列挙した部分だけは、少くとも当初の同筆奥書であったはずである。また最後の、「七代記」以下の成立等に関する説明も、やはり異筆の奥書として記されていたもので、『天王寺秘決』撰者の文章ではあるまい。そして、当初の奥書

に「法隆寺絵殿図」が掲げられていることから、少くとも延久元年（一〇六九）以降に記入され、さらに引き続いて加筆がおこなわれて、『天王寺秘決』の成立以前に、すべてが書き加えられたことは言うまでもない。

一方前者の疑問であるが、これはやはり、障子図があって、それと密接なかかわりを持つ「七代記」が別に一書として存在していたとみるのが自然だろう。では、この「七代記」こそ、のちの「障子伝」の前身をなすものなのだろうか。たしかに、「障子伝」の成立が宝亀二年で、四天王寺三綱衆僧敬明等によって造られたというのも、「七代記、宝亀二年教明作」という説の影響を蒙ったものとみることもできる。少くとも、無関係であろうはずがない。そこで、この「七代記」に触れないわけにはいくまい。

『天王寺秘決』に引用された「七代記」逸文を抽出すれば、つぎのようになる。

(1)七代記云、大唐国衡山般若台、魏文帝即位、大和八年（丁未）冬十月、一波羅門僧、其名云達磨、思禅師草堂来、有一重問答、問云、見何霊験、被何威力、答云、不見霊験威力、達磨歎息云、禅定易厭、濁世難離云云、阿師々々、努力々々、何故住此山、不遍十方、所以因果竝亡、東海誕生、○禅師問云、達磨是誰人乎、答曰、余虚空也、相語已訖、向東海浮雲先去、思禅師遷化、此日試誕生也、

(2)七代記、魏文帝大和八年、思禅師逢達磨、

(3)七代記意、一聞十人訴訟、能弁其理云云、凡太子自在之用、偏顕権迹給歟、数十丈昇虚空、走如雷云云、

(4)七代記云、三玄五経之理文、

(5)七代記云、上宮太子造立寺舎八、

八所（四天王寺、俗号荒陵寺）　法隆寺（時人名為鵤僧寺）

法興寺時人呼為鵤尼寺　法起寺時人号為池後寺
菩提寺時人呼橘尼寺　定林寺世人為立部寺
妙安寺世人名為葛木尼寺　広隆寺号蜂岡寺

以上の五例であるが、(2)(3)は「七代記」そのものの引用ではなく、いわゆる意をとって記したものである。なお(3)の「凡太子」以下の文は、「七代記」に無縁と思われるふしもあるけれども、「数十丈」以下の文が「七代記」から採られた可能性が無くもないので、念のため引いておいた。また(5)は、いささか文意不明瞭なところがあって、『上宮太子拾遺記』三の引用文を、念のため紹介しておこう。

秘決云、七代記云、上宮太子造立寺舎八所、
四天王寺俗号荒陵寺　法隆寺時人名為鵤僧寺
法興寺時俗号鵤尼寺　法起寺時人号為池後寺
菩提寺時人呼為橘尼寺　定林寺世人為立部寺
妙安寺世人名為葛木尼寺　広隆寺時人号蜂岡寺、文
已上八箇寺者、伝教大師付法縁起中、引明一伝之処、有之、至注文一字無差、

もちろん、「已上八箇寺者」からは、法空の所見である。

さて、五例のうち、少くとも(1)(2)は共通のもので、『異本上宮太子伝』に収める「大唐国衡州衡山道場釈思禅師七代記」そのものか、その系統に直接つらなるものとみてさしつかえあるまい。伝暦の推古二十六年十月条にも、「七代記文云」として、同内容の記事が引かれている。一方(5)についても、やはり『異本上宮太子伝』に収める首部を欠

いた太子伝の記事と即応する。のち『太鏡底容鈔』三で、聖云が「天王寺障子伝曰」として引用したものとよく符合することから、「障子伝」の前身をなす「伝文」が、この「七代記」ではないかと思わせる理由の一つが、たしかにここにある。けれども、聖云自身の理解に立ち返ってみるに、彼は『太鏡鈔』六で、『上宮太子拾遺記』三の、すでに示しておいた「秘決云、七代記云」以下の引用文をそのまま転載して、「天王寺障子伝同之」と朱筆で書き入れをおこなっている。言い換えれば、これまで彼は、「七代記」と「障子伝」とのかかわりを知らなかったわけで、『上宮太子拾遺記』の「七代記」逸文に触れてはじめて、両者に共通するところを発見した。従って、聖云としては、「障子伝」の前身が「七代記」に求められると説いているのではなく、たまたま八寺造立の記事に限って、両者が共通するという点に気付き、指摘しているに過ぎない。しかし、「障子伝」の成立と撰者を、はじめて明言したのは、ほかならぬこの聖云であることを想起すれば、おそらく貞応三年以降の四天王寺側の説に依りながら、「七代記」の記事との共通性を見出した彼自身、ある種の自信を持って、「七代記」の成立と撰者の説を、「障子伝」のそれに類推転化し得た可能性はある。もしそうであれば、あくまで聖云その人の推論に過ぎなくて、たしかに八寺造立の記事に関しては可能としても、「七代記」全体と「障子伝」との関係にまで、拡大解釈ができるかというと、それはまた別問題である。

ところで、(1)から(5)までの「七代記」には、大別して二種類が混合している。一つは、(1)(2)の場合で、太子そのもののわが国における伝ではなく、その先身説にかかわる、いわば唐土の伝である。今一つは、太子のわが国における事跡等を記したもので、(5)をはじめとして(3)もそれに加わり、(4)もその範疇に属そう。(4)の引用は余りに短文のため、その理解は困難であるが、法王帝説の「亦知三玄五経之旨」という前後の文意から推して、太子が師と仰ぐ高麗恵慈法師とのかかわりで記述されていた可能性が濃い。結局、以上二種類の伝を含むものとして、『天王寺秘決』は「七代記」を引用したのであった。そこで当然ながら、「七代記」と一口に言っても、本来二種類あって、ともに「七代記」に略称通用されたのだというような理解が生まれる。(32)残念ながら、『天王寺秘決』の「七代記」引用からは、その解決を導き出すことができない。

けれども、ごく自然ではあっても、基本的な前提を立てておく必要があろう。それは「七代記」の意味で、太子の七転生を記したということである。大別すれば、唐土における先身六転生と、日本における現身一生との、あわせて七代ということになる。いずれを欠いても「七代記」と呼ぶわけにはいくまい。そうであるからには、少くとも寄せ集め的な体裁をとらざるを得ず、その限りにおいて、二種類以上のものが、時として分離したり、合体したりする経過をも想定しなければなるまい。実に流動的で、そこに「七代記」の実体の曖昧性が潜んでいよう。

事実、二種類以上のもので構成される太子伝関係書の雛形は、すでに平安朝には存在した。一つは、広島大学本としてつとに知られる『異本上宮太子伝』で、その構成は、十一世紀中葉を少くとも降らないものとみられている。(33)

㈠　首部を欠く太子伝
㈡　「大唐国衡州衡山道場釈思禅師七代記」（以後、「思禅師七代記」と略称する）
㈢　「大唐伝戒師僧名記伝」（以後、「名記伝」と略称する）
㈣　「釈思禅師遠忌伝」（以後、「遠忌伝」と略称する）

もっともこの組み合わせは、たまたま備忘録的に記されたと思われなくもないが、最澄の弟子光定の『伝述一心戒文』下にも、よく以た組み合わせがある。

(イ)「上宮廐戸豊聡耳皇太子伝」

(ロ)「思禅師七代記」

(ハ)「大唐楊州竜興寺和上鑒真名記伝」

以上のようにならべられているが、『政事要略』六十一でも、(A)「聖徳太子伝」・(B)「思禅師七代記」の順序で記されている。これだけそろうと、複合的な組み合わせ本が、たしかに存在したと思わざるを得ない。もちろん、『異本上宮太子伝』と『伝述一心戒文』と『政事要略』とでは、すべて同一というわけではない。にもかかわらず、現身一生の太子事跡を説く太子伝と、先身六世を説く唐土の伝との複合する傾向、もしくは運動の存在したことは否定できまい。その際、題名や内容から言って、「思禅師七代記」を中心とするか、その影響を蒙ることはあったかもしれない。

そこで、伝暦の引用する「七代記」とは、どのようなものであったのか。『天王寺秘決』のそれと、あわせて検討されなければならない。大別すると、四種になろう。

(1)七代云、(記脱カ)飢人若達摩歟、(推古二十一年十一月条割注)

(2)七代記云、竪造十八字有、(推古二十七年四月条注記)

(3)(あ)七代記云、南岳衡山者属衡州、其衡山五岳之一数、其山有五峯、一般若峯、二柱括峯、三恵日峯、四属融峯、五紫峯等、(蓋脱カ)一々峯各有禅房・静室、有思禅師、六生於此山修道、一生各立一塔并盤一石、其三石在般若台仏殿前、三塔在般若台南二(ママ)石尖山中霊仙、異菓・梢梨経於千歳、当時有得聖果者、其梨乃生、思禅師親喫此梨、其梨甘美、世間無匹、大如鉢許、自尓已還、更末生子、其禅師臨将無常時、於般若台北石室中、挙法花経・鉢盂・錫杖、

(い)碑下題云、倭州天皇、彼所聖化、自聖人遷跡、至于随(ママ)代以下、禅師調度金銀画像・仏肉舎利・玉典微言・香鑪

・経台・水瓶・錫杖・石鉢・縄床・松室・桂殿、未傾不朽、衡山道場皆悉安置、今代道俗胆仰帰依、已上碑文

(う)七代記云、語弟子云、吾滅度、向無仏法処、没身教化衆生、至今、便岳寺見有素影立堂、上足弟子二人、同時素影、其弟子並是聖人、其二弟子、一名智顗、在天台山及京州玉泉二寺、去住持、一名智勇、在南岳衡山修道也、

(え)釈思禅師遠忌伝云、禅師、自従遷化以来、毎年遠忌不廃、衡岳山門道場可有廿余所、僧俗稍衆之、并及衡州郷下道俗山中可有五千已上、毎年雲集、設忌日大斎会、連々不絶也、（推古十五年七月条）

(4)(お)七代記文云、往年西国有一婆羅門僧、其名達磨、此人応化、魏文帝即位大和八年歳次丁未十月、到来漢地、徘徊衡山、吟詠草室、於是、達磨、道場之内六時行道、問思禅師云、汝此寂処幾年(歳イ)修道、答云、廿余年、問、何見霊験、何被威力、答云、不見霊験、不被威力、達磨良久歎息云、禅定易厭、濁世難離、余忽遇素交、永滅塵劫之重罪、暫随清友、長殖来生之勝因、阿師々々、努力々々、何故化留此山、不遍十方、所以因果並亡、海東託生、彼国無機、人情麁悪、貪欲為行、殺害為食、宜令宣揚正法、諫止殺生、禅師問云、達磨誰人、答云、余者虚空也、相談已訖、向東先去、聖容不停、来儀髣髴、禅師恋望、朝夕啼泣、六時行道、年将五十、後魏帝拓抜皇始元年庚申永逝也、凡思禅師到来此山、所由不知、遠祖不聞云々、

(か)身留於第六世、機候於第七之世、生死大空、凡夫済於苦海、菩提純浄、含類運於覚路、然則応化之語不妄也、往生之身不謬也、所以生於倭国之王家、哀矜百姓、梁棟三宝、

(き)大唐国伝戒師僧名記伝云、其恵思禅師、於一日中、処分岳寺三綱、可掃路開堂敷(座脱カ)、迎接、今日有大菩薩来、諸人出迎、口云、不見菩薩、只見一年少沙弥、却還報和上、無有菩薩、但見一年少沙弥耳、禅師告、此是菩薩、衆並迎屈入寺、禅師把手言、好在以不、霊山一別、迄至于今経隔、明日即令上座講法花経、智顗冥然、不知所趣、

思禅師乃云、昔仏在世、与弟霊山同聴、可不憶耶、智顗便乃朗然大悟、当即宣吐弁、若懸河写浪、此即頓悟一乗之妙法也、智顗猶被思禅師作其憶念、玄悟一乗、故知思禅師本来誦持法花、味深禅定、悟法花三昧、又天台智者大師、随帝和上（ママ）、卅余年、唯着一納（ママ）、度僧万余、造八十三寺、書十九蔵経、読十五遍、造諸経論疏合七百巻、法花玄及疏各十巻、大止観十巻、四教十二巻、小止観一巻、禅門十巻、故知二聖覿顔、遁相顕発、広興仏事、利益四生、（推古二十六年十月条）

以上、長い引用になったが、一つ一つ考えていこう。(1)(2)は、さきに示した『天王寺秘決』の(3)(4)(5)とともに、唐土とは直接関係しない、日本における太子の事跡を語ったものにほかならない。けれどもそれは、どこまでも地理的な無縁性を意味するだけで、その思想とは別の問題である。端的にそのことを物語るのは、(1)である。この飢人達磨（摩）説は、「思禅師七代記」を前提とするか、逆にそれを将来するものである。「思禅師七代記」の骨子は、衡山における達摩と恵思の邂逅、そして達摩の海東への託生、ついで恵思の日本への託生というもので、達摩の後身としての飢人と、恵思の後身としての太子とが、片岡山で再び遭遇するところに、(1)と「思禅師七代記」の関係が出てくるのである。事実、『異本上宮太子伝』の㈠に、「彼飢者、蓋是達摩歟」と割注があり、この㈠は、少くとも㈡の「思禅師七代記」と組み合わせで伝えられた。『伝述一心戒文』の(イ)でも、その末尾に「彼飢者、蓋是達磨也」とみえ、ただちに(ロ)の「思禅師七代記」が組み合わされていたのである。ただ、『伝述一心戒文』では、それが本文をなし、かつ断定的であるのに対して、問題の「七代記」の方は、『異本上宮太子伝』により近い。そうすると、この「七代記」は、『異本上宮太子伝』の㈠、つまり首部を欠く太子伝そのものか、あるいはそれに類似し、同系統の太子伝、もしくはその太子伝を含む複合書という可能性が出て来て、少くとも『伝述一心戒文』の(イ)、つまり「上宮厩戸豊聡耳皇太子伝」ではあり得まい。

つぎに⑵であるが、これは四節文に関する伏見宮本の書き入れである。これだけでは、何のことかわからないので、関係箇所を示そう。

三云、慈日仏法、以八蓄興隆、素服受用、法則滅、(中略)伏願、臣之所建諸寺、陛下并御世天皇、厚顧世々相続、竪造房舎、弥断臣之子孫・曽孫及兄弟・連枝等、都不妄預伽藍事、(後略)

つまり、。印を施した「竪造」以下の「十八字」が、伏見宮本には落ちているが、「七代記」には挿入されているということで、たしかに、西本願寺本や阿波国本願寺本など[34]では、それと明記はしないものの、「十八字」が加わっている。「七代記」には、伝暦所載の、「正本、在法隆寺綱封御倉」るという四節文に、よく似た内容のものが載っていたことになる。けれども、かなりの相違があったものと推測される。たとえば、伝暦の場合、その一節目に、「営造七箇寺」の発願を言い、「法隆学問、四天王、法興、法起、妙安、菩提、定林也」と記す。これはまえにみた、「七代記」の八寺造立記事とくいちがう。同じ「七代記」で、矛盾を犯すはずがないから、少くとも一節目は、かなり異なるものであったろう。

それよりも前に、「七代記」に果して、伝暦にみえる体裁の四節文自体が、存在した保証すらない。すでに紹介された、阿波国本願寺本裏書と『聖徳太子平氏伝私注』[35]には、次のようにある。

四節文
七代記云、廐戸豊聡耳皇子願文奏、熊凝村者、在大和国平郡(ママ)々已上、

たしかに、四節文を示す傍書がある。しかしこれは、伝暦の四節文の内容に相当するということで、「七代記」の四節文のことでないかもしれない。万一、「七代記」のそれだとしても、伝暦の該当箇所とは、かなり体裁を異にす

る。

四云、臣、於熊凝村、始造導場（ママ）一区、（後略）

両者の表現は大きく相違し、「七代記」は太子を第三者として、解説調であり、伝暦の方は、たしかに願文らしい筆致であった。むしろこの「七代記」は、太子のある種の願文を説く、書き出しではないかとさえ思われ、伝暦では三節目に相当する「十八字」も、この「在大和国平郡（ママ）々」につづく内容を構成して、四節に分かれるようなこともなかったのではないかと思えるふしがある。

これに加えて注目されるのは、これら四節文に比定された「七代記」逸文が、大安寺のことを物語ろうとしている点である。大安寺の記述自体は、別段問題とすべきでないが、熊凝村が平群郡にあったとする理解は、平安朝においても流動的で、もっぱら大安寺側の解釈によるものとみられている。[36]『荒陵寺御手印縁起』でも、熊凝の地は摂津国に比定されていた。一方、天平十九年の『大安寺伽藍縁起并流記資財帳』は、必ずしも熊凝村を平群郡とは明記せず、宝亀六年の『大安寺碑文』も、その所在地に触れることがない。寛平七年（八九五）の『大安寺縁起』も同様だが、『三代実録』元慶四年十月庚子条にみえる大安寺三綱の申牒では、「昔日、聖徳太子創建平群郡熊凝道場」との一文が登場する。寛平年間と元慶年間では、若干時期が前後するけど、ほぼ九世紀後半になると、熊凝村平群郡説が、大安寺側の解釈として定着するか、その頃、何らかの事情によって、強く主張されはじめたかでなければなるまい。少くとも、この「七代記」逸文には、法隆寺や四天王寺とちがう、大安寺側の意思が加わっていたとみるべきである。

とりあえず、(3)へ移ろう。ここに記された(あ)「七代記」・(い)「碑下題」・(う)「七代記」・(え)「遠忌伝」は、阿波国本願寺本と若干組み合わせが異なると言われているものである。[37]阿波国本願寺本では、(あ)「七代記」・(う)「七代記」と明記せずに接続する箇所・(い)「碑下題」・(え)「遠忌伝」の組み合わせで、文章は基本的に異なるものではないが、はじめの伏見宮本の(え)に、省略があるなどのちがいが知られている。内容的には、たしかに阿波国本願寺本の方が、筋が通る。だが、整い過ぎた感もあって、いずれが古型かは、速断しかねる。

ところですぐ気付くのは、(い)「碑下題」を別にして、(あ)(う)「七代記」の内容と、(え)「遠忌伝」とが、その順序といい、組み合わせといい、『異本上宮太子伝』の㈢後段・㈣「遠忌伝」と同一であるという点である。ただ大きく異なるのは、伝暦が「七代記」として引いた(あ)(う)の内容が、『異本上宮太子伝』では、「名記伝」として、つまり㈢後段を構成していることである。今、『伝述一心戒文』の場合比較できる対象がないが、そのこと自体に一つの示唆を含んでいよう。なぜなら、『伝述一心戒文』の場合、その(イ)(ロ)(ハ)の順序と組み合わせは、『異本上宮太子伝』の㈠㈡㈢に等しいけれど、(ハ)「名記伝」は、㈢前段で終わっており、それにともない、㈣も含むことがない。言い換えれば、『異本上宮太子伝』が持つ㈢「名記伝」・㈣「遠忌伝」に比して、『伝述一心戒文』は㈢「名記伝」の前段、つまり(ハ)「名記伝」で、すべての引用を終えているのである。そしてあたかも、それ以後の㈢「名記伝」後段・㈣「遠忌伝」が、そっくり伝暦に引用された(3)になる。

これは一体、どういうことなのか。まず、『伝述一心戒文』と『異本上宮太子伝』の関係だが、複合的な組み合わせ本の傾向もしくは運動のなかで、「名記伝」の後段と「遠忌伝」とが、あわさった形で、より後次的に追付されたことを物語ってはいまいか。そうすると、『異本上宮太子伝』は、その複合的な組み合わせ本の、ある種の頂点を示すことになり、その限りで、『伝述一心戒文』の場合は、より古型を伝えていると言えよう。ただ、『伝述一心戒文』の場合は、あくまで引用であるから、「名記伝」の後段と「遠忌伝」とを抄略したものとみられなくもないが、たとえそうだとしても、抄略の必然性があって、それだけ別な形で伝来していく、あるいはしていた可能性まで否定し去ることはできまい。

そこで、伝暦の引用の仕方だが、これまでみた組み合わせ本の存否順序から類推して、(あ)(う)「七代記」と、(え)「遠忌伝」とは、別々な典拠によってそれぞれ引用され、任意に配列されたものではおそらくなく、ある一つの典拠から、同時にほぼそのままの形で転載されたふしがある。その折、(い)「碑下題」が、本来付随していたものか、転載の時、伝暦撰者の意思をもって他からそれを挿入したものか、いずれかだろう。前者であれば、阿波国本願寺本の組み合わせとなり、後者とすれば、伏見宮本の体裁が生じる。

ではなぜ、実質的には『異本上宮太子伝』の組み合わせによく似ているにもかかわらず、その冒頭が「七代記」で引用されているのか。しかしその前に、実のところ、(あ)(う)「七代記」もしくは(三)「名記伝」後段の正体が不明なのだ。もしこの部分を、『異本上宮太子伝』の引用組み合わせ題名に従えば、当然ながら「名記伝」で、思託の撰した、世に言う鑑真の三巻本「広伝」の一部であったことになる。ところが、今、(三)前段を含み、かつその前後文をも持つ「広伝」逸文が、『平氏伝雑勘文』下二に引載されていて、それを読むと、(三)「名記伝」後段に相当する文章は無い。するとこの部分は、元来「名記伝」の文章ではなく、『異本上宮太子伝』もしくはその系統の組み合わせ本が、何らかの理由にもとづいて、故意に「名記伝」の文章に仕立て上げ、後段文として構成したことになる。けれども、『天王寺秘決』は、この後段文を、まさしく単独に、「名記伝」と題して引用しているのである。そうすると、やはり本来、「名記伝」の内容であって、『平氏伝雑勘文』下二の方に何らかの錯誤が認められるのか。しかし、文章上のつながりは、『平氏伝雑勘文』下二の方がむしろ自然で、これはやはり、元来「名記伝」の文章ではなく、『天王寺秘決』

の引用は、逆に「名記伝」の一部とされるようになった『異本上宮太子伝』系統の一書を孫引きしたものだろう。

以上のように考えることができるとすれば、伝暦の引用する「七代記」と「遠忌伝」、つまりそれらを含むある一つの典拠は、『異本上宮太子伝』と内容上よく似ているにもかかわらず、一応異なる系統本であり、しかも、『異本上宮太子伝』の組み合わせに先行する型のものであった可能性もある。それでは、この「七代記」、そしてそれを含む体裁をとるある種の典拠とは、何であろうか。

この点は、(4)と比較される必要がある。はじめに、㈹「七代記文云」とあって、㈺「身留於第六世」以下も、それに含まれて続き、㈷「名記伝」が、さらに接続する。この体裁は、阿波国本願寺本とも、一応大差ないものとみられているが、なお相違する点があるとすれば、㈹「七代記文云」というのが、「大唐国衡州衡山道場釈思禅師七代記云」となっていて、いわゆる「思禅師七代記」であることを明記する点に、いささかちがいがある。ところでこの(4)の組み合わせも、㈹と㈺の間に、恵思の六転生を記す箇条書きと、㈺の末尾に、「碑下題」が付記されていないという点を除けば、『異本上宮太子伝』の㈡と㈢前段の組み合わせに等しい。また、㈺の末尾に、「碑下題」が付記されていないという一点を除けば、『伝述一心戒文』の㈺㈻の組み合わせに同じだ。このような比較からして、伝暦の引用した(4)も、㈹㈺㈷がそれぞれ別なところから選択されて、任意に配列されていったものとは思われず、やはり、㈹㈺㈷の順序と組み合わせを持つ一つの典拠からまとめて引用されたのが、(4)全体であったとみるべきだろう。その際、『異本上宮太子伝』にも、『伝述一心戒文』にも、同じ位置に記されていた「碑下題」が、今この(4)の㈺末尾にみえないのは、伝暦の典拠そのものに無かったのか、その典拠にはあったけれど、別段欠けても意味に支障がないところから、その「碑下題」だけ抜いて、より必要度の高いところへ、つまり、(3)の㈸「碑下題」として、㈵と㈼の「七代記」の間に挿入したのか、いずれかでなければなるまい。

一方、恵思の六転生を記す箇条書を欠くのは、省略によるものだろう。㈹の最後が、「遠祖不聞云々」で中絶しているのも、その証左と言えよう。ただ、そうだとしても、伝暦の撰者が転載の時、省略したものか、典拠に早くも省略があったのか、定かでない。実は、『異本上宮太子伝』でも「遠祖不聞云々」と書かれているのだが、これにつづけて今度は、恵思の六転生を記す箇条書が入っている。つまり、省略がないにもかかわらず、「遠祖不聞云々」の体裁を持つのである。これはおそらく、『異本上宮太子伝』(古写本)の底本にかかわる問題だろう。この古写本が成立する時、その底本となったものには、恵思の六転生を記す箇条書が省略されてあったのではないか。しかし、他の省略されてない伝本をもって、それを補ったから、一見奇妙な体裁を残す結果になったのではなかろうか。もっとも、このように推論すれば、その底本自体が書かれる段階で、以上のような経緯があったとも考えられて、際限がない。ただ少くとも、十一世紀中葉までに仕上げられた組み合わせ本の『異本上宮太子伝』にも、それなりの経過があったと言えよう。しかもその過程のある段階で、恵思の六転生を記す箇条書が挿入復元された。これは一つの補修を意味するが、その補修がなされたとすれば、当然、すでに指摘しておいた、㈢後段文と㈣「遠忌伝」も、その時追加されたはずである。すると、その補修以前の、今日知られる『異本上宮太子伝』の古型というものは、㈠某太子伝・㈡六転生の箇条書を省略した「思禅師七代記」・㈢「名記伝」前段文であった可能性が出てくる。

さて、伝暦に眼を戻そう。(4)の典拠になったものと、(3)の典拠になったものとは、どのような関係にあったのか。「碑下題」の移動に若干疑問が残るが、(3)の典拠になったものは、『異本上宮太子伝』が補修の典拠にしたものと同一書か、もしくは類似の同系統本と考えられる。一方、(4)の典拠となったものは、『異本上宮太子伝』の古型本か、その近い系譜のものであったろう。以上の相互関係を配慮しながら、伝暦に引く二つの「七代記」、つまり(4)の㈤と、(3)の㈠㈢に注目しなければならない。今、㈤が阿波国本願寺本では「思禅師七代記」と明記され、㈠㈢が単に「七代記」と書かれていることから、これら二種類の「七代記」は、基本的に異なる一書をそれぞれ構成していたものと、みられがちである。たしかに、この二つの「七代記」を、文章上結び付ける根拠はない。けれどもこれまで検討してきたように、伝暦の撰者は、「七代記」と呼ばれる一ないし二書から、個別に抄出しているわけではない。すでに他の書伝を付帯するか、含むかの複合的な典拠から、孫引きしているのである。そうである以上、その典拠が何と呼ばれるべきものであったかは、また別の問題でなければならない。

そこで、つぎのような仮説を、今は用意している。まず、「思禅師七代記」を思想的中軸にして、その組み合わせの前後に、ある太子伝（現身一生）と「名記伝」（『異本上宮太子伝』の㈠前段文に相当）を複合した一書が成立・存在した。そしてこれは、「七代記」と総称された。ところがその後、このような「七代記」に付帯連結されるようになった、これまた複合の伝が存在した。『異本上宮太子伝』の「名記伝」後段文と「遠忌伝」の組み合わせが、それに該当しよう。この二重もしくは二段階の関係を物語るのは、まえに『天王寺秘決』の「伝奥」引載でみたところの、「七代記」と「付属伝」のかかわりではなかろうか。この二書は、その記述の仕方からして、到底無関係のものではあり得ず、「七代記」と、その「付属伝」の謂でなければなるまい。そして、それぞれの成立編修年紀については、また別の検討が必要であるが、少くとも、「七代記」に対して、後から付帯したのが「付属伝」であったという順序だけは、認めてよかろう。この「付属伝」こそ、「遠忌伝」との組み合わせを持つ一書であっただろう。その書伝名は、わからない。けれども、「付属伝」が通称に過ぎないことは明らかで、「七代記」の「付属伝」となった以上、「付属伝」がまた「七代記」と呼ばれたとしても、別段不都合なことはあるまい。

三　四天王寺聖徳王伝と明一伝

「七代記」には、推測がつきまとう。推論に推論を重ねてきた。誤りを犯さないように、今度は別な視点を加えて、「障子伝」と「七代記」、そして「四天王寺聖徳王伝」の関係を検討しておこう。「障子伝」と「七代記」のかかわりを、確実に伝えるものは、すでに紹介した太子の八寺造立の記事であり、またそれしかない。語句に若干の異同はあるけれど、聖云の理解を限定して、双方は一応同文とみてもさしつかえあるまい。しかし、これから問題になるのは、法空の見解である。「障子伝」とも同文である「七代記」の八寺造立記事について、「伝教大師付法縁起中、引明一伝之処、有之、至注文一字無差」と述べたことである。

「伝教大師付法縁起」（以後、「付法縁起」と略称する）は、今にその全容が知れないが、最澄の撰したこの「付法縁起」に、「明一伝」が一字も漏らさず転載されていたことは、今さら繰り返し述べるまでもない。[38] この「明一伝」は、東大寺法相宗の明一が撰した『聖徳太子伝』で、彼は延暦十七年に没している。[39] そこで当然のことながら、「障子伝」や「七代記」に述べられた八寺造立記事は、「付法縁起」に引かれた「明一伝」に、一方では存在していたと推論されよう。だが、法空は、その事実を指摘しようとしたのだろうか。そうではなかった。

まず、「至注文一字無差」とは、どういうことか。注文に至るまで一字も相違がないということだが、では、何と何を比較した上で、法空はそう結論したのだろうか。その一つは、決して「七代記」そのものではなく、『天王寺秘決』の引用していた「七代記」を読んだ上でのことに過ぎない。今一つは、「明一伝」そのものではなく、「付法縁起」にこれまた引用されていた「明一伝」であった。たしかに、法空は自著でしばしば「明一伝」を紹介した。(40) また、「付法縁起」の太子を讃す段に、「不略一字、被載此伝（明一伝）」ると解説したほどの彼であるから、「明一伝」なる一書を、独立に実見したとも考えられる。けれども、最澄がそれと明言して、自著に「明一伝」の全文を転載していたはずであるから、必ずしも、「明一伝」を別に知っていなければ果せない引用でもなければ、発言でもない。もし実見していたとしよう。たとえそうであっても、決して彼は、八寺造立のことが「明一伝」に書かれていたとは言っていない。「付法縁起」の「引明一伝之処」に、その記事が存在すると言ったまでだ。つまり、「明一伝」を転載した箇所に、その記事がみえると述べているだけで、「明一伝」の内容であるとは何ら断言していないのである。その意味では、極めて曖昧な比較の域を出ない。

これは単に、文言上の詮索をしているのではない。八寺造立の文章から、今度は見直してみよう。「七代記」そして「障子伝」には、「上宮太子造立寺舎八所」と書く。問題は、この「上宮太子」という用語である。今日知られる「明一伝」逸文のうち、「上宮太子」と述べた例は一つもない。たとえば、『上宮太子拾遺記』一のそれでは、「上宮厩戸豊聡耳皇子」とか「厩戸皇子」とか記していたことがわかり、『太子伝玉林抄』十三のそれには、「皇子」と書かれている。ややそれと判断しかねる「明一伝」逸文もあって、『太子伝玉林抄』十六に引く「一巻伝明一」以下の小野妹子法花経将来記事もその一つだが、それにも「上宮太子」とは書かれず、「皇太子」と言う。「明一伝」における太子の呼称は、ほぼ「皇子」とか、その「皇子」に「厩戸」などの語を冠するなどを基本とし、時に「皇太子」と言うこともあったかもしれない。いずれにせよ、「明一伝」に「上宮太子」の呼称は、全く知られていないし、そのような呼称を用いたとは、むしろ考えられない。

ところが一方、「上宮太子」の呼称は、最澄の好んで用いるところであった。今、最澄の「付法縁起」およびその太子讃が、『上宮太子拾遺記』にしばしばみえるが、太子を呼んだ場合としてはその一に収められたものがあって、「上宮太子」と言う。また『太子伝玉林抄』十九や十四奥書にも、「上宮太子」と呼んだ例が引載されている。このように考えてくると、八寺造立記事は、元来「明一伝」には存在しなかったもので、最澄の「付法縁起」のなかで語られた可能性が濃い。「付法縁起」の「引明一伝之処」にそれがあるというのも、「明一伝」の転載箇所に隣接してみえるということでもあって、おそらく「明一伝」の末尾に、最澄が補筆したものだろう。これによく以た体裁は、『異本上宮太子伝』の首部を欠く太子伝に存在する。

以上のようであったなら、「七代記」の成立は、最澄の「付法縁起」の以後であり、かつその「付法縁起」に何らかの影響を蒙っていたとみなければならない[41]。その限りではまた、「障子伝」も「付法縁起」の影響を受けたものであった。では、その影響とは、さらにどのような形で、今日知ることができようか。その一端を示せば、「思禅師七代記」のことがある。これまた、「付法縁起」に引載されていたことは、『上宮太子拾遺記』五裏書からも明らかである。恵思の六転生と、太子への七生を暗示する、箇条書を含めたところも、この「付法縁起」に記されていた。『上宮太子拾遺記』五や『太鏡鈔』十で、「天台法花宗付法縁起上云、釈最澄撰」として引かれたところである。つまり、「付法縁起」は、「明一伝」を引き、その末尾に八寺造立記事を補筆する一方、「思禅師七代記」も引載していたのであった。言い換えると、ある太子伝と「思禅師七代記」と、それに「名記伝」の一部を組み合わせる祖型は、この「付法縁起」に求められそうである。もっとも、「名記伝」の引載された例証はない。しかし、『平氏伝雑勘文』下二に収める「名記伝」逸文は、太子を「上宮太子」と呼び、また最澄の弟子光定が撰した『伝述一心戒文』の、すでに紹介した組み合わせからみても、「名記伝」の一部が「付法縁起」に引用されていたとしても不思議でない。たとえ引用されていなかったにしても、ある太子伝と「思禅師七代記」と、そして「名記伝」の一部を組み合わせる下地を提供したのは、やはり「付法縁起」であったと言ってさしつかえあるまい。この点からも、組み合わせ本としての総称「七代記」は、最澄の「付法縁起」以後に成立したと言えよう。

ここで想起されるのは、まえに指摘した、伝暦の四節文としばしば比較された「七代記」逸文のことである。それには、太子が「厩戸豊聡耳皇子」と呼ばれていた。最澄の表現とは到底考えられず、むしろ明一の表記に近い。だから、と言って、「明一伝」の記事をそのまま踏襲したとも断言できなくて、とりあえず、同じ「七代記」でも、太子の呼称にくいちがいが認められることがわかる。つまり、「七代記」のうちの太子伝の部分も、何らかの寄せ集めではないかと推測させられるのである。ただその際、二つの可能性があろう。一つは、「明一伝」そのものに「厩戸豊聡耳皇子」の大安寺創建願文が含まれていて、その「明一伝」と、最澄の記した八寺造立記事などを、「付法縁起」からそのままの形で、引用編修したという見方。もう一つは、八寺造立記事をも含めて、「付法縁起」そのものに多くを依りながらも、また別に、「厩戸豊聡耳皇子」の大安寺創建願文を補記したという見方。いずれとも決しかねるが、熊凝村平群郡説が、九世紀後半に、何らかの理由でにわかに強調されるようになったともしすれば、大安寺の介入も加えて、後者の可能性がより認められようか。依然、疑問は残る。

いずれにせよ、組み合わせ本「七代記」の出現は、「付法縁起」の影響を強く受けて、最澄よりのちにまとめられたものと思われる。「障子伝」は従って、このような「七代記」（「付属伝」も含み得る）を底本にして、あるいはその一部を別枠にして、貞応三年段階に書き換えられたと推定されよう。大幅な改修はなかったはずであるが、それでも部分的には、たとえば西方往生思想や、当時の四天王寺における信仰、さらには伝暦などの影響を受けて、補訂された可能性もないではない。

さて、これらと肝心の「四天王寺聖徳王伝」の関係は、どのように考えるべきか。残念ながら「四天王寺聖徳王伝」の逸文を明言して、引用したものは一つもない。ただその可能性がもっとも強いものが、補闕記自体のなかにみられる。それは、「今在経者、小野妹子所持也、事在太子伝」との割注である。これは別段、のちの追記とみる必要もないから、当初からの割注だろう。問題なのは、ここに示された「太子伝」の実体である。補闕記の序文を前提にすれば、『日本書紀』か「暦録」か、そして「四天王寺聖徳王伝」のいずれかを指すとみるのが、極めて自然な解釈だろう。しかし、以上三書のうち、「太子伝」と呼ばれるにふさわしいものは、「四天王寺聖徳王伝」以外にない。すると、「四天王寺聖徳王伝」には、小野妹子の衡山道場派遣と、そこからの法花経将来、そしてその安置という内容が、少くとも含まれていたことになる。今、この内容に相当する逸文が、『天王寺秘決』に採られている。

伝云、小治田天皇即位十五年丁卯七月、差小野妹子、遣大唐国、時皇太子宣命云、大唐衡州衡山道場、有寡人常持法花経、宜到彼所、奉請持還、小野臣承命度海、達大唐、如先所知、到衡山道場諮問、有老師出来云、汝是何人也、答曰、日本国使人臣、即進礼拝至(云カ)、我国有聖王、宣云、到大唐国、親往衡山道場、奉請法花経持来、於是老師云、吾久不遷化、恒待彼使、今已到来、更無所待、宜今使者急持此経畢(マヽ)、帰本国受持云云、即以戊辰年四月、并卒(マヽ)唐使十二人、還来日本、献小治田天皇并太子、即喜悦無極、今安伊珂流乂殿、長寿三年六月一日、写人雍州李元恵、於揚州敬写此経云云、

実は、これとほとんど同文とも言えるものが、『太子伝玉林抄』十六や『異本上宮太子伝』の首部を欠く太子伝に、そして『伝述一心戒文』所収の「上宮厩戸豊聡耳皇太子伝」に、それぞれみえる。『太子伝玉林抄』が、「一巻伝云明一」として引用するところから、「明一伝」と「上宮厩戸豊聡耳皇太子伝」と、さらに「四天王寺聖徳王伝」とは、すべて同一書の異名ではないかと思えるふしもある。

けれども、それぞれの誤写や省略の問題を差し引いてみても、やはり決してすべてが同文であるとは言い難く、その上、「一巻伝云明一」というのが、果して「明一伝」のことであるのかどうか、すでに指摘されているように一抹の不安が残る。[42] 一言で言えば、『天王寺秘決』の「伝云」と、『太子伝玉林抄』の「一巻伝云明一」は、よく似ている。これに対して、『異本上宮太子伝』の場合と、「上宮厩戸豊聡耳皇太子伝」が、もう一つのグループをなす。たとえば、「一巻伝云明一」で、「伊珂流賀文殿」と書かれるところなどは、『天王寺秘決』の「伝云」のなかの「伊珂流乂殿」により近く、後者のグループが共通して「斑鳩文殿」と記すのと、一線を画している。さらに、顕著な相違は、「長寿三年六月一日」以下の一文である。

　長寿三年六月一日抄記、写経人雍州長安県人李元恵、於揚州敬写此経云々、

これが、『太子伝玉林抄』にみえるところである。一方、『異本上宮太子伝』では、次のようになっている。

　長寿三年六月一日、雍州長安縣人李元恵、於揚州写了、

『伝述一心戒文』の「上宮厩戸豊聡耳皇太子伝」は、「李無（妹也）元恵」と記すところが「李元恵」のところと相違するだけであるが、「無」の字を欠く伝来もあり、「妹也」は誤写にもとづく苦肉の書き入れだろう。結局、両伝は、寸分たがわない同文であった。

さて、『天王寺秘決』と『太子伝玉林抄』との場合は、決してすべて同文であるわけではないが、それでも他のグループと区別する基本的な共通性がある。それは、実際今日にも伝わる、小野妹子将来経伝承を持つ、法隆寺東院旧蔵の法花経奥書と、いずれも酷似するという点である。それを記せば、こうなる。

長寿三年六月一日抄訖、写経人雍州長安縣人李元恵、於楊州敬告此経、[43]

かつて永久三年（一一一五）、定海もこの法花経を披見し、これと同文の奥書を書写したことは、『上宮太子拾遺記』三所収の「定海記文」にも明らかである。このような法花経の事実上の伝来期は、少くとも光定より前の時代である。そして、『天王寺秘決』の「伝云」や、『太子伝玉林抄』の「一巻伝云明一」のグループは、この法花経の奥書を見たか知っていて、それを抽出し、伝文に挿入したものと言える。これに対して、『伝述一心戒文』の「上宮厩戸豊聡耳皇太子伝」や、『異本上宮太子伝』所収のグループは、その奥書を実際には見ないで、先行の伝を参照しながら、書き換え修正した可能性がある。それは、前者のグループが、いかにも文章上唐突で、取って付けた感があるのに比して、後者のグループは、よく文章に馴染ませた結果になっていることからもわかる。「伊珂流父殿」や「伊珂流賀文殿」の用語と、「斑鳩文殿」のそれとのちがいも、以上のような推移と無関係であるまい。

では、これら二つのグループの実体は何であろうか。まず、よりのちに成立したと思われる「上宮厩戸豊聡耳皇太子伝」や『異本上宮太子伝』所収の太子伝であるが、前者のやや長い書題をもって「釈明一撰」と明記した新史料『習見聴諺集』九が、すでに紹介されており、[44]「明一伝」を指すとみて大過あるまい。すると、『異本上宮太子伝』所収の太子伝も、「明一伝」であった可能性が出てくるが、まえに触れたように、「付法縁起」を経過した段階のものであろう。けれども、小野妹子法華経将来の記事に関しては、まさしく「明一伝」であったと言ってよいはずである。

これに対して、『天王寺秘決』や『太子伝玉林抄』にみえる逸文は、より古い型のもので、「明一伝」を遡ると考えられる。しかし、双方が極めて似かよった内容であるのもたしかであるから、「明一伝」がより古い型のある伝を若干改訂しながらも、かなり忠実に受け継いだものと思われる。『太子伝玉林抄』が「一巻伝云明一」と引用したのも、それが「明一伝」だというわけではなく、「明一伝」ではないかと推定したまでのことで、またそれほどよく似るところがあったのである。

「明一伝」より古く、かつ「明一伝」の多く踏襲するところであったものが、いわゆる「四天王寺聖徳王伝」と呼ばれた一書だろう。『天王寺秘決』の「伝云」の引用は、この「四天王寺聖徳王伝」の引用であり、四天王寺の関係者の引用とすれば、それも当然のこととうなずけよう。そうすると、総称「七代記」のうちのある太子伝も、淵源を辿れば、「四天王寺聖徳王伝」にぶつかる。しかし、「四天王寺聖徳王伝」そのものは、決して「七代記」ではあり得ない。

ここで、「七代記」が「宝亀二年教明作」と伝えられ、「四天王寺障子伝」が「彼寺三綱衆僧敬明等造之、宝亀二年歳次辛亥六月十四日造之」と伝えられたことの関係に、言及する時がきた。「障子伝」としての一書の成立が、宝亀二年でないことは、これまでくり返し述べた。しかし、これだけ詳細に記述するからには、全くの虚構と唾棄してしまうわけにもいかない。そこで当然ながら、「七代記」の成立を伝えるものの影響を受けたことが予想される。けれども、「七代記」も組み合わせ本で、総称「七代記」の成立は、これまた宝亀二年まで遡り得るものではなかった。すると、総称「七代記」のもとに複合された一部の書伝が、宝亀二年に四天王寺三綱衆僧敬(教)明等の造るところであったという何らかの記録が存在していたとみる以外に、解決の道はあるまい。しかし、「付属伝」としての部分は、延喜二十四年に改修されたようであるから、当面の課題からははずしてよく、いわゆる「思禅師七代記」か、その前に接続されていたらしい太子伝そのものの箇所かが、宝亀二年の成立と伝えられていたことが想定されよう。ただその際、仮に後者が考えられたとしても、最澄以後の補訂がうかがえるので、正確には宝亀二年の成立とは言い得まいが、その基本的に多く採用された太子伝を、宝亀二年の成立として伝えたこともあり得よう。

もしそうであれば、その意味に該当する太子伝としてもっとも有力なのは、「明一伝」ということになる。言い換えれば、「明一伝」か「思禅師七代記」のいずれかが、宝亀二年の成立と伝えられていたということである。しかしまた、「明一伝」自体も、「四天王寺聖徳王伝」に多くを依ったものと考えられるところから、まさしく宝亀二年成立説は、「四天王寺聖徳王伝」に該当するとみることも可能だろう。

結局、断定すべき結論は出ない。ただ、「四天王寺障子伝一巻」と「四天王寺聖徳王伝」とは、必ずしも同一のものではないということが、まず指摘される。そして前者の「障子伝」は貞応三年を契機に、少くともその体裁をあらたにしたもので、もちろん内容的には「四天王寺聖徳王伝」を多く踏襲していたであろうが、全く等しい文章であったかは保証の限りでない。

一方、「七代記」と「四天王寺障子伝一巻」および「四天王寺聖徳王伝」とは、同一異名の書でない。それぞれの成立順序は、「四天王寺聖徳王伝」・「七代記」・「四天王寺障子伝」と一応想定することができる。にもかかわらず、「七代記」と「四天王寺障子伝」とには、ともに宝亀二年成立説が付随していた。そして、この成立説は、「七代記」においてはじめてあらわれ、のち「四天王寺障子伝」にも付帯されてくる。貞応三年の四天王寺聖霊院絵堂再興を契機として、そののち、にわかに成立の問題が自覚され、検索されたものであろう。その意味からすれば、先行の「七代記」成立説に、多くを依ったところがあったと思われる。しかしそこにはもちろん、「七代記」と「四天王寺聖徳王伝」さらには「四天王寺障子伝」との内容上の類同が考慮されていなければなるまい。

いずれも、その内容は不明なところがほとんどである。ただ、「七代記」に「四天王寺聖徳王伝」まで遡る内容が多く盛り込まれていたらしいことが推定される。その間に「明一伝」が介入して、問題をさらに複雑なものとしているが、その一方でまた、複合本としての「七代記」の体裁がうかがえるところから、「七代記」の宝亀二年成立説は、「明一伝」あるいは「四天王寺聖徳王伝」に該当するものか、さらに「思禅師七代記」に該当するものなのか、何とも速断しかねる。しかしいずれにせよ、「四天王寺聖徳王伝」が宝亀二年に成立したという確かな根拠はどこにもなくて、今のところ、それは不詳としか言い様がない。せいぜい、「明一伝」よりも前、あるいは明一の没年と考えられる延暦十七年以前の成立であったとしか言えないのである。(45)

第四節　四天王寺と古代国家

一　難波と四天王寺

「暦録」や「四天王寺聖徳王伝」は、いかなる太子認識を示し、またどのような歴史の所産であったのだろうか。すでに「七代記」がそうであったように、決して止まることない歴史の運動のなかにあって、それを担い、それを言い表わしたものであったはずである。太子伝の運動と呼び換えても構わないが、もちろん、歴史そのものの運動の一つの具体例であり、個性であって、そこに太子伝としての運動が具現されたという限りにおいて、はじめて太子伝の運動が問われてよい価値を持つ。

「暦録」については、多くをまえに述べておいた。逸文が、少しでも知られているからである。その点、「四天王寺聖徳王伝」は、語りにくい。逸文すら認定しがたい状況にあるからだ。けれども、それを多く踏襲したと考えられる「明一伝」逸文、そしてその行方、はたまた中世に降るとはいえ、基本的にはそれを再現したであろう「障子伝」逸文のなかから、本来の「四天王寺聖徳王伝」を、たとえ一部でも、想い起こすことはできるであろう。

「暦録」とともに、「四天王寺聖徳王伝」も、『日本書紀』にまずその多くを依ったものと思われる。今、それと具体的に指摘することは不可能に近いが、「明一伝」の痕跡がうかがえるので、ここでも『日本書紀』の書契文化を確認しないわけにはいかない。しかし、補闕記のその書き順から推して、「暦録」よりもさらに、独自の個性を発揮した『日本書紀』の反復ではなかったろうか。それは必ずしも、特異で例外的な太子伝であったことを意味せず、個性的であればあるほど、歴史の運動をより鮮明に体得し、表現したものであったかもしれない。「暦録」もそうであったらしいが、「四天王寺聖徳王伝」が、何よりも難波の四天王寺に存在した太子伝であり、かつ憚ることなくそう伝えられてきた意味は大きい。しかも、何らかの形で壁画をもっても表現されていたことは、視覚をも動員した、ある総合的な運動でさえあったのを予想させる。そこには自ずと、平安朝後半からの、西方浄土思想を体現する四天王寺とはかなり趣を異にした何かが潜んでいたように思えてならない。

『太子伝玉林抄』十に、「隣国順日本国事」という一項がみえる。そこで訓海は、このように説いている。

私云、絵殿絵事、天王寺絵殿ニハ新羅ノ五城六城ノ城ヲせムル処ロ委細也、法隆寺ノニハ全ニ無之、互ニ加減アル也、

法隆寺絵殿と四天王寺絵堂の、それぞれの障子絵を比較して、新羅の城を攻める図絵が四天王寺の特徴であることを指摘した。この時彼は、言うまでもなく、貞応三年以降のあらたな障子絵をもとにそう述べているのだから、「四天王寺聖徳王伝」とともにあったはずの壁画を、何ら観たわけではないし、またそのようなことが可能であるはずもなかった。しかし、のちの障子絵は、一応、本来の意匠を受け継ぐところが大であったと思われる一方、貞応三年段階で、新羅に関する図絵の追加や修正が、とりわけおこなわれなければならない歴史的必然性は、どこにも見出せない。従って、訓海の指摘したこの部分は、もとから描かれていたもので、それとともに「四天王寺聖徳王伝」にも、今度は文章としての記述が存していたに相違ない。たとえ無かったとしても、壁画と「四天王寺聖徳王伝」とは、対をなす総合的表現であったはずだから、壁画によって「四天王寺聖徳王伝」は、補われ読まれて然るべき性格のものである。

もちろん、太子が新羅へ渡った事実はない。では、どのような図絵と、あるいは記述を持っていたのだろうか。今日伝わる法隆寺の障子絵にも、たしかにそのような描出は残っていない。[46] ところが、元和九年（一六二三）に狩野山楽をもって再製作させた四天王寺の太子絵伝をみると、来目皇子の新羅遠征が描かれている。[47] 訓海が指摘したのも、これとほぼ同様の内容であったろう。原画は、「四天王寺聖徳王伝」の時代まで遡るとみて大過あるまい。[48] おそらく、『日本書紀』がその究極的な素材であったろうが、現実に渡海して交戦した事実はなく、明らかに四天王寺壁画伝もしくは「四天王寺聖徳王伝」の個性的表現であった。

外交・軍事・文化・経済などの、とりわけ国際的条件を担う難波の役割は、つとに知られるところである。そこに

おける四天王寺の歴史も長い。その歴史自体を述べる必要は、今ないであろうが、当面二、三の問題だけは、触れておかねばなるまい。第一は、四天王寺という寺名の問題で、それはこの寺がいかに認識されたかという思想上のことでもあって、四天王寺という寺名の開始は、この寺の画期をなすだけでなく、その後の四天王寺の実質的な確立をも意味しよう。

四天王寺という寺名は、天武八年（六七九）四月の詔に由来して、「定諸寺名」める施策の一所産であったとみるのが、もっとも妥当である。それ以前は、地名をとって荒陵寺などと呼び慣わされたことだろう。そしてこの改名は、単なる変更ではなく、質的な転換であり、飛躍でさえあった。四天王像を本尊とする、あるいは四天王信仰を中軸にすえ、それを負うべき寺とみなされることになったからである。もちろん、天武朝以前から少くとも荒陵寺に四天王像は安置されており、一つの特徴をなしていたことは、「大同縁起」からも明らかである。五重塔内に安置された大小の四天王像がそれで、ほかにも金堂内に大小四天王像が安置されたらしい。後者のうち、大四天王像四口は、聖徳法王の本願と伝え、小四天王像四口は、上宮大后の造らせたところという。いずれも、史実としては認めがたいものであるが、五重塔内のそれは、認めてよい。まず、小四天王像四口は、「安倍大臣敬請者」と録されている。『日本書紀』大化四年二月条の記事とも、よく符合するのである。

己未、阿倍大臣、請四衆於四天王寺、迎仏像四軀、使坐于塔内、造霊鷲山像、累積鼓為之、

塔内に四天王像が安置されたのは、孝徳朝の事実とみて何ら支障あるまい。これに対して、塔内の今一組の四天王像、つまり大四天王像四口は、「奉為越天皇敬造請坐」と伝えられる。斉明天皇のために造立されたというから、斉明朝もしくはその直後に安置されたものと思われる。

今、この寺における四天王像の創造を伝える確実な初見は、孝徳朝を遡ることがない。しかし、四天王像がただ造られたということと、四天王寺と呼ばれたこととは、必ずしも一致しない。それは、時の一致に限ってそうであるばかりでなく、意味においてもそうだ。そこで想起されるのは、新羅の四天王寺である。『三国史記』新羅本紀の文武十九年条は、「四天王寺成」と伝えている。わが国の天武八年に当たる。四天王寺という寺名が公的に定められ発足したと思われるのも、実はこの年であった。この天武八年をめぐる双方の一致それ自体は、言うまでもなく偶然でしかない。しかしほぼこの時期、新羅で四天王寺が竣功し、わが国で四天王寺という寺名を持つ寺院が発足したことは、決して偶然であろうはずがない。『三国遺事』一に、「善徳王知幾三事」という一項がある。

三、王無恙時、謂群臣曰、朕死於其年某月日、葬我於忉利天中、群臣罔知其処、奏云、何所、王曰、狼山南也、至其月日王果崩、群臣葬於狼山之陽、後十余年、文虎大王創四天王寺於王墳之下、仏経云、四天王天之上有忉利天、乃知大王之霊聖也、

善徳王の予言三カ条の一つに当たる。ここに、四天王寺創建の原由が語られているわけだが、忉利天往生と四天王との抱き合わせで、いわば教理世界の域を出ない。あたかも、わが国の孝徳朝における四天王像安置と、霊鷲山の顕現とに似たものがある。新羅においても、四天王寺をめぐる質的な転回が予想されるのである。善徳王の死去年は、わが国の大化三年（六四七）に相当する。

この寺が、果して文武王の時にはじめて着工され、かつ竣工したものであるのかどうか、詳細には知れない。『三国遺事』二の文虎王法敏伝は、その割注に「国史、大改刱在調露元年己卯」と記しており、文武王十九年（六七九）の四天王寺創建記事は、再建あるいは改建のことだという。また、良志が「天王寺塔下八部神将」を造ったと『三国遺

事』四の「良志使錫」にみえる。文武王十九年よりも前であった可能性もある。少くとも、文武王十九年に始建されたとは思われなくて、それ自体、わが国の場合に比較すると興味深い。そこで注目されるのが、文虎王法敏伝である。伝承の要素を混ぜながら、四天王寺の建立と若干の経緯を述べたのであった。

まず、四天王寺草創の直接的契機を、高句麗滅亡後の新羅と唐との緊張関係に求めている。いわゆる唐の新羅進軍で、高句麗遺民の反乱から上元一・二年の役に当たる。伝によると、唐の進軍計画を知らせたのは、唐に留学していた義相(湘)であることになっていて、その対応策が諮問され、角干の金天尊によって紹介された明朗法師が、四天王寺創立を提唱したという。

角干金天尊奏曰、近有明朗法師、入竜宮、伝秘法而来、請詔問之、朗奏曰、狼山之南有神遊林、創四天王寺於其地、開設道場則可矣、

さらに事態は切迫して、伝は、つぎのように物語る。

朗曰、以彩帛仮構宜矣、乃以彩帛営寺、草構五方神像、以瑜珈明僧十二員、明朗為上首、作文豆婁秘密之法、時唐羅兵未交接、風濤怒起、唐舡皆没於水、後改剏寺、名四天王寺、

とりあえず彩帛で寺を造り、唐の計画が失敗して新羅の独立が保たれたあかつきに、あらためて寺を興し、四天王寺と名付けたというのである。もちろん、このまま信じられないものであるが、少くとも、その前身となる寺が前からあって、統一新羅の確定にあわせ、以前からの寺が大幅に改め造られ、はじめて四天王寺と呼ばれるようになったことは認められてよかろう。さらに、唐に捕えられていた朴文俊が、高宗に答えた言葉としてこのようにも伝えている。

厚荷上国之恩、一統三国、欲報之徳、新剏天王寺於狼山之南、祝皇寿万年、長開法席而已、

つまり、四天王寺は唐軍を排除する秘法をおこなう場であるに留まらず、唐皇帝の「皇寿万年」をも祝うところであったというが、唐からの使者に対しては、「不宜見玆寺」との態度をも示していて、この寺のあり様は微妙である。しかしそれは、新羅の国際的環境の微妙さに起因することで、四天王寺そのものに由来することではないのに加えて、新羅の四天王寺が、統一新羅の確定化とその国際環境に全く即応した性格のものであったことを、むしろ物語っていよう。唐の侵攻を排斥することで朝鮮半島を統一し、かつそのことを唐に保証させる一つの証しであり、成果であったのが、某寺の四天王寺命名であったと言える。そこには当然、将来への持続を約束するものがあったのである。つまり、四天王寺と名付けられたことは、四天王寺であり続けなければならないという意味を持つ。

わが国の四天王寺命名が、新羅のそれと無縁であったとは到底考えられない。たとえ新羅の影響でないとしても、その成立条件はすでに共有するものがあった。そこで第二に、わが国の四天王寺への封戸施入期が、よき示唆となろう。その詳細と全容は知るよしもないが、今日『新抄格勅符抄』で判明する分だけで三期あって、壬辰年に二百五十戸、天平三年十二月に五十戸、宝亀二年二月十一日に五十戸が、それぞれ施入されている。壬辰年は、持統六年（六九二）を指すとみてよかろう。このほか、『続日本紀』で寺封の確実に知れるのは、天平六年三月の二百戸施入で、三年を限るものであった。『新抄格勅符抄』にみえないのは、期限通り停止されたからであろう。つぎに、神護景雲三年七月の周防国戸五十烟施入がある。今日伝えられる四天王寺への封戸施入は、およそ以上で尽きるが、何と言っても、持統六年の二百五十戸施入と、天平三年と六年の都合二百五十戸施入とが、四天王寺のあり方を暗示してくれよう。

持統六年の封戸が、いかなる事情で施入されたのか、それを直接記したものは知られていない。しかしこの封戸施入は、難波宮および京の問題と深くかかわる性格を持っていたように思われる。周知のことだが、『日本書紀』朱鳥元年正月乙卯条は、「難波大蔵省失火、宮室悉焚、（中略）唯兵庫職不焚焉」と伝えている。いわば前期難波宮の焼亡である。ところがこれ以後、聖武朝の後期難波宮・京が再興されるまで、それがどのような形で存在したのか、または存在しなかったのか、実体は全く不明のままである。しかし、この間、文武天皇の難波宮行幸が同三年（六九九）正月二十七日にあり、一カ月近くそこに滞在していた形跡がある。元正天皇も、霊亀三年（七一七）二月には難波宮に幸している。聖武天皇にしても、神亀二年（七二五）十月の難波宮行幸が知られているのである。(50) 朱鳥元年（六八六）の焼亡以後においても、難波宮はたしかに存在していたらしい。どのような形で存在したのかはわからないが、とにかく何らかの復興があったのは疑えまい。その一時回復の画期が、持統六年に求められそうである。まず、この年の四月になって、親王以下進広肆に至るまでの有位者に、「難波大蔵鍫」が与えられた。(51) この「難波大蔵鍫」を、もと難波の大蔵にあって、今は焼け出されて別のところに収められている鍬の謂とみることもできようが、やはり現に難波大蔵に収められている鍬と解するのが、より自然であろう。すると、持統六年までに、焼失した難波の大蔵が再建されたことになる。一方、藤原宮・京も、この持統六年までに地鎮祭を終えたのであった。(52) 難波宮が一時回復されたとすれば、このような持統六年前後に一応の整備をみたはずである。

持統六年の十一月に、新羅からの使者を「難波館」で饗した(53)というのも注目すべき点だろう。この「難波館」が、朱鳥元年の災火に含まれていて、再建されたのかどうかは明らかでない。しかし、広く難波の地の条件から言えば、以上の事実は少くとも一つの画期をなすものであった。まず、朱鳥元年の難波宮焼亡から持統六年の前まで、新羅からの使者を中心とする来朝者のすべては、難波に上がった形跡がない。焼亡の直後から言えば、新羅使の金智祥らは筑紫で饗に預り、そのための川原寺伎楽が、わざわざ筑紫に移送されている。使者は、そのまま筑紫から帰った[54]。ついで持統元年九月に来朝した新羅使の王子金霜林らも、筑紫から東に向いて天武天皇への弔意を示し、調は筑紫大宰が京へ送り、彼らは筑紫館で饗に預るだけで、そのまま帰還した[55]。同二年九月には、耽羅の使者をやはり同じ筑紫館で饗しているが[56]、そこからそのまま帰ったらしい。また、同三年四月に、新羅から金道那らが来朝したが、彼らは筑紫の小郡で饗せられていて、難波まで上がってきた形跡はない[57]。さらに同四年九月に来朝した新羅の金高訓らも、筑紫からそのまま帰っている[58]。持統六年十一月に来朝した新羅の朴憶徳らがはじめて、難波まで上がり、「難波館」で迎えられたのであった。以上の事実は、何を物語っていようか。朱鳥元年の難波宮焼亡以後、難波京さらに難波の地は、国際的条件に関して全くその意味を失った。しかし、持統六年頃になって、その意味を復活させたとみるべきである。たしかにこれ以後、新羅使は、筑紫からそのまま帰ることをせず、難波に上陸し、さらに藤原京や平城京に入るのを原則とした[59]。

朴憶徳らの迎えられた「難波館」は、あるいは再建されたものか、装いをあらたにしたものかであった可能性が濃い。しかしこの時の「難波館」は、単に朱鳥元年以降に限定され得ない意味を持つ点で、さらに重要である。壬申の乱以降の問題として、少くとも考えられる必要がある。なぜなら、壬申の乱以後少くとも、新羅からの使者は、一時筑紫に留まり、厳選されたメンバーが、あらためて難波に上がり、入京をするという傾向が一般的に存在していたからである。今はその例をいちいち示さないが、天武二年閏六月や同四年二月に来朝した新羅使などは、その好例と言える[60]。筑紫からそのまま帰っていった例さえうかがえるのである[61]。これらのことは、「難波館」の物理的な条件、つまり焼亡したとか破損したとかの単なる設備上の理由に依るものではあるまい。すぐれて国家史の問題であり、そうである以上、国際的環境にも由来したものとみなければならない。

壬申の乱以後、持統六年以前までの難波が果した国際的効用は、極めて消極的な域を出ていない。朱鳥元年の難波宮焼失も、この間に含まれるが、以上の意味から言えば、偶然的な契機に過ぎなくて、強いて言うなら、壬申の乱以後の難波の国際的役割を、変更するどころか、極端に強調する結果を招いたのである。これにかわって筑紫大宰府の果した役割は大きい。けれども、難波の国際的役割が否定されたわけではもちろんなくて、新羅使への送迎儀礼や文書外交を筑紫でおこなう最中に、それを対自的に受けとめながら、中央の国家中枢機構（太政官体制をはじめとする、いわゆる律令国家秩序）を構築しようとしており[62]、難波もその潜在的準備のなかに含まれていたと考えられる。そこには当然、朝鮮半島を統一し、かつ唐からも承認された新羅の律令国家体制が強く意識されていた。それは、新羅という個別国家に対してというよりも、その個別性が、唐を規範とする東アジアでの普遍性を顕現し得るものである限りにおいて、新羅を強烈に意識し、かつわが国の個別性も、その普遍性にまで高揚させなければならないという緊迫感もしくは緊張感の裏返しが、新羅へのあらたな認識を生んだのである[63]。けれども、このような認識のなかには、わが国に従前通り朝貢すべき新羅観、いわゆる「蕃国」認識が折り重なっていた。従ってこの時期の国際的環境、とりわけ対新羅関係には複雑なものがあって、平たく言えば、わが国の内情を新羅になるべく知られないうちに、あるいは東アジアでの普遍的な秩序意識を筑紫で模索・試行・打診しながら、とり急ぎその実質的な内情を整え、東アジアの普遍的な国家秩序を打ち立てていく必要があった。それが一応完成された時、はじめて難波は、何憚ることなく、国際的に開陳されるであろう。そうなれば、新羅に対してだけではなく、唐に向かっても難波はそうあるべきであった。

このようにしてあるべき難波の準備は、畿内制の準備と不可分である。なぜなら、筑紫とも異なり、首都（京）とも異なるが、少くとも国際的には、首都を含む特定地域、つまり畿内の出入口に位置するのが摂津の難波であるからだ。ただこの畿内制について留意すべき点は、第一に、その規範もしくは祖型が中国諸王朝にあるということである。[64]第二に、百済や新羅にも存在していたと思われるが、とりわけ新羅の場合は、中国のそれと異なり、慶州門閥貴族の単なる経済的・軍事的基盤であって、[65]絶対王権に直接支えられ、またそれを保守すべき格別の行政区画として充分整えられたものではなかったらしい。第三に、中国においても、畿内制はある王朝の出現にあわせて自動的に生じるようなものではなく、[66]その王朝の権力によって、強制的に意識的に施行されていく性格のものである。従って第四として、畿内制の具体的区域は、その都度変更される可能性があって、決して不変更なものではない。

畿内制についてのたしかな初見は、『日本書紀』天武五年正月条にある。これ以前、同大化二年三月条や正月条の詔にも畿内制に言及したところがあって、その四至からして、のちの畿内制と異なる、難波を首都とした観念的な畿内意識が、その頃存在していたことも考えられるけれど、なお問題の多いところである。[67]しかし、天武朝に、畿内制が準備され、確定化される実質的な方向がみられたことは否定できない。その施行が、天武天皇としての王権力によって推進されようとしていたことは論を待たない。これ以後、『日本書紀』天武条には八回も畿内のことに触れた記事がみえ、[68]同持統六年四月条に及ぶと、四畿内の表記が登場する。この畿内制から四畿内制への推移は、一辺千里の方形地域を定めた北魏道武帝の首都平城の型から、四至表示ではない若干の郡を総称する地域を指す、東魏・北斉の首都鄴の型への移行ともうけとれる。[69]しかし、天武朝の畿内制から、すでに後者の型が予定されていたとも考えられて、一応、壬申の乱以後、着々と畿内制は準備され、持統六年頃になると、それが明確に四畿内制として定立されたものと言えよう。四天王寺への二百五十戸施入も、まさしく四畿内制の定立期に合致する。それはただちに、畿内制さらには四畿内制における難波の位置と役割を暗示していよう。この時すでに四畿内制は、新羅王畿制とは質的に異なる絶対王権の表象として確定化し、唐のそれよりも一歩先んじて、中国先王朝のそれを踏襲した点は、注目されてよい。

畿内制が、首都の造営もしくは確定と同時に、整えられていくものであるのは言うまでもない。その点、藤原宮の完成と四畿内制の定立とが、即応すべき内容を持っていたことは容易に察せられる。天武十二年十二月のことだが、諸国の境界を定めることに着手し、一方では陪都の制が打ち出されて、難波がその陪都に指定された。ついで年が明けた二月には、畿内での都城候補地が検討されはじめ、三月になって「天皇巡行於京師、而定宮室之地」と『日本書紀』は伝えている。この天武十三年はじめの動きが、藤原宮・京の造営着手を意味するとすれば、(70)前年末の一連の計画と一体をなすもので、首都藤原京を中核に、それを含みこむ四畿内制が構想され、さらにその畿内の国際的出入口に、陪都難波京が設定されようとしていたことになる。しかしこのような構想自体は、さらに遡るとも考えられて、『日本書紀』天武五年是歳条は、「将都新城、(中略)然遂不都矣」と記す。この段階から畿内の語が頻出するわけだが、摂津職大夫任命のことも、その翌年であることなどから推すと、(71)天武五年前後からすでに、首都の地の選択と、畿内制の施行と、そして畿内の国際的表玄関としての難波の準備が、少くとも構想としては持ち出されていたとみてもよい。三者は、いずれも分かちがたい関係としてとらえられるべきである。そうであるからには、持統六年までに藤原宮・京の地鎮祭を終え、またこの時期、四畿内制が定立した以上、難波宮の回復がいかなる形でなされたにせよ、難波の地も当然、その役割を分担しなければなるまい。四天王寺の封戸施入が、むしろ逆にそのことを物語っていようし、四天王寺が難波の地にあって、はじめて四天王寺と命名され、その四天王寺であり続けねばならない理由も、まさに壬申の乱以後の国家史の運動自体に求められる。しかし、それは筑紫大宰府の輝かしい展開とは対照的に、除々に、潜在的に、しかも着実巧妙に進められていったのである。

二　後期難波宮の造営と四天王寺

持統六年についで、四天王寺に多量の封戸が施入されたのは、天平三年と六年のあわせて二百五十戸の例である。しかしこれもまた、難波宮・京と深いかかわりを持つ。周知のことだが、聖武朝の神亀三年十月、藤原宇合の知造難波宮事任命にはじまる[72]、いわゆる後期難波宮の造営最中とその一応の完成時で、施入された寺封である。

造営の方は、天平四年のはじめ、もしくは天平三年のおわり頃に、一段落ついたようで、天平四年三月になって、知造難波宮事の宇合以下に賜物のことがあった[73]。天平三年十二月の四天王寺への五十戸施入は、難波宮の一応の完成にあわせたもののようである。ついで天平六年の三月には、難波宮行幸があり、この時、二百戸の寺封が四天王寺に施入された[74]。九月には、難波京の宅地班給がおこなわれているから[75]、二百戸施入は、難波宮・京のほぼ整備を終えたことに起因しよう。難波京のうちに位置し、その京を構成する四天王寺であってみれば、むしろ当然と言うべきである。これよりのち、宝亀二年二月十一日に封戸が施入されているが、あたかも光仁天皇の難波宮行幸の時で[76]、これまた四天王寺と難波宮・京との密接な関係の証左となろう。

四天王寺を考えようとすれば、難波宮・京にぶつからざるを得ず、そこに国家史そのものの問題がある。それは、壬申の乱以後の天武朝から、次第に鮮明化されてきたテーゼと言えよう。しかし、後期難波宮の造営と維持には、それとしての個性があったはずで、太子伝の運動に不可欠の条件を付与したと考えられる四天王寺も、それから逃れてはいまい。そこで、知造難波宮事に任命された宇合の、この時期における事跡を追うことによって、その個性と、のちへの歴史的意味を指摘しておこう。

宇合は、持節大将軍として蝦夷の鎮圧に赴いていたが、神亀元年十一月に、功を成して帰京した。これから程ない同三年十月、彼は知造難波宮事に任ぜられたのである。その任中の神亀六年二月には、六衛の兵を率いて長屋王の宅を囲み、ついで天平三年十一月になると、畿内副惣管を兼ねる。同四年八月に、西海道節度使となり、その一カ月のちには、石川枚夫があらたに造難波宮長官に就任しているので[77]、西海道節度使としての赴任が、知造難波宮事の解任となったらしい。畿内副惣管も、この時にはすでに、解かれていたと思われる。以上の宇合の事跡には、単なる個人の経歴を超えたものがあろう。

第一に、宇合の知造難波宮事と畿内副惣管の兼任は、難波宮・京と畿内制との密接な関係を、あらためて確認させる。この時の副惣管は、新田部親王の大惣管とその職掌を実質上等しくするもので、何よりも、「帯剣待勅[78]」つようにと指示されており、いわば常に武装して、天皇の勅命を待ち、天皇大権の発動によって直接行動し得る武官の類である。

「差発京及畿内兵馬[79]」し得る権限を、例外的に与えられていることからしても、その緊急性と非常性が、よくうかがえる。『武智麻呂伝』が、舎人親王の「知太政官事」に並記して、新田部親王の「知惣管事」を掲げたのは、太政官体制とは別個に、畿内惣管でもって、むしろ太政官政治を一挙に補強し、立て直そうと図ったことのあらわれであったろう。

この点は、惣管の職掌をみれば、明らかである。(イ)勢に任かせて徒衆を組み、人庶を侵し、時政をみだりに論難するような党を捜捕する。(ロ)盗賊妖言し、衛府でないのに兵器を持つ者を断罪する。(ハ)国郡司の治績を巡察し、善悪の状を奏聞する。大別して、以上三種の職掌が与え期待されているが、「差発京及畿内兵馬」する特権も、個別的なものではなく、以上三種の職掌、少くとも二種の職掌を遂行するための特別権限であったと解される。その意味からも、すぐれて軍事色の濃い職掌であって、非常手段であると同時に、国家の正体を暴露し、天皇大権運用の赤裸々な露呈でもあった。しかも、この時、諸道鎮撫使（山陽・山陰・南海）があわせて派遣され、その職掌も畿内惣管に等しかったが、兵馬差発の権限だけは、それから除かれていた。[80] このちがいは、畿内の特別性を物語っていて、国家の中枢地域であり、天皇大権の直接発動し得る地域が、畿内と呼ばれたことになる。さらに、天皇によって、より直接的に軍事征服された地域の痕跡と、逆にその表象が畿内であったとも言えよう。

実のところ、畿内惣管（諸道鎮撫使も准ず）の職掌は、当時、律令国家の内包する課題を、一挙に解消しようとして設けられたものばかりである。なぜなら、天平二年九月二十九日の詔は、次のような内容をもって下されたからである。(1)京及び諸国に、多く盗賊が発生し、百姓を蠹害しているので、所在の官司は捉搦に努めること。(2)安芸・周防両国人で、みだりに禍福を説き、人衆を集め、死魂を妖祠し、また近京の山原では、多く人を聚集して、妖言し、衆を惑わしているが、「如此徒、深違憲法」えるゆえ、「勿使更然」れ。(3)諸国で、陸羅を作り、ほしいままに人兵（兵馬人衆）を発して、猪鹿を殺害することを禁断すべし。[81] 以上三つの内容を持つが、これらがさきの(イ)(ロ)に直接かかわっていたのは、誰の眼にも疑えない。しかも、(1)(2)(3)は、その禁制の手段や機関が曖昧のままであったが、畿内惣管や諸道鎮撫使（(2)の安芸・周防両国は山陽道鎮撫使に管掌される）の設置によって、それは明々白々となった。

なお、(ハ)については、この詔の対象に含まれていない。しかし、(ハ)が(イ)(ロ)の裏返しである以上、(1)(2)(3)が(イ)(ロ)に行き着けば、おのずと(ハ)の職掌も問われずにはいまい。またしかし、これより少し前の神亀四年十二月には、「巡検国司之状迹」した使者が、帰京して復命した(82)。その年の二月に出された勅に則って、「遣使於七道諸国、巡監国司之治迹勤怠(83)」せしめたのであった。やはり、(イ)(ロ)が(1)(2)(3)を受け継ぎ、しかもそれを強力に推し進めるものであったのと同じに、神亀四年二月の勅と施行を踏襲しつつ、一挙にその課題を解決しようとしたのが、(ハ)の職掌であったと考えられる。

このような職掌を、強力な軍事権で補いながら持つ畿内副惣管は、同時に知造難波宮事でもあった。それは、難波が畿内に属し、かつ畿内における陪都が難波京でなければならなかったということもさることながら、畿内惣管が、ただ国内政治の解決に当たる意味しか持っていなかったという視点の修正を迫るものがある。畿内はたしかに、日本における律令体制がより典型的に顕現されてあるべき地域であり、日本の天皇大権の直接的な基盤であり、被征服地区ではあったけど、そうであるからこそ、畿内は、東アジアにおける国家秩序の普遍性を顕示し続けなければならず、わが国の個別性と、東アジアでの普遍性との接点もしくは絆を、いつも保持していなければならなかった。国際的な認知を受けられない国家は国家と呼べるものではないし、国家であろうとすれば、つねに国際的な保証を要求し続けるであろう。その意味において、畿内はとりわけ、国際的な特別地域であるという逆説が存在するし、この個別性と普遍性の同一化を、天皇大権がより直截的に把握し、確認しようとすれば、畿内の難波において以外にそれはない。

たしかに、後期難波宮の造営にともない、造客館司の始置が天平四年十月にみられ、翌年の四月には、遣唐船が「自難波津進発」したと、『続日本紀』にしては珍しい書きぶりの記録を残している。難波宮・京の整備は、とりもなおさず外交施設の充実を促したのであって、それは畿内の粛清方針と表裏一体を成す。もちろん、このような国家の論理は、天武朝から連続しているものではあるが、律令国家秩序の第一次解体期とも呼べる天平初年前後であればこそ、さらに露骨なあらわれ方をするのである。その端的な表現が、軍事的行為である。

そこで今度は、国際的条件の視点から考えてみるに、やはりこの時期に変化がうかがえる。渤海の来朝が、神亀四年にはじまる。(84)これは、難波宮着工の後で、その造営最中のことであるが、それ以前から渤海の台頭にはやはり無関心ではいられなかった。すでに養老四年（七二〇）正月には、「靺鞨国」に使者を送ってその風俗を視察させている。(85)これは一応、渤海への使者派遣とみてよいだろうが、(86)一つには、渤海という新興国に強い関心を、すでにこの時期から、わが国が抱いていたことを物語り、今一つには、渤海が未知数の国もしくは民族勢力としてみられていたことを指そう。しかし、渤海来朝以前の渤海情報は、新羅からも、何程かもたらされたに相違ない。たとえば、『三国史記』新羅本紀聖徳王二十年七月条（養老五年）は、「築長城於北境」くと記している。これは、新羅が渤海勢力を一つの脅威とみはじめたことを物語っていよう。これよりのち神亀四年までに、養老五年十二月・同七年八月・神亀三年五月と、三度にわたる新羅の来朝があったのだから、(87)渤海情報が伝えられたとして何ら不思議はない。養老四年正月の、わが国からの「靺鞨国」視察団派遣にしてさえ、その前年五月に来朝した、新羅使(88)の情報に促されたことかもしれないのである。すると、神亀四年の渤海来朝に先立ち、わが国は、主として新羅を介した渤海情報を入手していたことになり、難波宮の造営も、そのことと全く無縁であったとは思えない。

つぎに、新羅との関係はどうか。知造難波宮事が任命された神亀三年十月の少し前、つまりその五月末日に、新羅使が来朝したのは注目すべきである。この時、あたらしい情報が持ち込まれている。それは、「順貞、以去年六月卅日卒」[89]すというものであった。わが国の反応は、想像以上に大きい。帰還する新羅使に璽書を授けて、「伊飡金順貞、汝卿安撫彼境、忠事我朝」すと言い、「哀哉、賢臣守国、為朕股肱、今也則亡、殲我吉士」すと哀悼の意を表し、賻物さえ託けたのであった。この哀しみと落胆は、尋常のことではない。日羅関係の悪化を暗示するに充分であったと言わなければならない。この金順貞なる人物については、全くと言ってよい程知られず、『三国史記』にも、彼の卒去を伝える記事はない。しかし、宝亀五年三月に来朝した新羅使は、「本国上宰金順貞之時、舟楫相尋、常修職貢」[90]すと述べていて、新羅の日本への朝貢を推進した、親日派の中心人物であったらしい。しかも、金順貞の卒去前後には、程なく対日強硬政策をとるであろう承慶（孝成王）が立太子し、伊飡思恭が上大等に就く。[91]あるいは、金順貞の暗殺も考えられる。

難波宮造営開始の理由は、もちろん畿内制の問題と不可分ではあるが、それと表裏一体の関係にある国際的秩序の動揺あるいは変化に対応しようとするものであったと考えられる。未曽有の渤海勢力の台頭、それに新羅の対日政策の変転予想に促されてのことであったろう。国際的な認知を求め続け、その普遍的な律令体制を志向する以上、肝心の国際的秩序の変移と動揺は、測り知れない不安と恐怖をわが国に与えずにはいないのである。しかもさらに重要なのは、渤海・新羅・唐という、これまでになかったあらたな国際関係が生じてきたということで、この関係は以後の日本を規定し続けていくことになる。そして、後期難波宮が一応整備された天平四年になって、遣新羅使が任命される一方、新羅使も来朝して、三年一度の来朝年期が約束され、[92]十余年ぶりの遣唐使も任命されて、「難波津」から進発した。後期難波宮・京の造宮は、未だかつて経験したことのない国際関係の招来に対応しようとしてはじめられ、またその後の国際関係定立に、不可欠の役割を果し続けたのであった。

三　「皇民」観念の形成と「皇帝」観

後期難波宮・京（四天王寺も含まれる）の整備と存続については、すでにみたように、畿内制と国際的秩序の二側面（実は同一側面）から理解される必要があるが、今一つ、蝦夷の存在を加えるべきだろう。たしかに、難波と蝦夷とは、地理的にみても、およそかかわり合うとは思えない。しかし、宇合の知造難波宮事任命が、蝦夷遠征の功の認められた直後であったことを、あらためて想起すべきである。これは、地理的には何ら解決されない、国家史そのものの問題を提示する。そこで、この節を終えるに当たって、難波宮・京にあらわれ、難波宮・京を包み込んだ国家史の運動そのものに、触れないわけにはいかないだろう。今かりに、それを「皇民」観念の形成史と名付けたい。

「皇民」という言葉が、蝦夷を語る時しばしば用いられたのは、注目してよい。その早い例は、すでに和銅五年（七一二）九月の太政官議奏にみえている。出羽一国の始置を述べたものだが、そのなかで次のように記していた。

其北道蝦狄、遠憑阻険、実縦狂心、屢驚辺境、自官軍雷撃、凶賊霧消、狄部晏然、皇民無擾、(93)

「北道蝦狄」に相対して、「皇民」という言葉の使用されたのがわかる。さらに養老六年閏四月の太政官奏は、「亦務実辺者、蓋以安中国也(94)」と述べて、「安中国」んずることは、「皇民無擾」きことであり、「皇民」こそ「中国」の民ということになろう。このような意識のもとで、宇合は蝦夷に赴き、帰京して功を称えられたのも、「安中国」んじ、「皇民無擾」きよう実績をあげたと評価されたからでなければならない。

「皇民」という言葉が、「華夏」=「中国」思想に由来する表現であることは論を待たない。しかしそれが、朝鮮の国家よりも、蝦夷の存在を第一義的契機として生じた点は、重要である。たとえば、「賦役令」辺遠国条に言う。

凡辺遠国、有夷人雑類之所、応輸調役者、随事斟量、不必同之華夏、

これは『唐令』の踏襲ではあるが、基本的には、わが国の現実認識とも矛盾しない。しかし、この条文認識にも、微妙な推移があった。天平十年頃の認識を伝える「古記」によると、「夷人雑類」は、「毛人・肥人・阿麻弥人等類」を謂い、また「隼人・毛人」などともみられた。もちろん、「夏華」の民に対して、「夷人雑類」が想定され、その主たるものが「毛人」(蝦夷)と考えられていたことは疑えないが、それでも「夷人雑類」が「毛人」に限定されるものでないと想われていたこともたしかである。ところが、延暦六年以降十年までに成立したらしい「令釈」[95]は、「夷、東夷也」と断言して憚らない。さらに「苞氏論語注」を引用して、「諸夏中国、案、対夷之辞」と説く。つまり、奈良朝末期に及ぶと、「辺遠国」に居住する「夷人雑類」は、蝦夷以外の何ものでもなくて、その上、「夷」に対峙する概念として、「華夏」が明確に意識されるようになっていた。延暦二年四月の坂東諸国に出された勅にしても、「蛮夷猾夏、自古有之[96]」で書きはじめられるのである。

以上のことは、「皇民」という言葉が、奈良朝末期から、にわかに多く使用されはじめたことにも通じる。延暦九年十月の太政官奏も、その一例である。

蝦夷干紀久逋王誅、大軍奮撃、余孽未絶、当今坂東之国、久疲戎場、強壮者以筋力供軍、貧弱者以転餉赴役、而富饒之輩、頗免此苦、前後之戦、未見其労、又諸国百姓、元離軍役、徴発之時、一無所預、計其労逸、不可同日、普天之下、同曰皇民、至於挙事、何無倶労、請仰左右京・五畿内・七道諸国司等、不論土人浪人及王臣佃使、検録財堪造甲者、副其所蓄物数及郷里姓名、限今年内、令以申訖、(後略)[97]

ここで、「普天之下、同曰皇民」という論理は注目してよい。蝦夷に対峙する概念が「皇民」であることは言うまでもないが、その「皇民」とは、坂東諸国の民と、それ以外の「諸国百姓」を区別しない。「強壮者」と「貧弱者」、それに「富饒之輩」をも区別しない。つまるところ、「左右京・五畿内・七道諸国」の「土人浪人及王臣佃使」を、一切区別しない総称が「皇民」であった。この点は、やはり対蝦夷軍事政策を述べた延暦二年六月の勅でも、同様のことが言える。坂東諸国の「全不堪戦」る者も、「雑色之輩、浮宕之類、或便弓馬、或堪戦陣」える者も、また「散位子、郡司子弟、及浮宕等類」も、「同曰皇民」うべきではないかと述べられているのである(98)。

これは、単なる国家総動員令の文(あや)でもなければ、檄文でもない。とりわけ「富豪之輩」や「浪人」・「浮宕之類」の多量な出現によって、編戸の民であり調庸の民であるべき「公民」の秩序の大きな動揺と崩壊が、そこには介在していたとみるべきである。そして幸か不幸か、蝦夷の軍事征服を好機として、「皇民」の名のもとに、その崩壊と矛盾に迫られた「公民」身分の回復を計ろうとする。もちろん、蝦夷の軍事征服に当面し、その兵馬徴発に当たって、「公民」秩序の解体が強く確認されたわけでもある。それは、「公民」へのあらたな「皇化」運動を将来し、「巧弄憲法、漸汙皇化」す国司を糺弾し(99)、「濫非聖化」る「民間」を批判することと表裏一体をなす(100)。

しかし、ただ「公民」秩序の復活を企てたのではない。また、もはや果せない望みであることも、明らかになりつつあった。「不論土人浪人」という表現と意図に端的なごとく、「土人浪人」のもはや否定し切れない存在矛盾を、それと容認した上で、「公民」身分のすぐれて観念的な止揚を計ったと言える。それは、「率土黎庶、苦楽不同」(101)ることを忌避する、天皇大権に対する絶対平等観とでも呼べるようなある種の感性でもって、唯一現実化される性格のものであった。いわゆる「皇民」観念で、その極致でさえあるが、それが観念だからと言って、また軽視してよいわけでは決してない。

この「皇民」観念は、奈良朝末期に突如出現したものでもなければ、その外的介在が、たとえ有力であったにせよ、蝦夷の存在に終始するものであったとは限らない。その歴史は、いささかの幅を持ち、要素も多面的にして重層している。そこで今、参照すべきは天皇の「皇帝」観である。「皇民」が「華夏」の民であるなら、「天皇」の民というよりも、「皇帝」の民の方がふさわしい。なぜなら、「儀制令」天子条は、「天皇」が「詔書所称」であるのに比して、「華夷所称」が「皇帝」であると記しているからだ。もちろんこの「皇帝」称号の規定は、『唐令』の「皇帝天子（夷夏通称之）」を踏襲したものだから、さして現実味を帯びていない規定と言えるかもしれない。

しかし、「天皇」称号に、「皇帝」の意味が潜在的に含まれていたか、またそれを予知させるための「皇帝」称号法文化が、別途になされていたかもしれない。再三述べるが、「天皇」称号というわが国の個別性とて、つねに東アジアの普遍的な君主権の形態と無縁なところにあるわけではなく、律令国家体制を存続させようとすればする程、無縁どころではなくなるであろう。たしかに、奈良朝後期に及んで、「皇帝」称号の使用がみられる。天平宝字二年八月、淳仁天皇即位に際して、孝謙上皇と故聖武天皇に、「宝字称徳孝謙皇帝」・「勝宝感神聖武皇帝」という尊号がそれぞれ上られ、さらに翌年の六月には、舎人親王に「崇道尽敬皇帝」の追号が贈られる。[102]

けれども、この時の「皇帝」称号に、「華夷所称」の意味を認めることは困難である。「臣子之義、何無称賛」からんとか、「表徳称功、莫不由於名号」しとかの理由によるもので、[103]ひとえに藤原仲麻呂政権の儒教政策に起因したに過ぎないと考えられるからである。ところが同時に「皇帝」称号が、他国からわが国の天皇に対して用いられるようなことがあったとすれば、単に恣意的で例外的で孤立した儒教政策の結果だけではすまされない意味を余儀なく帯びるであろう。事実、その例は存在した。天平宝字三年の正月、渤海国の使者は、次のように奏しはじめたのである。

高麗国王大欽茂言、承聞、在於日本照臨八方聖明皇帝、登遐天宮、挙号感慕、不能黙止、(後略)(104)

この奏は、渤海国王の上表文を読み上げたもので、「皇帝」の用語をのちの潤色とみる必要はあるまい。今これを、前回の入朝で天平勝宝五年五月に奏した「渤海王言日本照臨聖天皇朝」(105)の文言と比較すれば、そこに変化と連続性の二側面を知ることができる。変化とは、言うまでもなく「天皇」から「皇帝」へと称号が変わったことだが、もう一つは、「渤海王」から「高麗国王」に呼称が移ったことである。一方、連続の側面とは、ともに「日本照臨」なる言葉を冠し、かつ「聖明」もしくは「聖」という形容語を持つ点である。

はじめに、後者から考えてみよう。新羅王子金泰廉らの、天平勝宝四年六月の拝朝では、「新羅国王言日本照臨天皇朝庭」(106)と述べられている。翌年に奏された、先の「渤海王言日本照臨聖天皇朝」と、「日本照臨」については全く同一であった。つまり、「日本照臨」という言辞から言えば、この時期、新羅と渤海両国のわが国に対する態度は等しいものであったことになるが、のち、孝謙上皇に「皇帝」称号を含む尊号を上るに当たっての僧綱の上表文が注目される。

沙門菩提等言、菩提聞、乾坤高大覆載、以之顕功、日月貞明照臨、由其甄用、(後略)(107)

ここで述べられた「日月貞明照臨」が、さきの新羅・渤海両国が用いた言葉を模倣したものであったと言うのではない。「日月貞明照臨」が、単なる修飾語に終わるものではないということで、それは、新羅・渤海両国の「蕃国」としてのわが国に対する国際姿勢に保証された上で、はじめて意味を持つ言葉であったことを知らねばならない。言い換えれば、この時の「皇帝」称号は、たとえその表面上の理由がどうであれ、「蕃国」であるべき新羅・渤海両国の存在を暗々裏に不可欠の契機としていたのである。

しかしその契機は、新羅よりも渤海の方が一層強力であったと思われる。それは、渤海のみが「聖明」もしくは「聖」という形容語を、一貫して用い続けていた点から予想してよい。この「聖」観とも称すべきものは、実のところ、さきの尊号を上る欠かせない根拠になっていたからだ。沙門菩提らは、「伏惟、皇帝陛下乃聖継聖、括六合而承基」(108)と上表し、藤原仲麻呂らも以下のように述べている。

臣聞、星廻日薄、懸象著明、之謂天、出震登乾、乗時首出、之謂聖、天以不言為徳、非言無以暢其神、聖以無名体道、非名安可詮其用、(109)（後略）

これら一連の上表も、儒教思想の形式的表明に過ぎないように思われがちだが、渤海のわが国に対する国際姿勢を待って、あるいはそれに呼応してこそ、やはり歴史的現実性を帯びてくるようになる。

この点は、渤海国書の変化に深くかかわっている。その際、「天皇」から「皇帝」用語への変化を、尊号としてわが国が「皇帝」称号を用いるようになった結果への単なる対応儀礼とみるのは、正しくない。渤海とわが国との国際関係が、自ずと双方に「皇帝」用語を使用させたとみるべきだろう。この問題は、「渤海王」から「高麗国王」への移行と不可分である。

渤海の来朝が、神亀四年にはじまることはすでに指摘した。今留意すべき第一は、「天皇敬問渤海郡王」(110)ではじまる璽書でも明らかなように、わが国は渤海を「渤海国」とは認識せずに、「渤海郡」としてとらえていた。第二は、その「渤海郡」がわが国に、「通使聘隣」い、「永敦隣好」くすることを求めていたことである。(111)この二点は、天平十一年の来朝でも変化ない。「渤海郡使」として認識される一方、その使者は「毎修隣好」することを求めている。(112)

第一の点は、もちろん唐と渤海との冊封関係に由来していて、渤海の大祚栄は、唐先天二年（開元元年）、つまりわが国の和銅六年に当たるが、唐より「渤海郡王」に封ぜられた。以後、大武芸・大欽茂と引き続いて「渤海郡王」に封ぜられたが、唐宝応元年（わが国の天平宝字六年）に到って、大欽茂は「国王」の称号を唐から認められたのである。[113]従って、少くとも天平十一年の来朝まで、わが国が「渤海郡王」もしくは「渤海郡」として認識したのは、唐と渤海との冊封関係を知悉した上でのことであったろう。言い換えれば、新羅に対するわが国の対応とは異なり、渤海を一国として認めることをしていなかった。わが国にとって、「蕃国」としても認識しようのない、いわば匿名の存在が渤海であったことになる。

一方第二の点は、渤海が「隣国」としての修好を求めてきたことを意味する。「隣国」とは、「蕃国」である新羅と区別されるもので、むしろ唐に准ずる。これに対してわが国が、いかに対応したかは詳らかでないけど、渤海を匿名の存在としか認識しようのない以上、容易に結論が出たとは到底考えられない。

『大宝令』によって、あらかじめ規定されていたわが国の対外関係は、「辺遠国」・「外蕃」・「唐国」から成り立っていた。「辺遠国」についてはすでに述べたが、「外蕃」と「唐国」の相違することは、たとえば「賦役令」外蕃還条でもよく知られる。そして、『令集解』公式令詔書式条所引の「古記」からして、「外蕃」は当初から「蕃国」としての新羅をより直接には指しており、「唐国」は「隣国」として理解されていた。たしかに、大宝三年段階ではすでに、新羅国王を「蕃君」とみなし、天皇の「愛子」であると明言していたのである。[114]一方、「辺遠国」の居住民が、「蕃国」の民と区別されていたことも、『令集解』賦役令没落外蕃条所引の「古記」によって知ることができる。以上のような、大宝令で予定された対外関係もしくは国際関係から言うと、渤海の存在は、まさしく令外の存在でさえあったことになるのである。

ところが、天平勝宝四年に来朝した渤海使に対して、翌年のわが国の璽書は、「天皇敬問渤海国王」ではじめられていた。[115] これは、渤海王が唐によって「国王」に封ぜられるより前のことであるから、わが国と渤海との間に、独自の国際関係が規定されようとしていたことを物語る。事実、この時の璽書は、天皇の「照臨八極」することを強調し、渤海使の遠来入朝を嘉ぶ一方、「但省来啓、無称臣名」しと批判して、「高麗旧記」なるものを持ち出したのである。そして、それを引用しながら、「族惟兄弟、義則君臣」であることを強要して止まなかった。これ以後わが国は、渤海を高句麗に見立て、渤海(国)王を「高麗国王」と規定して、「親如兄弟、義若君臣」[116]き関係を主張し続けた。

この変化は第一に、唐の冊封体制を等閑して、渤海を一つの国家として認識したことを意味する。第二に、そうである以上、「修朝聘之恒式」[117]すべく定立しようとするものであり、その限りにおいて、新羅に準じた「蕃国」であることを認めようとしている。たしかに、奈良朝末期には、「渤海蕃例」[118]なる表現もみられ、その使者の帰国は、「帰蕃」ることであり、「帰本蕃」ることでなければならなかった。[119] そして第三は、令制前の朝鮮三国時代とわが国との国際関係が、観念的に擬制として復活されたのである。渤海の存在は、当初のいわば令外としての位置から、次第に令認識に適合するような位置(「蕃国」)に定立されてしまったように思えるのだが、実はそれだけではなく、律令制国家としては知らない、そしてわが国の令制前の歴史のみが知っている、大和王権と高句麗(渤海)・新羅・(百済)との三国関係が、再び意識されはじめたのである。

其高麗・百済・新羅人等、久慕聖化、来附我俗、志願給姓、悉聴許之、[120]

この勅が、天平勝宝九年という時期に出されたのも、その理由の一端は、その点に求めなければなるまい。

ところで、以上のような三つの変化は、わが国の一方的な認識にのみ由来するものではなかった。渤海側の対唐・

新羅関係からも、帰結された面があるからである。渤海はその建国当初から、唐やそれと結ぶ新羅との間に、交戦を含む緊張関係を内包していた。その打開策もあって、わが国への来朝がはじめられたとも考えられるのだが、[121]天平勝宝四年の来朝にしても、新羅王子金泰廉らの九年ぶりの入朝（国交回復）の直後であり、かつその直前には、わが国から遣唐使が派遣されており、[122]これらの国際動向と無縁ではあり得まい。しかし何と言っても、渤海側の国家意思を如実に物語るのは、故聖武天皇を「在於日本照臨八方聖明皇帝」と呼んだ渤海国書が、天平宝字三年正月に奏された時点にある。その使者は揚承慶らで、彼らは前年の九月、わが国の遣渤海使小野朝臣田守らの帰還に伴って来朝した。[123]田守は、天平宝字二年二月過ぎ、渤海に赴き、[124]数ヶ月後には帰途につく。そしてただちに、唐の安禄山の乱を報告し、[125]やがて新羅征討計画が準備されることになった。[126]

しばしば、安禄山の乱は、田守の帰朝報告によって、はじめてわが国の知るところとなったといわれる。しかし、すでに唐天宝十四年（わが国の天平勝宝七年）に勃発していたその乱が、それまで全くわが国に伝えられていなかったというのは、いささか疑わしい。万一そうだとしても、すでに渤海の知悉するところであったのだから、田守の渤海派遣が、渤海側の強い要請に応じてなされたものか、相互の合意にもとづくものかは別としても、とにかく田守の派遣には、唐情勢の分析さらには新羅対策の双方協議が、あらかじめ予定に組まれており、むしろ田守の目的はそこにあったとさえ言ってよかろう。渤海としては、唐の内乱を危倶し、かつその機に乗じて、日本の新羅征討を誘発すれば、新羅より優位に立つ可能性がひらけ、唐への実力行使も充分できるようになるはずであった。そのためには、日本が、「皇帝」称号を持つ国家であることが、むしろ望ましくさえあった。とりわけ、安禄山が「大燕聖武皇帝」と自称し、唐の「皇帝」称号自体の動揺が著しい今、相互に国境紛争の存在し得ない日本に、安定した軍事牽制を渤海は依頼したのである。このことを言い換えれば、唐と渤海との冊封関係を無視して、あるいはそれが有名無実化して、「皇帝」称号を持ち得る日本と、「蕃国」であるべき、あるいはその地位を好むと好まざるにかかわらず是認する渤海との間に、国際的な相互確認が独自に企てられようとしていたのである。

このような確認は、当然ながら新羅との関係にも及ばずにはいない。「泰廉等還国之後、不修常貢、毎事無礼」[127]ということで、それぞれ新羅からの使を放還していったのであるが、これが「皇帝」意識の逆説的表明であることは疑えなくて、ついに宝亀十年入朝の新羅使をして、「新羅国王言、夫新羅者、開国以降、仰頼聖朝世々天皇恩化」[128]と奏せしめることに成功したのであった。「皇帝」用語こそ使われていないが、新羅国家が、いわば「聖」観を日本国家ないし「天皇」に付与して、それを肯認したことは、結局、わが国の「皇帝」意識を甘受したことにほかならない。しかもこの時期は、唐客を「同蕃例」[129]じくして迎えるようにもなっていたのだ。

それにしても、たとえ尊号にせよ「皇帝」称号が、藤原仲麻呂政権以後、引き続いて使用されたわけではなかった。その限りで言うと、「天皇」称号とは別に使用された「皇帝」称号は、例外であったことになる。しかしこの例外は、「天皇」称号に、「皇帝」の意味合いが、より濃厚に含まれるようになった時点での一表明であり、極端なあり方であると考えるなら、決して例外などですまされるべきではない。事実、こののち、天応から延暦に改元する時の詔にしても、旧来にない性格を持つようになっている。

詔曰、殷周以前、未有年号、至于漢武、始称建元、自茲厥後、歴代因循、是以、継体之君、受禅之主、莫不登祚開元、錫瑞改号、(後略)[130]

まさしく桓武「天皇」は、中国「皇帝」歴代の一員であることを自負していたのである。それは、やはり「皇帝」

意識と呼んでさしつかえなくて、「皇民」意識もしくは観念も、このような「皇帝」の民が観念されたものとみて大過あるまい。

ただ、「皇帝」称号は、「華夷所称」であるべきだとされている。ところがこれまでのところ、渤海を主として、新羅もこれに准ずる、極東アジア諸国との国際関係のなかで、唐の存在を次第に等閑しつつ、大和王権と高句麗・新羅・百済三国との旧態関係を観念的に擬制するところに、「皇帝」称号の造作と意味がうかがわれた。令概念で言えば、「蕃国」との間の相互確認であり、自覚であって、「夷」もしくは「夷狄」との間のそれではなかった。

たしかにその通りであるが、藤原仲麻呂政権が蝦夷経営に極めて尽力したのも、周知のところである。仲麻呂は、自身の息子である朝獦を、わざわざ陸奥守に任じて、桃生・雄勝両城をついに竣功せしめたのであった。[131] 工事に動員された者は、莫大な数にのぼったが、[132] たとえ軍事行動が展開されなかったにせよ、臨戦体制がとられたのは、天平宝字三年十一月九日の勅によっても明瞭である。[133]

そして今重要なのは、夷俘や浮浪人が、多くその工事にたずさわり、かつ辺軍に充てられたことである。たとえば天平宝字二年六月、「或去離本土、帰慕皇化、或身渉戦場、与賊結怨」ぶ夷俘千六百九十余人を、「永為王民、以充辺軍」てることがおこなわれた。[134] これは、夷俘を辺軍に充てることで、いわゆる「夷狄」と区別することを企て、一方では「皇化」に浴す「皇民」であることが期待されたのである。さらに言えば、「公民」たるべき「皇民」への同化が予定されたのであった。ただしそれは、単なる「王民」から「公民」(「皇民」)への移行が望まれたということではない。本来の「公民」制が矛盾し崩壊するという契機の上に造作されようとしていた「皇民」観念を、何とか現実的に確認しようとする一つの手だてとして、「王民」から「公民」への改組という旧来の国家形成原理が、やがて再び反復されようとしていたのだ。(135) しかし、それが実際に試みられるのは、藤原仲麻呂政権以後のことで、いわゆる蝦夷への軍事征服期とその直後、つまり奈良朝末期から平安朝初期にかけてであった。

一方、浮浪人も数多く動員された。これがいわば浮浪人対策の一つであったことは間違いないが、彼らを柵戸に充てるなどすることで、崩壊しつつある「公民」制を巧みにカモフラージュしようとするものであり、やがて「皇民」としてそれらが意識されるようになることは、すでに述べておいた。

「皇帝」意識の濃厚になる時期は、このような「夷狄」経営の時期でもあった。ただ、「華夏」と「夷狄」が対峙概念として鮮明化され、「皇民」意識や観念が明確になるのは桓武朝を待たなければならないが、それより今少し前に、あるいはその背後前提として、朝鮮諸国との国際関係を契機とした「皇帝」意識が、旧来の「天皇」観により強く付加されていたことは重要である。従って、このような「天皇」観と「皇民」観念とを、切り離して論ずることは到底できない。

第五節　太子伝の転回

一　道璿と達磨

補闕記に到るまでの、「暦録」や「四天王寺聖徳王伝」を含む太子伝の運動には、具体的な二つのテーマがある。

一つは、片岡山飢人説話をめぐるもので、今一つは、小野妹子将来法花経説話をめぐるものであった。いずれも、『日本書紀』にその祖型あるいはモチーフを持つものであることは、ともかく注視しておかねばならない前提である。少くとも奈良朝から平安朝初頭にかけて、聖徳太子に対する知識と理解は、その多くが『日本書紀』という筆録されてある書契を通過してはじめて、生まれ作られていったのである。

そこではじめに、片岡山飢人説話にみられる太子伝の運動から検討しよう。「暦録」が、この『日本書紀』の記事にとりわけ執心し、神仙思想の深化と拡大を、その「暦録」全体に及ぼしたらしいことは、まえに述べた。しかもそれは、天皇の「聖」観をも深めることになり、太子自身の転生説にも、独自の影響を及ぼした形跡がある。ところが、最澄の「付法縁起」に行き着くところの片岡山飢人説話や、その「付法縁起」に転載された「明一伝」に強く影響を与えたであろう「四天王寺聖徳王伝」（その具体的な逸文は不明）などの片岡山飢人説話とは、もちろん共有するところも予想させるが、大いに異なる要素も持っていた。今かりに、「暦録」系と、「付法縁起」系と呼べるなら、実際上、後者の方がやがて太子伝の主流をなし、かつ対外的なインパクトが極めて強い性格のものであった。

「付法縁起」に注がれる、片岡山飢人説話をめぐる太子伝の運動の集約は、すでに述べておいたように、達磨の後身（飢人）と、恵思の後身（太子）が、再び片岡山で邂逅するところにある。言い換えれば、「思禅師七代記」のともかくの論理を前提とし、あるいは、その論理を導き出すものが、片岡山飢人説話の飢人達磨後身説であった。

ではなぜ、飢人を達磨の後身と理解する運動が生じたのか。それは、どのような運動であったのか。その前に、『日本書紀』推古二十一年十二月条の太子片岡遊行における飢者との邂逅説話であるが、既に道教に基づく神仙思想が反映されていた。埋葬されたその飢人は、のち墓所を開けてみると、「屍骨既空」しくなっており、「唯衣服畳置棺上」

くという有様であったという。言うまでもなく、これは尸解仙で、『抱朴子』内篇二の論仙は、つぎのように説明する。

又按漢禁中起居注云、少君之将去也、武帝夢与之共登嵩高山、半道有使者、乗龍持節、従雲中下云、太一請少君、帝覚以語左右曰、如我之夢、少君将舎我去矣、数日而少君称病死、久之、帝令人発其棺、無尸唯衣冠在焉、按仙経云、上士挙形昇虚、謂之天仙、中士遊於名山、謂之地仙、下士先死後蛻、謂之尸解仙、今少君必尸解者也、

武帝が、少君の墓を開かせたところ、尸は無く、ただ衣冠のみ残っていたという話を出して、「仙経」を引きながらその説明をしている。尸解したのだと解釈する。上士の天仙、中士の地仙について、下士の尸解仙があり、少君の場合は、その最後に該当するというのである。

実は、達磨伝も、この尸解仙の影響を蒙ったものがあった。幸い今日、達磨伝の推移と展開については、詳細な分析が施されており、それに従ってみていくと、普寂の撰した『伝法宝紀』が、初見のようである。[136] 一応七三二年以前の成立と考えられているから、わが国の天平四年頃には、少くとも達磨の尸解仙説が、中国でおこなわれていたことになる。「発視洒見空棺焉」と書かれていた。一方、これと相前後して書かれた神会の『問答雑徴義』にも、いささか内容を異にするけど、やはり達磨の尸解仙が述べられて、「唯見棺中一隻履在、挙国始知是聖人」という。ついで、七七四年の成立と考えられている『歴代法宝記』にも、達磨の尸解したことが記述されていた。八〇一年の成立と思われる『宝林伝』へと、これら尸解仙説は継承されることになる。

中国における、達磨尸解仙説で注目すべきことは、およそ三点ある。その一つは、尸解仙説の流布が、わが国の天平初年頃からはじまったらしいこと。二つは、それにともない、「漢」の地、つまり中国に「道人」あるいは「僧」が出現して弘法をおこなうであろうとの予言が加わっていること。[137] この予言は、尸解仙と不可分で、要は達磨後身説

への道を開くことになる。尸解は、その再誕を容易に想像させよう。三つは、尸解によって、その「聖」観が高揚されたこと。以上のような達磨尸解仙説であってみれば、わが国の片岡山飢人説話と連結する可能性は、天平初年以降から存在し得たとしても、別段不可思議なことではない。けれども、ただ説話上の接点を頼りに、無造作な連結がおこなわれたとみるのは正当でなく、またそのようなこともあろうはずがない。そこには必ずや、ある種の造意もしくは作為的な要素がはたらいており、その何らかの有効性が期待されるものであったはずである。

達磨に対して、わが国での認識が生まれるようになったのは、道璿の来朝を遡ることがない。彼は、天竺僧菩提・林邑僧仏哲らとともに、天平八年に来朝した。[138] 最澄の『内証仏法相承血脈譜』に引用されてその逸文が残る、吉備真備の記述した『大唐道璿和上纂』もしくは『道璿和上纂』に、以下のような一文がみえる。

自余行迹、具載碑文、其前序云、昔三蔵菩提達磨、天竺東来、至於漢地、伝禅法於恵可、可伝僧璨、璨伝道信、信伝弘忍、忍伝神秀、秀伝普寂、寂即我律師所事和上也、

ここで語られたのは、達磨→恵可→僧璨→道信→弘忍→神秀→普寂→道璿という、明確な相承血脈であって、道璿の仏教は、つまるところ達磨に負うという。吉備真備はその血脈を、「碑文」の序から転載してきているが、「碑文」がいかなるものかは不明である。ただ、『道璿和上纂』の撰述時期は、「天平宝字年中」に「正四位下太宰府大弐(ママ)」であった吉備真備によるといい、道璿の没年が天平宝字四年閏四月十八日と伝えられるところから、[139] 道璿没後、天平宝字七年までの間であったと考えられる。[140] 少くともこの時期までに、達磨に対するわが国での認識は、道璿の存在を仲介として、ある程度流布していたのである。道璿自身が、その血脈を強く自覚していたことは、「四季追福文」や「註菩薩戒経序」からも、容易にうかがえて、もちろん道璿以外の人々によって、また道璿没後にはじめて、以上のよう

な血脈が造作されたわけではなかった。

しかし、このような血脈が、道璿によってもたらされたからといって、それがまた、ただちに『日本書紀』の片岡山飢人説話と結び付いて、飢人の達磨後身説が生じたわけでもあるまい。結果としては、そうなったとしても、いくつかの要素を媒介としなければ、そのような運動はおこり得ない。まず第一に、道璿の来朝期は、あたかも中国で、達磨の尸解仙説が流布しはじめていた頃に当たる。道璿も、彼の師普寂が説いたその尸解仙説を将来したかもしれなくて、来朝後も、道璿の存在を契機としながら、達磨尸解仙説の遂次渡来および流布のあったことは、およそ予想されるところである。のち、最澄も「付法簡子」を引用して、達磨の尸解したことを確認している。

並達磨門徒等、共発墓開棺、不見師身、唯見棺中有一隻履、挙国知聖矣、(141)

ここに引かれた「付法簡子」の一文は、『宝林伝』や『歴代法宝記』よりも古い形のものである可能性も指摘されている。(142) 最澄が入唐した時、あるいは披閲したものかもしれないが、彼の『将来目録』には載っていない。しかし今注目すべきは、今日残る達磨尸解仙の伝は、その一部に過ぎなくて、のちに伝わらない幾種かの同類伝が存在し、それらもわが国に伝わった可能性もあるという点である。「付法簡子」にしても、最澄の入唐にかかわりなく、すでにわが国に将来されていたものとみることさえできる。

第二に考えなければならないことは、道璿の来朝自体の問題である。最初の伝戒師として、請われ招かれたことは、周知のことだが、この時の使者あるいは遣唐使そのものの性格を、やはり考慮しておく必要があろう。今そのあらましを記せば、以下のようになる。天平四年八月、多治比真人広成が大使に、中臣朝臣名代が副使に、それぞれ任命された。平群朝臣広成も、おそらくこの時、判官に任命されたはずである。翌五年の四月に、四船は難波津を進発する。

ついで帰国であるが、同六年十月に任務を終えて、四船ともども蘇州を出航した。まず大使の船が無事帰還して、同七年三月には、節刀を進めている。この時、吉備真備と玄昉も帰朝した。ついで副使の船が、途中暴風で漂流しながらも、どうにか翌八年五月十八日に、大宰府へ辿り着く。道璿の来朝は、この時であった。なお、判官平群朝臣広成の船は、海難のため、さらに遅れて帰国することになる。(143)

この時の遣唐使に期待されたものは、多くかつ大きい。すでに述べたように、最大の目的は、渤海の台頭、新羅との関係悪化にもとづく、あらたな国際秩序の安定を打診するものであったろう。もちろん、畿内に表象されるべき律令体制の回復を目指す粛清とも、表裏一体をなす。遣唐使の任命が、遣新羅使の帰朝の直後におこなわれ、かつ節度使の任命と同時であったのは、ある種の臨戦体制を背負った遣唐使であることをうかがわせる。ところがさらに、二つの目的があった。一つは、吉備真備と玄昉などの留学生や学問僧を、帰還させること。今一つは、栄叡・普照を派遣して、伝戒師僧を招聘することであった。

まずはじめの方の目的であるが、吉備真備と玄昉とは、ともに霊亀二年の選で、入唐が決まり、前者には外典、後者には内典と、それぞれ習学及び図書将来の任務が課せられていたと思われる。(144)そしてその任務を強く要求したのは、藤原武智麻呂であった可能性が強い。彼は、この時近江守として「巡民間」り、その実情に接している。そして、次のように奏したのである。

臣幸浴大化、奇守一国、因公事而巡民間、就余隙而礼精舎、部内人民不知因果、檀越子孫不懼罪業、統領僧物、専養妻子、僧尼空載名於寺籍、分散餬口於村里、未曽修理寺家破壊、但能致有牛馬蹋損、此非所以国家度僧尼、演仏化也、若非糺挙、恐滅正法、

これは、『武智麻呂伝』によって記したが、『続日本紀』霊亀二年五月庚寅条にも、同様の趣旨を持つ武智麻呂の奏言が記されていて、これに答える形で、ただちに詔勅が出されることになる。

この奏言は、あたかも仏教あるいは寺院・僧尼に限られた意見のようにみえるが、そうではない。たしかに、寺院と僧尼のあり方に多くの言葉を費やしてはいるけれど、その基調をなすものは、律令国家の企図する秩序と、現実との大きな隔絶を目前にして、「民間」あるいは「部内人民」そのものの、あらたな教化を痛感したものと言える。それは、片や「檀越子孫」の俗であり、片や僧尼であった。しかしこの時の奏言には、律令体制の解体とか矛盾という視点よりも、むしろ一層の教化意識を目覚めさせたという側面の方が強い。

武智麻呂が、「尤重釈教」んずる一方、大学に強い関心を終始持ち続け、かつ自身も大学頭になったことは、『武智麻呂伝』からもよく知られている。

公入学校、視其空寂、以為夫学校者、賢才之所聚、王化之所宗也、理国理家、皆頼聖教、

ここで、大学の賢才養成と、その儒教的教化理念があますところなく要約されているが、とりわけ見過ごしがちなのは、「皆頼聖教」るという点である。武智麻呂は、和銅元年三月に図書頭となったが、「其間検校図書経籍」[145]したという。「図書経籍」にもとづき、その「図書経籍」を現実に体現することで、教化を果そうとする。「人能弘道、先哲格言」[146]と言い換えることもできる。

玄昉は、五千余巻の経典を将来し、[147]吉備真備もまた、相当数の漢籍を持ち帰った。そのうち、『唐礼』百三十巻や『楽書要録』[148]十巻をはじめとする礼・楽の図書は、釈奠の際、武智麻呂がかつて、「伝聞、三年不為礼、礼必廃、三年不為楽、楽必亡」[149]ぶと述べたことに、よく答えたものであった。しかし、彼らを送り出した武智麻呂以後の藤原氏に、

帰国後、快く受け容れられなくなるのは、天然痘という予想外の将来物を藤原氏が受け取ったことが大きく禍した。[150]けれども、両名派遣の意義はのちも否定されたわけではなく、ただ政権という第二次的な問題が、個人としての両名を左右するようになる。

吉備真備と玄昉を帰還させようとした遣唐使の目的も、このように考えてくると、第一の国際的秩序（国内的秩序に即応）の模索と決して無関係であり得なかったことがわかる。むしろ今こそ、両名による「図書経籍」の大量輸入が、切実に望まれたのであり、だからこそ、彼らの帰国を遣唐使はその目的の一つとして、出発しなければならなかった。

では、つぎの伝戒師招請は、どのように考えられようか。隆尊の伝戒師を求める強い懇望によって、舎人親王の伝戒師招請決断がなされたと、ふつう伝えられる。[151]しかし、果してこのような経過をとって、伝戒師の招請がおこなわれたのか。隆尊は、天平勝宝三年四月になって、道璿とともに、はじめて律師に補任された。[152]『摩訶僧祇律』を隆尊が習学していたことも、『大日本古文書』二十四の一九六からわかる。伝戒師を要望する条件は、たしかに備わっていよう。いわんや、道璿とも親しかったものと思われる。けれども、天平初年時に僧綱でもない隆尊が、それほどの影響力を持ち得ていたかどうか、疑問がないわけではない。しかし、道璿の来朝後、両者の接近は著しいものがあったと考えられて、ともに華厳思想への傾斜が知られている。[153]だから、隆尊その人の伝戒師要請は別としても、道璿と彼の、その後のかかわり自体は、否定すべきでないだろう。

そこで留意されるのは、隆尊を含め、栄叡・普照ともども、興福寺僧であったという点である。[154]もっとも、『延暦僧録』は、隆尊を元興寺の住僧であったと言い、天平宝字三年六月の『乾政官符』[155]は、普照を東大寺の僧と伝え、さらに宝亀十一年の『西大寺資財帳』は、同寺の大鎮として、普照の署名を残している。しかし、普照の場合は、はじめ興福寺僧で、のち東大寺さらには西大寺へと、移籍したもので、伝戒師招請は、興福寺僧として赴いたとみて何ら障りない。一方、隆尊は、天平十八年頃、興福寺僧であったが、(156)『延暦僧録』が普照を興福寺僧と記す例に准ずれば、はじめ元興寺僧で、のち興福寺に移ったのが隆尊であったことになる。すると、隆尊のその後の移籍も含めて、伝戒師招請には、興福寺が大きな役割を果したものとみなければならない。

この時期の興福寺が知れるものに、天平九年三月の『太政官奏』がある。(157)これは皇后宮職の解に答えたもので、元興寺の摂大乗論門徒を抽出して、興福寺に移籍させせよというのである。皇后宮職解は、かつて鎌足が「割取家財、為講説資」したことを指摘し、その後、不比等によって、「頻割取財貨、添助論衆」されたことが述べられ、今また、「皇后自減資財、亦増論衆」すと言い、「伏願、再興先祖之業、重張聖代之徳、三宝興隆、万代無滅、欲令講説興福寺」すと主張したのであった。光明皇后によって、藤原氏代々の崇仏が強く自認され、同時に興福寺での修学組織を充実させようと目されていたことは、明々白である。隆尊が、元興寺から興福寺に移籍したのも、このような運動のなかで実現したものと思われる。

伝戒師招請に、興福寺が大きく関与したことは、同時に法相系（まだ宗としての確立は充分でない）(158)の僧尼集団による支持と要請のあったことを想わせる。栄叡について『延暦僧録』は、「瑜伽唯識為業、日本戒律未具」ずと述べているし、隆尊にしても、『三国仏法伝通縁起』中や『法相宗相承血脈次第』(159)は、興福寺法相宗僧義淵の弟子と規定している。これはのちの史料で、隆尊が義淵の直弟子であった確証はないが、少くとも興福寺法相系に加えられる人物であったことは認めてもよかろう。本来元興寺僧であったのだから、天平九年に没した元興寺法相系の神叡の入室であったのかもしれない。

たしかに、興福寺および法相系の僧尼によって、伝戒師招請が促されたとしても、ただそれに限られないことも明らかで、少くとも光明皇后を代表とした藤原氏の要求がそこにはあったはずで、それは律令国家としての要求に矛盾するものではあるまい。知太政官事舎人親王の関与からも、およそ察することができる。玄昉や吉備真備の帰還要求に、無縁であったとは到底考えられないのである。遣唐大使の船が、玄昉と吉備真備を載せて、まず多禰嶋に着いた翌日に当たる天平六年十一月二十一日、『太政官奏』は「仏法流伝、必在僧尼」りと述べはじめた。(160) これは単なる修飾ではなく、仏法は流伝して来るもの、そしてその仏法の流伝と流布維持は、僧尼のあり様に大きく依存すると言いたいのであって、僧尼の条件がここで問われ続けている。尨大な経典量にもとづく教化といっても、それを理解し、説法し得る僧尼が居なければ意味がない。

しかし、今言う「仏法流伝、必在僧尼」りとは、ただ経典の理解と教説が僧尼の条件だと言いたいのではない。僧尼とその集団のあり様自体に、条件が求められているのである。一つは、「浄行」である。さきの天平六年十一月の『太政官奏』にしても、「浄行三年以上者」が、得度の必須条件とされているし、『優婆塞貢進解』にも、しばしば「浄行」の上申がみえる。しかし、この「浄行」は主観的で内省的なものに終わるのではなく、形をもってあらわされなければならなかった。かつて武智麻呂の奏言に答えて、「修営仏廟、清浄為先」(161)すと勅している。僧尼が「清浄」であることは、同時に寺院伽藍の持続とその「清浄」を意味した。その反対が、「諸国寺多不如法」(162)である。言い換えると、僧尼に求められる「浄行」は、寺院伽藍の「清浄」で確かめられようとしており、また寺院伽藍の「清浄」が欠けたところに、僧尼の「浄行」はあり得ない。

二つ目として、以上のような「浄行」観から、僧尼の寺籍が重要な条件となる。「僧尼空載名於寺籍」すことが厳しく批難され、神亀元年十月の『治部省奏』で、「京及諸国僧尼名籍」[163]が重大関心事となったのも、それを裏付けている。これはいわゆる国家の僧尼統制で、「僧尼令」非寺院条からもうかがえるように、別に道場を建て、みだりに僧俗の集団を形成し、罪福を恣意に説くなどが、国家から恐怖されたのである。そして、このような「僧尼令」の唐からの継受は、中国諸王朝の実際上の経験を「先取り」するもので、事実この「先取り」が、行基集団の出現をたちどころに抑制する施策を生み出させたといわれる。[164]たしかにこの点は重要であるが、『日本書紀』天武八年是月（十月）条の勅を忘れるべきでない。それは、「凡諸僧尼者、常住寺内、以護三宝」れと言うかたわら、その僧尼がもし老い病みて房に臥すようなことがあれば、寺外に別な舎屋を建てて、移し養えという。理由は、「浄地亦穢」るからであった。僧尼の「常住寺内」には、僧尼と寺院伽藍の相俟った「浄」観がその基底にあったのである。この「浄」観を前提として、はじめて「僧尼令」非寺院条の政治的意図が問われなければならない。

ところが、僧尼の「浄行」、そしてその僧尼が住し維持しなければならない寺院伽藍の「浄地」が、ともどもいわゆる穢されつつあったことは、武智麻呂の奏言を待つまでもなく、動かしがたい事実である。しかし何と言っても、行基集団の出現と活動がその典型であったが、今注目すべきは、伝戒師の招請が、行基集団に対する国家の施策の微妙な転回期に即応していたことである。天平三年八月の詔は、行基に従う優婆塞・夷の「如法修行者」に、政治的な年齢制限を加えはしたが、とにかく「聴入道」した。[165]この転回には、様々な要素がもちろんはたらいているが、当面考えておかなければならないのは、僧尼の「浄行」条件が、「清浄」であり「浄地」でなければならない寺院伽藍の条件から別に分離したことである。僧尼そのものの「浄行」を、今や独自に問わなければならなくなったのだ。もちろんそれによって、寺院伽藍の「浄地」としての条件が軽視されるようになったわけではなく、僧尼と寺院伽藍の相倹った「浄」観を、とにかく切り離して考えることを余儀なくさせられたのであった。別な言い方をすれば、行基集団の活動によって、寺院伽藍の「浄地」に依存する僧尼の「浄行」観が、大きく修正を迫られ、「如法修行」が裸形で現前に課題として放り出され、また国家は、そのような「如法修行」の定立に急拠、取り組まねばならなくなっていた。伝戒師招請は、このような時に試みられたのである。玄昉の期待される将来経も、以上の経緯と今日的課題とによって、あらためての「如法修行」を定立するものとして待たれ、かつ教化をおこなうべき僧尼個人への期待と関心が増大せずにはいない。それはまた、おのずと修学組織（宗も含む）の確立に拍車をかけることになる。

伝戒師招請を、実質的に決断したのは、やはり光明皇后や藤原武智麻呂たちであったろう。しかしその具体的でより直接的な契機を生んだ行基も、法相系の官度僧であったことは注目される。その卒伝によると、彼は「初出家、読瑜伽唯識論、即了其意」[166]したという。道昭に師事し、元興寺で出家して、のち薬師寺に移ったものと考えられる。[167]彼が「薬寺師僧」[168]と称されたのは、僧綱所に居ることがあったからか、興福寺のように、薬師寺が元興寺の門徒を抽出して、みずからの寺の修学体制を整えたことに由来するのか、どちらかの理由によろう。ともあれ、立場こそ違え、行基も含めた当時の法相系には、寺院伽藍の「浄地」に依存しない僧尼個人の「浄行」もしくは「如法修行」に対する自覚が、他系に比して強かったものと思われる。片やその自覚を強いられた方も、片やその自覚を強いた方も、ともに主として法相系であった。

ここで最後に、道璿の来朝後と、達磨認識の形成について述べねばならない。第三の問題である。伝戒師招請がそうであったように、道璿の来朝は、まず法相系に受け入れられ、影響を及ぼしたとみなければならない。再三紹介する隆尊の接近は、何としてもただ事ではない。律師補任が同時であったことはまえにも触れたが、実は、天平宝字四年閏四月十八日の没年月日まで一致している。[169] さらに『七大寺年表』は、天平勝宝七年の同時辞職さえ伝えているのである。何らかの混合があって、このような記録を残すことになったのではないかとさえ思わせるが、それにはそれなりの理由があったはずで、隆尊は道璿に師事し、さらに一緒に比蘇山寺へ入ったのではないかと想像したくなる。と言うのも、隆尊がはじめ入室した可能性のある神叡も、『延暦僧録』[170] によると、芳野の現光寺に依って、「逾二十年、妙通奥旨」したと言い、「芳野僧都得自然智」ると、人々が伝えたという。『日本後紀』弘仁二年六月戊辰条にも、「芳野神叡大徳」とみえる。唐の道璿が、わが国の吉野(芳野)比蘇山寺(現光寺)をはじめから知るはずもないから、隆尊の案内が考えられてもよい。

のち最澄は、「比蘇自然智」とか「自然智宗」という言葉を、法相宗の格別な学系あるいは修法の意味に用いた。[171] 法相宗僧徳一との論争で生まれた『法華秀句』の上末には、徳一の師資相承問題が取り上げられて、「若言比蘇及義淵、自然智宗無所稟、短翮何言有稟」と論難した。ここにいう「比蘇」は、神叡を指すのが妥当と思うが、[172] 義淵も「自然智宗」に加えられている。もちろん、「比蘇自然智」とか「自然智宗」と最澄が言う場合、法相宗を論駁するコンテクストのなかで用いられたわけだが、それは論争上の掛け合い方便であって、「比蘇自然智」そのものを否定しているのではなく、むしろそれとして高く評価した上での用法であった。

最澄が、道璿を「比蘇自然智」のなかに位置付けようとしていたかどうか、「比蘇」の意味もからんで、必ずしも明確でない。[173] しかし、少くとも神叡以来、法相系もしくは法相宗の学僧で、しばしば比蘇に入り、「自然智」を修めることに努めた者が続いているのであるから、[174] 道璿の入山もその影響を受けたものであり、逆にまた彼の入山が法相宗に影響を及ぼしたことは、想定してもかまうまい。

道璿は、もちろん法相宗僧ではない。しかし、わが国の法相系および法相宗の動きに、よく接近したところがあるのも否定できない。比蘇入山もその一例だが、華厳思想についてもそう言える。道璿が、「華厳浄行品」に依るところがあったのは、『延暦僧録』からも知られている。いわんや彼の師である普寂は、華厳寺に住して、「華厳尊者」と呼ばれさえしたのであった。また『三国仏法伝通縁起』中は、道璿の「華厳宗章疏」始伝を伝えている。いずれにせよ、普寂を継いだ華厳思想を帯して、わが国に来朝したことは明らかである。そして天平勝宝四年四月、彼は東大寺大仏開眼供養の呪願をつとめることになる。一方、隆尊もこの時華厳講師をつとめ、『延暦僧録』は、「平生業華厳経」すとまで言っている。(175)

隆尊の華厳への傾斜は、ただ道璿との個人的もしくは師弟関係によって生じたものではない。旧来法相系の人々が、多く華厳を学びはじめた、むしろ一般的な傾向のなかで理解されるべきである。良弁や慈訓をはじめとして、多くの法相宗僧が華厳宗へ移行したことを、『三国仏法伝通縁起』中は述べている。これは必ずしも正確な言い方ではないが、やがて法相宗の確立を担うであろう人々が華厳宗の独立を促進する結果となったのはたしかである。彼らは、多く新羅の華厳に学ぶところがあったと思われるが、(176)ここに、道璿の唐からの華厳と接合することになったのである。とりわけ道璿は、唐武后の大仏造顕や華厳経への強い関心を、わが国に伝える役割をも果したに相違ない。なぜなら、師の普寂は、勅によって東都（洛陽）に招かれていたし、(177)さらにその師の神秀は、『道璿和上纂』でつぎのように称えられることになる。

大通禅師者、当則天之朝、肩輿上殿、趺坐観君、大聖皇后所奉之尊号、号曰大通、本号神秀、請為両京法主也、

今日、逸文でしか残っていない『道璿和上纂』であるから、その全容を知るよしもないが、あくまで道璿その人を

讃すべき同伝に、普寂と神秀の伝がわざわざ加えられているのは、道璿に対するわが国の理解が、普寂や神秀の仏教および事跡の認識と分かちがたく結びついていたことを逆に暗示していて、かつ普寂や神秀のことが、道璿の来朝によってわが国に広められたことをも示唆して余りある。

今一つ、道璿と法相系との接近を示す例を掲げよう。すでに述べた法相系もしくは法相宗の「自然智」修得は、しばしば「虚空蔵求聞持法」あるいは「虚空蔵法」を修めることだと言われている。虚空蔵菩薩に対する、多分に密教的・道教的な祈法であると言えよう。そして『七大寺年表』の神叡に対する割注を例にとると、「得虚空蔵験一切智」る者であったと記している。そこで注目されるのは、東大寺大仏の脇侍に、観世音菩薩と虚空蔵菩薩が立っていることで、いずれも開眼供養までには完成しており、脇侍の並列は、『観虚空蔵菩薩経』に准じたものと説明されている。[178]この『観虚空蔵菩薩経』の系譜は、『決定毘尼経』の三十五仏懺悔法に遡り、つまるところ『維摩経』に由来する。[179]『維摩経』に発する大乗戒経なのである。この『維摩経』は、鎌足以来の藤原氏が重用したもので、当初、法相系の僧によって維摩会が開演されたことも充分予想される。[180]従って、東大寺大仏の華厳世界に、藤原氏と法相系・宗の菩薩思想が混入されたものとみることができる。また同じ虚空蔵菩薩信仰を支える『仏説虚空蔵菩薩神呪経』は、二十三条の罪悪を列挙するが、それは菩薩に限られることなく、国王・大臣・声聞にまで及ぶのを何よりの特徴とする。[181]いかにも藤原氏以下の諸臣に結び付き易い懺法であり、戒法であったと言わなければならない。

一方、道璿の注した「菩薩戒経」つまり『菩薩善戒経』の第一序品は、『決定毘尼経』を継承した内容を持つ。[182]また、道璿の撰した「注梵網文」に、『梵網経』の「我已百劫、修行是心地、号吾為盧遮那」という経説を注したところがあるが、『伝述一心戒文』下の転載文に従って記せば、つぎのようになる。

修行者天台師説、修行一切之法、不生不滅、不常不断、不一不異、不来不去、常住一相、猶如虚空、言語道断、自性清浄、是名修行、如是行人、於自性清浄心中、不犯一切戒、是即虚空不動戒、又於自性清浄心中、安住不動、如須弥山、是則虚空不動定、又於自性清浄心中、通達一切法、無碍自在、即是虚空不動恵、如是等戒定恵、名盧遮那仏、

これは、光定の指摘にもあるように、『国清百録』の普礼法にみえるのと同じ説である。たしかに、天台の教説に倣うところがあったとみるべきだが、天台智者大師の開山になる玉泉寺を増修したのが神秀であり、普寂もまた、そこに神秀を訪ねたのであるから、[183]道璿に天台の教説が反映したとしても、別段怪しむに足るまい。しかし今、さし当たって問題にすべきは、虚空不動の三学が説かれていることで、やはりここにも、虚空蔵との接合点が見出せるように思う。

さて、道璿を迎えたことと、達磨に対する理解とは、密接なかかわりがあったとみるべきだが、それは、達磨禅がいかにわが国に受け容れられたのかという問いに換わる。そのためには、まず禅法が問題になるが、道昭の存在をここで考えてみる必要がある。彼は、白雉四年（六五三）から斉明七年（六六一）にかけて在唐し、[184]玄奘に学んだ。のち凝然は、道昭をもって法相宗の初伝と規定したが、[185]近時それは、摂論宗の伝来ではなかったかと言われている。[186]妥当な見解と思うが、まえにみた天平九年頃の元興寺摂大乗論門徒の興福寺移住は、興福寺法相宗の確立を目ざし、かつその確立に寄与するところ大であったと考えられるから、元興寺僧道昭門下から、のちの法相宗僧を出す結果になったとしても不思議はない。

『続日本紀』文武四年三月己未条の道昭卒伝によると、彼は「経論深妙、不能究竟、不如学禅流伝東土」じとの玄

奘の言を受け、「始習禅定」って、わが国に伝えたという。帰朝後、元興寺に禅院を建てて、そこに住んだことは普く知られている。たしかに、彼の将来したらしい経典類には、『禅経』三巻をはじめとして、禅関係のものが含まれていた。[187] その詳細はもちろん不明で、社会活動に直結する療病関係のものが目立つけれども、一体、禅の習学を勧めたという玄奘と禅法のかかわりは認められるのか。

西域から帰った玄奘は、しきりに少室山の少林寺入りを皇帝に懇願した。顕慶二年（六五七）のことというから、あたかも道昭の在唐期間中であった。それは、『大唐大慈恩寺三蔵法師伝』（以後、「慈恩伝」と略称する）をはじめとする玄奘の諸伝にみえている。「慈恩伝」の六・九などに記されたところを例にとると、入山希望の理由は、「菩提流支訳経処」であり、「跋陀禅師宴坐之所」であった同山を想い、将来経の翻訳をそこでおこなおうとするものであったらしい。玄奘自身の出生地に近かったことも、何程かの理由に掲げられている。しかし結局それは許されず、「甚虚静」なる弘福寺禅院で、その事業はおこなわれることになる。道昭が建立した禅院も、「甚虚静」なる区域で、訳経に適したところという意味が含まれていたと考えられるが、それだけではあるまい。卒伝は、「天下行業之徒、従和尚学禅焉」と言い、「有勅請、還止住禅院、坐禅如故」しと伝える。訳経については、何ら語るところがないのである。

そこであらためて、「慈恩伝」九をみるに、つぎのようにある。

玄奘少来頗得専精教義、唯於四禅九定、未暇安心、今願託慮禅門、澄心定水、制情猨之逸躁、縶意象之奔馳、若不斂迹山中、不可成就、（中略）実可依帰以修禅観、

これによると、禅法そのものへの強い関心がうかがえる。道昭にしても、玄奘のこのような志向を学ばないはずはあるまい。ただ、坐禅あるいは禅観を修めることと、彼の活発な社会事業とは、いかにも両立しないように思われが

ちだが、道昭には律にもとづく療病活動もうかがえて、[188]社会事業を推進すればする程、その修法は深められ、修法を深めれば深める程、社会事業は促進されるべき関係にあった。言い換えれば、寺院伽藍の「浄地」に依存しない自己自身の「浄行」は、社会そのものとの接触によって確認され、深化される以外に術はないのだ。玄奘といい、道昭といい、寺院伽藍の別置である禅院に住したのは、あくまで過程と言うべきだろう。

ところで、玄奘が入山を望んだ少室山の少林寺は、嵩山にある。道璿の師である普寂も、「本在嵩山、流伝禅法」[189]した。嵩山は、まさしく達磨禅の伝えられるところという理解があったのである。少林寺に達磨が住し、かつ葬られ、供養されたという伝も、八世紀前半にはすでに登場する。[190]従って、道璿の来朝にあわせて、達磨禅および達磨のことがわが国に伝えられても、それを理解する一応の素地は、道昭門下の行基をはじめとする法相系の人々に、ともかく備わっていたとみるべきである。

今一つ注目されるのは、七世紀中葉以来、達磨の血脈には、『楞伽経』の伝授が不可分とみられていたことである。[191]『道璿和上纂』はそのことに触れていないが、今は逸文なので、無かったとも断言できない。しかし最澄は、『内証仏法相承血脈譜』で「梁武帝製達磨碑頌」を引用して、「楞伽山頂、生宝月」ずと述べ、「恵可和上碑銘」を引いて、「持奉楞伽」するとも言っている。しかも、「菩提達摩撰」としての『楞伽経科文』は、天平十二年までに少くともわが国へ伝えられており、[192]同撰の『楞伽経疏』五巻（四巻入楞伽経疏）も、天平十九年までには伝来している。[193]道璿の将来するところであった可能性が強い。

『楞伽経』の伝授は、宋の求那跋陀羅が四巻『楞伽経』を訳し、達磨がこれを伝えたというのであるが、『楞伽経』のわが国への伝来は、道璿の来朝を遡る。『大日本古文書』七の八によると、「廐坂寺僧四百口講説斎会」のために書写された『楞伽経』四巻が知られていて、天平五年のことであった。廐坂寺については不明な点が多いが[194]、少くとも藤原氏と深いかかわりを持っていたことは認めてよかろう。何のための斎会であったのかも、もちろん明らかでないが、その規模の大きさから言って、維摩会とは到底考えられず、天平六年正月十一日の光明皇后先妣、橘三千代の忌日に当たって、その菩提を弔い、興福寺西金堂を供養しようとすることにかかわっていたのではないか[195]。この時、『維摩経疏』が書写されていることも、藤原氏との関係を示唆している。さらにあわせて、『入楞伽経』十巻（菩提留支訳）も書写されたが、実叉難陀訳の『大乗入楞伽経』七巻とともに、これら『楞伽経』三訳は、いずれも唯識の依って立つ六経のうちの一経を成すものであった[196]。道璿の来朝前から、とりわけ藤原氏にかかわり深い廐坂寺や興福寺では、『楞伽経』がよくおこなわれていたと思われ、それは唯識を学ぶ法相系に顕著であったろう。

ところがこの『楞伽経』は、やがて華厳宗の経典として重用されてくる。天平勝宝三年の『華厳宗布施法文案』[197]によると、『楞伽経』が三訳とも用いられており、さらに『入楞伽経疏』八巻（元暁師述）・同十二巻（尚徳師述）・同五巻（菩提留支述）、『四巻楞伽経疏』八巻（杜行鎧述）・同五巻（菩提達摩述）、『四巻楞伽科文』二巻（菩提達摩述）、『四巻楞伽抄』二巻、『楞伽宗要論』一巻がそれぞれ書写されたのであった。『楞伽経』は、華厳教学のまた依って立つところになったわけであるが、法相系の人々が、多く華厳宗の独立に寄与し傾斜していったことは、この点からもうなずけよう。

このように考えてくると、達磨を祖師と仰ぐ道璿の血脈も、はじめは法相系に受け入れられ、次第に華厳宗へとその理解が受け継がれたことになるが、その継承とて、法相系の運動と密接なかかわりにあったと言うことができる。法相宗僧明一撰の太子伝に、飢人の達磨後身説がみえるのは、むしろ当然の帰結で、以上のような経緯を前提とした産物とみることができる。

しかしここで、『日本書紀』にみえる片岡山飢人説話、つまり太子事跡伝承と達磨とを結び付ける意識自体は、どのように評価されるべきであろうか。それには、来朝した道璿の側と、受け容れたわが国の側との双方が問われなければなるまい。まず前者から言えば、道璿が異国であるわが国での存在を正当化し、保証するために、『日本書紀』の尸解仙類話を好材として、自身の血脈と異国の伝承を結び付けようとしたとみることもできよう。一方わが国では、国家秩序がそうであったと全く同じように、東アジアにおけるより普遍的な世界を志向する以上、道璿の個人的な意図にはかかわりなく、達磨と飢人説話の結合には、大いに積極的であったろう。もちろん、法相系の主として試みるところであった。しかしこれは、太子に対する強い関心からそうであったというよりも、道璿と始祖達磨を受容し、僧尼をはじめとする社会事業の展開のなかで、それを飢人説話と結び付けていくことにより、むしろ逆に太子への関心を惹起させることになったとみるべきである。

だが今、双方の側を越えたより基本的なものは、ある個人に対する関心と、その個人と別の個人を直結させて、後身と称するような論理自体が生じていることである。このような論理は、少くとも道璿来朝以前にはみられなくて、何としても奈良朝中期から後期にかけて湧出した、やはり一つの歴史的産物であったと言える。これは、思禅師後身説とも関係するので、のちにまとめて述べることにする。

二　小野妹子法花経将来説話と恵思禅師後身説

まず、「四天王寺聖徳王伝」にも存し、「明一伝」に継承されたと思われる小野妹子の法花経将来説話から検討しよう。ともすればこの説話は、太子の恵思禅師後身説を前提にして成立したものと思われがちだが、「四天王寺聖徳王伝」といい、「明一伝」といい、そのことを明言した文言はどこにもない。たしかに、小野妹子を衡山に遣り、『法華経』を持って帰らせており、衡山の「老師」もそれを待っていたというのだが、恵思の名があらわれないばかりか、太子がかつて衡山で修行していたことを意味する言葉もない。思託が『上宮皇太子菩薩伝』で、「次発使、往南岳、取先世持誦法華七巻一部」と述べたのとは、いささか内容を異にするのである。「先世」という言葉の存否は大きなちがいで、事実思託の場合は、太子の恵思禅師後身説を踏まえた上で、「先世」と書いたのであった。もちろん、「明一伝」に注ぐ系譜の説話とて、衡山道場のことが明記されているのだから、いわゆる南岳恵思の存在が考えられていたことはたしかだろう。しかし、そのことは、ただちに太子の恵思禅師後身説を意味するものではない。従って、当初の小野妹子法花経将来説話は、いわゆる後身説とは無関係なところから生まれ、むしろ逆に、この法花経将来説話が、後身説を生みだす一つの要素になったと考えることさえできようか。

では、この法花経将来説話は、どのようにして生まれたのであろうか。それは、現実に、ある『法華経』が将来したことに起因しよう。すでにみたように、その経は、長寿三年（六九四）六月一日、雍州長安県人の李元恵が、楊州で書写したものであった。長寿三年は、わが国の持統八年に当たる。従って、将来は当然、持統八年よりも後になる。そして今日にも伝わっていて、国宝「細字法華経」がそれである。しかし、単なる『法華経』の伝来なら、これまた格別問題になるはずもない。すでに紹介されたように、この経はたしかに流布本と体裁を異にした、一部七巻二十八品で、しかも七巻を一軸に収めたものであったのだ。[198] この異形の『法華経』の由緒を説明することが、小野妹子法花経将来説話を生む不可欠の条件であったと考えられる。

この将来経が異形であって、そのことに関心が注がれるためには、いわゆる『法華経』一般に対する関心があらかじめ存在していなければならない。まず、天平六年十一月の『太政官奏』からみていこう。このなかで、度者の条件が掲げられているが、「闇誦法華経一部、或最勝王経一部」することがその一つであった。あたかも同年三月、『最勝王経』十巻と『法華経』八巻の書写がおこなわれており、[199]六月からは、翌七年六月七日の飛鳥寺斎会のために、『最勝王経』十部百巻と『法華経』十五部百二十巻の書写がみられる。[200]いずれも『法華経』は八巻本が用いられ、度者の条件とすべき「法華経一部」の闇誦も、八巻本に依ったものと思われる。

つぎに、天平十一年四月から、尨大な『法華経』の書写がおこなわれた。白紙の『法華経』七百九十二巻と、紫紙の『法華経』八巻で、都合八百巻となり、八巻本が百部であった。[201]天平十二年六月になって、国ごとに「法華経十部」を書写させ、七重塔の建立を命じているが、[202]写経司における『法華経』百部の書写が前提となって、そのような指示が下され、またその指示を予定した書写であったろう。

これ以後奈良朝を通じて、『法華経』の大部書写が数度試みられている。天平二十年正月からはじめられた『法華経』千部八千巻をはじめとして、それはすべて八巻本であった。[203]一方、『優婆塞貢進文』に記帳された「読経」の項目にも、しばしば「法華経一部八巻」とみえる。従って、『法華経』一般に対する関心は、天平六年末からにわかに強まり、その写経量に限って言えば、天平二十年頃から同勝宝年間にかけてピークに達したのであって、すべからく八巻本であった。すると、小野妹子法花経将来説話も、天平六年より降った時期に生み出された可能性が極めて濃い。

『法華経』には、三訳あると言われる。西晋の竺法護訳「正法華経」、後秦の鳩摩羅什訳「妙法蓮華経」、隋の闍那笈多訳「添品法華経」の三訳である。このうち、もっとも流布したのは羅什訳で、「正法華経」が十巻二十七品、「添品法華経」が七巻二十七品であるのに対して、本来七巻二十七品で訳されたものである。伝聖徳太子撰の『法華経義疏』も、この羅什訳に従って二十七品であった。

奈良朝において、これら三訳はわが国に存在した。「正法華経」については、『大日本古文書』一の四四三・四四四、十二の四八〇、九の二八一などにみえ、「添品法華経」は、同じく八の二二二などにその名が残されている。ところが問題なのは、「七巻法華経」とか「七巻法蓮経」と称されるもので、(204)これだけなら、七巻本の「添品法華経」と解すこともできるし、また羅什古訳の七巻二十七品、さらには問題の異形である七巻二十八品を指すとも解することができる。実は、これと同じ事情に、天平宝字五年の『法隆寺縁起并資財帳』で遭遇する。

法華経一部 七巻帙一枚 奉請坐法隆寺僧法延 并大唐者

この記事は、それが法隆寺東院の資財帳であるために、極めて注目すべき内容を持つが、その七巻本を天平宝字五年以前の施入とみても、なお七巻本がどれを指すか、理解のわかれるところである。しかし当面知ることのできるのは、各種伝わる『法華経』のなかにあっても、八巻本が圧倒的に多く用いられ、異形である七巻二十八品本は、たとえ知られていたとしても、体裁のみならず、その存在自体も異形もしくは異質とみられていたということである。

しばしば述べる八巻本の『法華経』は、羅什訳の流布本である。八巻二十八品の構成をとる。古訳との大きなちがいは、新たに提婆品が訳されて、独立に別置され、一品が増えたことである。問題の将来経は、羅什訳流布本に等しく二十八品であるが、なぜか巻数だけは、古訳を踏襲して七巻本の体裁をとっている。まさしく異形であるけど、古訳から流布本に移る過程の産物であったとみることもできよう。事実、『添品法華経』序は、『法華経』二訳(竺法護訳・羅什訳古本)を比校しながら、「竊見提婆達多品及普門品偈、先賢続出、補闕流行」すと述べていた。つまり、羅什古訳には、提婆品や普門品偈などが欠けていたのに、今は、それらを補った訳本が流行しているという。『添品法華経』の成立は、その序文からみて、隋の仁寿元年（わが国の推古九年）であるから、それ以前にすでに、二十八品の形態が流布していたことがわかる。これがただちに、八巻本の流布に通じるものかどうかはなお疑問であるけれども、少くとも隋の仁寿元年以前から、七巻二十八品本が中国で「流行」していた可能性は充分ある。しかし、智昇が開元十八年（わが国の天平二年）に撰した『開元釈教録』十九は、つぎのように記載する。

妙法蓮花経八巻或七巻二十八品僧祐録云新法花経一百五十二紙

ここではじめて、八巻本が表に出て来て、七巻二十八品本が第二次的な存在として記されてくる。決して七巻二十八品本の存在を否定したわけではなく、八巻二十八品本の「流行」と定着化を物語ったものである。『開元釈教録』を基準に、写経を展開していったわが国としては、むしろ八巻本の流布は必然とも言えよう。

ところで、それが七巻二十八品という異形もしくは過渡期形態であるという理由のみから、小野妹子法花経将来説話が生まれたとみるわけにはいかない。衡山からの将来に、説明が付かないからである。やはり、提婆品等の訳出が手掛りになろう。今日、諸説が伝えられているが、衡山ということを念頭に置けば、天台大師智顗の講述を筆録した『法華文句』八下釈提婆達多品は、極めて興味深い。

宝唱経目云、法華凡四訳両存両没、曇摩羅刹、此言法護、西晋長安訳名正法華、法護仍敷演、安汰所承者是也、鳩摩羅什、此翻童寿、是亀兹国人、以偽秦弘始五年四月二十三日、於長安逍遥園訳大品竟、至八年夏、於草堂寺訳此妙法蓮華、命僧叡講之、叡開為九轍、当時二十八品、長安宮人請此品淹留在内、江東所伝止得二十七品、梁有満法師、講経一百編、於長沙郡焼身、仍以此品安持品之前、彼自私安未聞天下、陳有南嶽禅師、次此品在宝塔

之後、晩以正法華、勘之甚相応、今四瀆混和、見長安旧本、故知二師深得経意、

これによると、智顗は、提婆品を別置独立させた二十八品本がすでに羅什の古訳を成していたとみていたことになる。それがたまたま、長安宮人によって宮内に留められてしまい、二十七品本として伝来される結果になった。これを復活させたのが、梁の満法師で、提婆品を勧持品の前に入れた。しかしそれは流布しないまま、恵思の出現を待ち、宝塔品の後に提婆品が置かれて、今日に到ったというのである。事実関係から言えば、すこぶる怪しいところが多いけれども、恵思が最終的に提婆品を復活させて、二十八品の羅什訳本来の姿にもどしたと、智顗が理解していたことは事実である。

小野妹子の将来経とされる羅什訳二十八品本は、すると恵思によってまとめられたものということになる。智顗によって恵思本とみなされたものが、七巻であったか八巻であったかは明らかでないけれど、時代性を考慮すると、七巻二十八品本を、そう理解していたものと思える。次第に異形とみられるようになった七巻二十八品の将来経は、その存立根拠をここに得ることができるはずであるし、一方、伝聖徳太子撰の『法華経義疏』が依った二十七品（七巻本）の『法華経』にしても、益々その存在価値がおびやかされていた以上、その七巻本としての存立根拠も、智顗の所説で補われるはずである。

『法華文句』は、鑑真の初伝にかかる。天平勝宝六年の将来であった。(205) 小野妹子将来経とされるものが、いつ伝えられたかは別としても、その説話自体の成立は、やはり天平勝宝六年以降であったものと思える。では、小野妹子法花経将来説話を生んだのは、鑑真もしくは思託を含めたその門弟達であろうか。しかしその保証はどこにもなく、『法華文句』の将来者と、そのわが国での受容者とは、一応別の問題でなければならない。鑑真の将来経に『法華経』

が含まれていないことから推せば、小野妹子将来経とされるものは、鑑真の将来したものではなく、それ以前にすでに伝来されていた可能性が強い。すると、鑑真の渡来以前から、七巻二十八品本の異形については、大いなる関心が持たれていたはずであり、『法華文句』の所説に、それこそ飛び付いたわが国の側の問題があっても不思議はない。

問題の将来経が、法隆寺東院に帰していた事実を忘れるべきでない。同時に、行信の存在が注目される。『僧綱補任』によると、彼は、天平十年七月三日に律師となり、天平勝宝二年をもって、その記載は消える。「法相宗元興寺」の僧であったと割注する。『七大寺年表』は、天平勝宝二年に入滅したと記している。一方、『続日本紀』天平十年閏七月乙巳条に、律師就任の記事がみえ、少くとも天平十九年十月一日から、天平勝宝二年二月二十日の間、大僧都の任にあったことが、『大日本古文書』三の九一と十一の七六から知れる。伝記上、問題を含む人物ではあるが、天平十年に律師となり、天平末年から同勝宝初年にかけて大僧都をつとめたことは動かせない。天平勝宝二年に入滅したかどうかは、疑わしい。(206)

さきにみた法隆寺東院の資財帳によると、天平九年二月二十日、行信は「上宮聖徳法皇(王)御持物」を、各種法隆寺に納入した。天平十一年には、東院を再興したとさえ伝えられる。(207)東院の資財帳は、いささか不信なところもあるけど、行信が東院の再興に深くかかわり、太子の「御持物法華経」を含めて、『法華経』に並々ならぬ関心を抱いていたことは否定できない。たしかに彼は、『法華玄讃』(208)を蔵し、基師の『法華経疏』等を納める厨子をも、法隆寺に献入している。(209)いずれも、中国法相宗祖である窺基の撰したものであった。「法相宗元興寺」(210)と称されたのは、彼が法相系の僧であったからにほかならない。また彼の没後、弟子孝仁らは、師が発願して果せなかった『瑜伽師地論』の書写を継承した。神護景雲元年九月五日の日付を持つ、その巻十三の跋文は、つぎのように述べている。

是以大法師諱行信、平生之日、至心発願、敬写法華一乗之宗、金皷滅罪之文、般若真空之教、瑜伽五分之法、合弐千柒伯巻経論、[211]

これで、相当数の写経に行信が及んだことを知る。筆頭は、何と言っても『法華経』の類であった。経疏はもちろん、各種の『法華経』を収集披閲し、書写していたに相違ない。問題の異形将来経も、披見し、関心を持っていた可能性が充分ある。

目下、行信の没年がはっきりしないから何とも言えないが、行信もしくはその弟子達によって、小野妹子法花経将来説話が生み出されたのではないだろうか。ただ、その推測を妨げるものが一つある。それは、『法華文句』の所説が、何としても中国天台宗の智顗によって述べられており、行信ないしその門弟の法相系の人々が、果して快く受け容れられるものであったろうかという問題である。しかし、このような疑問を設定すると、法相宗僧明一の太子伝に、小野妹子法花経将来説話が記載されていることの説明が付かなくなる。それに、天台宗の独立していない当時、天台宗との宗派教理闘争があったとはまだ考えられない。

明一も、『法華経』に強い関心を持ち、学んでいる。彼の『法華経略記』三巻が、『法相宗章疏目録』や『東域伝燈目録』に記帳されているのである。[212] しかし、法相宗僧であったことが、小野妹子法花経将来説話に反映していないわけではない。太子が恵思禅師の後身であるとは何ら述べようとしていないし、衡山道場とは言っても、恵思の名すら掲げることをしなかったのである。ひたすら、現存する特殊な『法華経』の由緒を説明しようとしたのであった。

ところが、思託撰の『上宮皇太子菩薩伝』に目を転ずると、類似した小野妹子法花経将来説話が載せられているけど、明らかに、太子の恵思禅師後身説を踏まえた内容になっている。このちがいは、一体どういうことなのか。太子の恵思禅師後身説が確実に知れる初例は、淡海三船の漢詩である。それは、「五言、扈従聖徳宮寺一首高野天皇在祚」として詠まれたもので、「南嶽留禅影、東州現応身」すの句からはじめられた。[213]『伝述一心戒文』中にも、この詩が転載されたが、神護景雲元年三月の天皇諸寺巡行の際であったと説明している。別段、否定すべきものはなく、むしろ天皇諸寺巡行の形跡すらあるので、従前の詩は、神護景雲元年の作とみてよいであろう。[214]そうすると、行信あるいはその弟子達によって、とりわけ法相宗の周辺で生じたらしい小野妹子法花経将来説話と、ほぼ時を同じうして、太子の恵思禅師後身説も存在していたことになる。

太子の恵思禅師後身説は、『唐大和上東征伝』(「東征伝」)にも反映しているが、言うまでもなく淡海三船の撰であった。宝亀十年の撰述である。まず、栄叡と普照が、鑑真に以下のようなことを申したと記す。

仏法東流、至日本国、雖有其法、而無伝法人、本国昔有聖徳太子曰、二百年後、聖教興於日本、今鍾此運、願和上東遊興化、

これに対して、鑑真の返答が引き続いて記されている。

昔聞、南岳恵思禅師遷化之後、託生倭国王子、興隆仏法、済度衆生、

さらに続けて鑑真は、長屋王の崇仏を称えたことになっている。果してこの通りの問答があったのかどうか、甚だ疑わしいが、そのことも含めて、「東征伝」の有力な素材になった思託撰の『大唐伝戒師僧名記伝』(「広伝」)と、しばらく対比してみなければならない。それに該当する逸文が、『平氏伝雑勘文』下二にみえるから、今はそれで比較する。まず、栄叡らの発言として、「本国昔上宮太子云、二百年後、日本律義大興」すといい、太子を「実是聖人也」と称讃する。ついで、舎人親王の崇仏心を紹介する。これに対して鑑真は、まず「遠承昔有日本長屋王子」りと答え、

王子がかつて千領の袈裟を唐に送って、ともに結縁を望み約したことを回想する。このあと、天台大師智者（智顗）の遺告を引いて、二百年のちに、たしかに遺告通り、智者の仏法が興隆したことを指摘し、つぎのように「広伝」は言う。

其智者禅師、是南岳思禅師菩薩戒弟子也、恵思禅師者、乃降生日本、為聖徳太子也、

さて、「広伝」と「東征伝」を比較して、はじめに注意すべきことは、問答のなかで、「広伝」に存した舎人親王のことが「東征伝」で抹消され、また「広伝」の鑑真返答冒頭に掲げられていた長屋王のことが、「東征伝」では二の次になっている点である。言い換えれば、太子の存在とその後身説が、「広伝」よりも「東征伝」で、はるかに強調されたということになる。

そこで、「東征伝」に先行する「広伝」を中心に、その問答内容を今少し吟味しよう。すべてが思託の虚構とは思えないからである。第一に舎人親王のことだが、栄叡・普照を派遣した最高責任者であってみれば、彼らの発言に舎人親王のことが含まれていたとしても何ら不思議はない。第二に長屋王のことだが、王が唐に送った袈裟の縁に、「山川異域、風月同天、寄諸仏子、共結来縁」ばんとの四句が刺繡してあったと記す。これほどの虚構を果してする必要があったろうか。長屋王の変からさ程降らない時期に出発した栄叡・普照が、長屋王の話を持ち出すはずはなく、事実「広伝」でも、鑑真の方からの発言に終始する。また、奈良朝後期に及んで、長屋王の崇仏心をことさらに強調しなければならないわが国での必然性は、どこにも見出せない。わが国の政権推移にかかわりなく、中国において、また鑑真の在母国中において、長屋王のことが著名であったとみるべきだろう。

長屋王の渡海はもちろん、千領の袈裟を唐に送ったという記録も、わが国に伝わらない。しかし少くとも、その名が唐に知れ、何ほどかの物が長屋王から唐に送られた可能性は、決して否定されるものではない。文武天皇が慶雲四

年六月十五日に崩御すると、程なく北宮に経生をあつめ、『大般若経』六百巻の書写を発願したのは、ほかならぬ長屋王であった。現在も一部伝わる「和銅経」である。[215] さらに神亀五年発願の「神亀経」も、長屋王による『大般若経』発願書写の産物であった。[216] いずれも、奈良朝初期（一部は奈良朝以前）の特筆すべき写経事業である。新羅客を含む盛大な宴も、長屋王宅で催されたのであり、[217] 長屋王の存在が、唐に知れたとしても何ら不思議でない。もし彼が、唐に何ほどかの物を送ったとしたら、玄昉や吉備真備の入唐した時であった可能性もある。この時、わが国は「請儒士授経」[218]うたと伝えられ、すでに指摘したように、玄昉や吉備真備に課せられた任務は無視できなくて、その任務を唐で無事果せるためにも、それ相応の贈物がわが国から送られて然るべきであろう。

「広伝」にみえる、長屋王に関する鑑真の発言は、事実に近かったと認めてよかろう。来朝前からの鑑真の日本に対する認識の大部を、それは占めていたとも言える。逆に言えば、太子に対する認識など、およそ皆無であったか、あるいは少くとも、長屋王の比重に較べれば、ほとんど問題にならない程度であったとみるべきである。それでも「広伝」の問答箇所には、太子のことがみえる。しかしこの部分が、実は一番疑わしい。栄叡らが、果して「上宮太子」の存在とその予言を、鑑真に述べたものかどうか、何も根拠がないのである。万一述べたとしても、その後身説が示されていないことは、少くともたしかであった。一方、鑑真の返答のなかに、太子の恵思禅師後身説が開陳されたかのような筆致が、「広伝」にはみえる。しかし厳密に言うと、栄叡らの招請に答えた鑑真の返事は、長屋王に関することに限られていたとみるのが、「広伝」の文章からして、最も妥当な解釈とすべきだろう。つまり、智顗と恵思、恵思と太子とのそれぞれの関係は、いわば「広伝」の地の文で、思託の解説とみられる。

来朝前の鑑真一行は言うに及ばず、来朝後の鑑真その人においても、太子の恵思禅師後身説は全く与り知らないところであった。百歩譲ったとしても、来朝してしばらくした鑑真の晩年に、彼は消極的な同意を示したに留まろう。今日、「広伝」の成立期をめぐって、鑑真の生前か没後か、説がわかれるところである。(219) たとえ生前の撰述としても、鑑真の晩年であったろうから、示寂年の天平宝字七年前後よりのちに、太子の恵思禅師後身説は、思託らによっておこなわれたことになる。淡海三船が、太子の恵思禅師後身説を詠んだ神護景雲元年と、その前後関係は明らかでない。しかし、鑑真後の、その直接の門弟達あるいは関係者の間から、太子の恵思禅師後身説が生まれたと考えられる。淡海三船や思託の例がそうだし、法進の場合も知られている。(220)

従って、太子の恵思禅師後身説と、小野妹子法花経将来説話とは、ともに鑑真の来朝を契機に持つとしても、本来は、相異なるところから生まれ出たものとみなければなるまい。しかし、程なく両説話は混合されてくる。思託撰の『上宮皇太子菩薩伝』が、その今日知り得る初例であった。

注

(1) 本書は、仏教全書本「太子伝古今目録抄」のことであるが、その書題は、仏教全書本に誤りが認められる。正確には、「提波羅惹寺摩訶所生秘決」と呼ばれたらしく、「提波羅惹（舎）秘決」とか「天王寺秘決」、あるいは「秘決」として、しばしば引用されている。この書題については、飯田瑞穂「小野妹子法華経将来説話について」補注(4)（坂本太郎博士還暦記念会編『日本古代史論集』上巻）に詳しいので、今は詳細に触れない。

(2) 『釈日本紀』巻十述義六所収「公望私記」。

(3) 「暦録」を引用した「公望私記」は、延喜四年から六年にかけておこなわれた、いわゆる延喜度の『日本書紀』講書筆録であったと考えられる。坂本太郎『六国史』一三六頁以下参照。

(4) 『政事要略』巻五十四引載の「暦録第一云」が、崇神六十二年七月条であり、さきの景行代が「暦録第一」に入っていることからしても、この推定は疑えまい。

(5)『日本書紀』神代九段本文の「筑紫日向可愛此云埃之山陵」、同綏靖即位前紀十一月条の「山陵」、同神功摂政元年二月条の「山陵」、同天武元年五月是月条の「山陵」が、管見の限りわずかな例である。
(6)『日本書紀』持統元年十月条・同二年十一月条・同六年六月条。
(7)『続日本紀』宝亀二年十二月丁卯条。
(8)『続日本紀』宝亀九年三月己巳条。
(9)『日本紀略』延暦十九年七月己未条、『類聚国史』巻二十五帝王五追号天皇項。
(10)「喪葬令」先皇陵条。
(11)『続日本紀』大宝二年十二月甲午条。
(12)『続日本紀』天平三年十二月乙未条。
(13)『続日本紀』天平勝宝四年閏三月乙亥条。
(14)『延喜式』巻二十一諸陵寮。
(15)『続日本紀』天平勝宝七年十月丙午条。
(16)『続日本紀』慶雲四年四月庚辰条。
(17)『続日本紀』天平宝字元年四月辛巳条。
(18)『続日本紀』神護景雲二年九月辛巳条。
(19)その内容については、のちにあらためて検討する。
(20)『高僧伝』巻十二釈法羽伝・釈恵紹伝・釈恵益伝・釈僧慶伝・釈法光伝・釈曇弘伝など。
(21)たとえば『拾遺往生伝』巻中藤井久任伝、『後拾遺往生伝』巻上僧円観伝・同巻中上人永暹伝など。
(22)福山敏男「四天王寺の建立年代」(『日本建築史研究』)では、「仏堂」の「仏」を「(絵ヵ)」と疑っている。
(23)『鎌倉遺文』五巻三二〇二号文書。この文書については、赤松俊秀「愚管抄について」(『鎌倉仏教の研究』)に、詳細な説明が施されている。
(24)水尾比呂志氏は、『障壁画史』の冒頭で、壁画・障壁画・障屛画の概念が多様かつ流動的であることを指摘し、かつ独自の概念規定を試みられている。

(25) 秋山光和「法隆寺絵殿の聖徳太子伝障子絵」(『平安時代世俗画の研究』)。

(26)(27) 林幹彌「『七代記』について」(竹内理三博士古稀記念会編『続律令国家と貴族社会』)。

(28) 荻野三七彦『聖徳太子伝古今目録抄の基礎的研究』四六・四九頁。

(29) 建保二年六月二十九日「四天王寺解」(『鎌倉遺文』四巻二一一四号文書)。

(30) 伝暦推古十六年四月条からの引用である。

(31) 飯田瑞穂、前掲論文。

(32) 林幹彌氏は前掲論文で、『上宮太子拾遺記』五裏書の法空説に依りながら、「大唐国衡州衡山道場釈恵思禅師七代記」である「唐土」の「七代記」と、「片岡飢人事」を含む「非唐土」ざる「七代記」との二種を想定される。たしかに厳密に言うと、この視点も可能であるが、逆に言えば、余りに二種の「七代記」を峻別することによって、のちに述べるような、二種総体の「七代記」の形成・運動を見逃しかねない危険が、そこにはあるように思う。

(33) 飯田瑞穂「聖徳太子伝の推移——『伝暦』成立以前の諸太子伝——」(『国語と国文学』昭和四十八年十月号)。

(34) 乾元二年書写の阿波国本願寺本伝暦については、その裏書にみえる「七代記」逸文の指摘検討を含めて、すでに林幹彌氏が前掲論文で紹介されている。なお、同氏の「『聖徳太子伝暦』について」(笠原一男博士還暦記念会編『日本宗教史論集』上巻)も、関連した論考である。「七代記」逸文については、これらの紹介と論説を参照した。

(35) 富田光美氏所蔵の『聖徳太子平氏伝私注上巻闕下』にみえる「七代記」逸文については、林幹彌「『七代記』と「明一伝」」(『日本歴史』三〇八号)に、その紹介と論説がある。

(36) 福山敏男「額田寺(額安寺)」(『奈良朝寺院の研究』)。

(37) 注(34)参照。

(38) 『平氏伝雑勘文』上一は、「付法縁起」の「讃太子段」に、明一伝が「不略一字」して引用されていたと記す。

(39) 『扶桑略記』延暦十七年三月丁未条。なお『平氏伝雑勘文』上一所引の「延暦僧録第五巻」は、「大和国法相宗、名東大寺宗匠」と記す。

(40) 飯田瑞穂「明一撰『聖徳太子伝』(明一伝) の逸文――奈良時代末期の一太子伝の検討――」(『中央大学文学部紀要』史学科一三)。
(41) 林幹彌氏は、注(26)前掲論文において、「非唐土」ざる「七代記」の成立を、やはり最澄以降であったと推定されている。
(42) 飯田瑞穂、注(40)前掲論文。
(43) 飯田瑞穂、注(1)前掲論文参照。
(44) 飯田瑞穂「聖徳太子片岡山飢者説話について」(坂本太郎博士古稀記念会編『続日本古代史論集』中巻)。
(45) 旧稿「『上宮聖徳太子伝補闕記』の文化史的意義」(『南都仏教』三三) において、つぎのように推測したことがある。

聖徳太子伝(明一撰)――壁画伝
七代記(敬明撰)――障子伝
大唐伝戒師僧名記伝――付属伝

しかし、この推測は、今改めなければならない。けれども、「七代記」が複合本の体裁をとることや、「付属伝」の理解については、基本的な変更を認めない。
(46) 秋山光和、前掲論文参照。
(47) 奈良国立博物館編『聖徳太子絵伝』参照。
(48) 人物描写などは、明らかに中世以降のものであるが、モチーフや構想は、さらに遡るとみてよいだろう。
(49) 『日本書紀』天武八年四月条。
(50) 以上、『続日本紀』による。
(51) 『日本書紀』持統六年四月条。
(52) 『日本書紀』持統五年十月条。
(53) 『日本書紀』持統六年十一月条。
(54) 『日本書紀』朱鳥元年正月是月条・同四月条・同五月条。
(55) 『日本書紀』持統元年九月条・同二年二月条。

(56)『日本書紀』持統二年九月条。
(57)『日本書紀』持統三年四月条・同六月条。
(58)『日本書紀』持統四年九月条・同十月条・同十二月条。
(59)『続日本紀』文武二年正月条以降、少くともそのことは確認できるが、それ以前の、持統七年二月・同九年三月来朝使の動向は、『日本書紀』に詳らかでない。しかし、筑紫からそのまま帰還した記事もみられないところから、入京したものであろうか。
(60)『日本書紀』天武二年八月条・同四年四月是月条。
(61)『日本書紀』天武十年六月条・同十三年二月条・同三月条にみえる事例などが、それに相当しよう。
(62)拙稿「古代国家の成立と筑紫大宰府」(『大分大学教育学部研究紀要』五の一・人文社会科学B集)。なお、以上の視点は、白村江の戦い以後の時点まで遡らせることが可能であろう。
(63)林紀昭氏は、「飛鳥浄御原律令に関する諸問題」(論集日本歴史2『律令国家』)において、唐永徽律令を中心とする新羅と日本の律令形成のあり方を論じておられる。新羅も日本も、唐永徽律令を規範としながら、日本は新羅を介して個別的に、それを継受したという視点は、本稿の論理とも一致するものと思う。
(64)曽我部静雄「日中の畿内制度」(『律令を中心とした日中関係史の研究』)。
(65)『隋書』巻八十一百済伝。井上秀雄「新羅王畿の構成」(『新羅史基礎研究』)。
(66)たとえば隋では、第二代煬帝の時にはじめて畿内制が施行され、唐では、玄宗の開元十七年になって畿内制の施行をみたことが、曽我部静雄前掲論文によって指摘されている。
(67)畿内制に関しては、長山泰孝「畿内制の成立」(『古代の日本』5近畿)が参考になる。
(68)『日本書紀』天武五年五月条・同九月条・同六年五月是月条・同十年正月条・同十二年十二月条・同十三年二月条・同十四年九月条・同十月条の都合八回である。
(69)曽我部静雄、前掲論文参照。
(70)岸俊男「飛鳥から平城へ」(『古代の日本』5近畿)、同「都城と律令国家」(岩波講座『日本歴史』2古代2・一九七五年版)。

(71)『日本書紀』天武六年十月条。
(72)『続日本紀』神亀三年十月庚午条。
(73)『続日本紀』天平四年三月己巳条。
(74)『続日本紀』天平六年三月辛未条・丙子条。
(75)『続日本紀』天平六年九月辛未条。
(76)『続日本紀』宝亀二年二月辛丑条。
(77)以上、『続日本紀』による。
(78)―(80)『続日本紀』天平三年十一月癸酉条。
(81)『続日本紀』天平二年九月庚辰条。
(82)『続日本紀』神亀四年十二月丁亥条。
(83)『続日本紀』神亀四年二月甲子条。
(84)『続日本紀』神亀四年九月庚寅条・同十二月丁亥条・丙申条。
(85)『続日本紀』養老四年正月丙子条。
(86)鳥山喜一『渤海史上の諸問題』一三三頁。
(87)以上、『続日本紀』による。一方、わが国からの遣新羅使も、『続日本紀』によると、養老六年に往復しているし、神亀元年八月以降にも派遣され、翌二年五月には帰っている。
(88)『続日本紀』養老三年五月乙未条。
(89)『続日本紀』神亀三年七月戊子条。
(90)『続日本紀』宝亀五年三月癸卯条。
(91)『三国史記』新羅本紀聖徳王二十三年条は、承慶の立太子を、同二十七年条は、思恭の上大等就任を記す。前者はわが国の神亀元年、後者はわが国の神亀五年に相当する。なお、両名の対日政策については、『続日本紀』天平勝宝四年六月壬辰条の新羅使に対する詔で、「而前王承慶・大夫思恭等、言行怠慢、闕失恒例」せりと言う。
(92) 『続日本紀』天平四年正月甲子条・丙寅条・同五月庚申条・壬戌条。
(93) 『続日本紀』和銅五年九月己丑条。
(94) 『続日本紀』養老六年閏四月乙丑条。
(95) 井上光貞「日本律令の成立とその注釈書」(日本思想大系『律令』)参照。
(96) 『続日本紀』延暦二年四月乙丑条。
(97) 『続日本紀』延暦九年十月癸丑条。
(98) 『続日本紀』延暦二年六月辛亥条。
(99) 『続日本紀』天平宝字五年八月癸丑朔条。
(100) 『続日本紀』天平宝字二年二月壬戌条。
(101) 『続日本紀』神護景雲二年三月乙巳朔条。
(102) 以上、『続日本紀』による。
(103) 『続日本紀』天平宝字二年八月庚子朔条。
(104) 『続日本紀』天平宝字三年正月庚午条。
(105) 『続日本紀』天平勝宝五年五月乙丑条。
(106) 『続日本紀』天平勝宝四年六月己丑条。
(107)―(109) 前注(103)参照。
(110) 『続日本紀』神亀五年四月壬午条。
(111) 『続日本紀』神亀五年正月甲寅条。
(112) 『続日本紀』天平十一年十二月戊辰条・同十二年正月甲午条。
(113) 『唐書』列伝巻百四十九下北狄渤海靺鞨伝。
(114) 『続日本紀』大宝三年閏四月辛酉朔条。

(115)『続日本紀』天平勝宝五年六月丁丑条。
(116)『続日本紀』宝亀三年二月己卯条。
(117)前注(115)参照。
(118)『続日本紀』宝亀十年十月乙巳条。
(119)たとえば『続日本紀』天平宝字七年二月癸巳条・同宝亀八年正月癸酉条・同五月癸酉条・同十年十二月戊午条など。
(120)『続日本紀』天平宝字元年四月辛巳条。
(121)鳥山喜一前掲書二一七頁以下などで、すでに多く指摘されるところである。
(122)『続日本紀』天平勝宝四年閏三月丙辰条・己巳条など。
(123)『続日本紀』天平宝字二年九月丁亥条。
(124)『万葉集』巻二十の四五一四番。
(125)『続日本紀』天平宝字二年十二月戊申条。
(126)鳥山喜一前掲書二四四頁以下、石井正敏「初期日渤交渉における一問題――新羅征討計画中止との関連をめぐって――」(森克己博士古稀記念会編『史学論集対外関係と政治文化』第一対外関係編)。
(127)(128)『続日本紀』宝亀十一年正月辛未条。
(129)『続日本紀』宝亀九年十月乙未条。
(130)『続日本紀』延暦元年八月己巳条。
(131)『続日本紀』天平宝字元年七月甲寅条。なお、藤原仲麻呂政権の蝦夷経営については、岸俊男『藤原仲麻呂』二六一頁以下に詳述されている。
(132)『続日本紀』天平宝字三年九月己丑条によると、八千百八十人が造城に動員されたという。
(133)『続日本紀』天平宝字三年十一月辛未条。
(134)『続日本紀』天平宝字二年六月辛亥条。なお関連記事は、同年十二月丙午条にもみえる。
(135)石母田正氏は、『日本の古代国家』一二一頁以下において、王民制から公民制への変転を論じ、さらに『日本古代国家論』

第一部二九一頁以下では、俘囚の王民から公民への編入について述べられている。ただ氏は、王民と皇民を類似の用語とみられているが、皇民の概念は、すでに公民制を経由し、前提としたところに成り立っていたものと考えられる。

(136) 関口真大『達磨の研究』二〇五頁以下。達磨伝については、本書の論考に依るところが多い。

(137) 『伝法宝紀』は、「対曰、後四十年、当有漢道人流伝耳」と記し、『問答雑徴義』は、「達摩大師云、我後四十年外、有漢地人、当弘我法」と言い、『歴代法宝記』にも、「答、我今去後、四十年、有一漢僧、可是也」とある。

(138) 『続日本紀』天平八年十月戊申条、『南天竺波羅門僧正碑并序』、『大唐道璿和上纂』など。

(139) 『僧綱補任』、『七大寺年表』。

(140) 『続日本紀』天平宝字八年正月己未条によると、吉備真備の造東大寺長官就任のことがみえ、このほか同宝亀元年十月丙申条や同六年十月壬戌条からも推すに、吉備真備は、天平宝字七年いっぱいは大宰府に滞在し、翌年正月になって、あわただしく帰京したらしい。

(141) 「後魏達磨和上伝」(『内證仏法相承血脈譜』)

(142) 関口真大、前掲書四六・二〇八~九頁。

(143) 以上、『続日本紀』天平四年八月丁亥条・同五年四月己亥条・同六年十一月丁丑条・同七年三月丙寅条・同八年二月丁巳条・同年八月庚午条・同年十月戊申条・同十一年十月丙戌条・同年十一月辛卯条、『南天竺波羅門僧正碑并序』などに依る。

(144) 吉備真備の入唐とその任務については、宮田俊彦『吉備真備』二〇頁以下に詳しい。

(145) 『武智麻呂伝』。

(146) 『続日本紀』霊亀二年五月庚寅条。

(147) 『続日本紀』天平十八年六月己亥条。

(148) 『続日本紀』天平七年四月辛亥条。

(149) 前注(145)参照。

(150) 服部敏良氏は、『奈良時代医学の研究』一八二頁以下において、『本朝世紀』や『大同類聚方』などをも援用しながら、天平七年ないし九年の疱瘡蔓延を、大陸発源の伝来とみられている。吉備真備らの帰朝船が、それを将来した可能性もある。

(151)『東大寺要録』巻一。
(152)『続日本紀』天平勝宝三年四月甲戌条、『僧綱補任』、『七大寺年表』。
(153)隆尊と華厳との関係は、『日本高僧伝要文抄』第三所収「延暦僧録」第一の「隆尊伝」をはじめとして、『東大寺要録』巻二などには、東大寺大仏開眼供養の華厳講師をつとめたことがみられる。この開眼供養といい、全く同時期の僧綱に列していたことといい、道璿と隆尊の交渉には、かなり深いものが予想される。
(154)隆尊と普照の寺籍については、本文で引き続き述べるが、栄叡が興福寺僧であったことは、『日本高僧伝要文抄』第三所収「延暦僧録」第一の「栄叡伝」にみえる。
(155)『類聚三代格』巻七牧宰事。
(156)『大日本古文書』二十四の一九六。
(157)『類聚三代格』巻二経論并法会請僧事。
(158)奈良朝には、「法相」ではなく「法性」の語が流用されたが、今は便宜上、「法相」と記す。なお、六宗の独立編制の時期は、ふつう天平勝宝三年頃と言われる。しかし、養老年間から、次第に準備されていたらしいことは、拙稿「修多羅衆論」(竹内理三博士古稀記念会編『続律令国家と貴族社会』)で言及しておいた。
(159)簗瀬一雄氏が、『南都仏教』二六において紹介された、西尾市立図書館岩瀬文庫蔵の柳原家旧蔵本である。書写年次は、平安朝末期をさほど降らぬものと思われる。
(160)『続日本紀』天平六年十一月戊寅条。なお、『類聚三代格』巻二年分度者事所収の「太政官謹奏」では、日付が「廿日」になっている。
(161)(162)　前注(145)参照。
(163)『続日本紀』神亀元年十月丁亥朔条。
(164)石母田正『日本古代国家論』第一部一〇一頁。
(165)『続日本紀』天平三年八月癸未条。
(166)『続日本紀』天平勝宝元年二月丁酉条。

(167) 井上薫氏は、『行基』三一〜二頁で、行基の師を道昭とし、飛鳥寺で出家して、薬師寺との関係は、さらにのちのことであろうと推定されている。
(168) さきの行基卒伝には、「薬師寺僧」とみえ、『大僧正舎利瓶記』にも、「薬師寺沙門」と伝えられている。
(169) 『僧綱補任』、『七大寺年表』。
(170) 『扶桑略記』天平二年十月条所収。
(171) たとえば『顕戒論』巻中第三の十七にみえる。
(172) 石田瑞麿氏は、『日本仏教に於ける戒律の研究』二五七頁以下で、硲慈弘「顕戒論の『比蘇自然智』私考」(『山家学報』一の四)を支持して、「比蘇」は神叡に当たるとされるが、なお保留されている。
(173) たとえば、常盤大定「道璿律師の日本仏教史上に於ける位置」(『日本仏教の研究』)では、「比蘇」=道璿と定式化されている。
(174) たとえば、護命も「入吉野山而苦行焉」し、「月之上半入深山、修虚空蔵法、下半在本寺、研精宗旨」したことが、『続日本後紀』承和元年九月戊午条にみえる。
(175) 前注(153)参照。
(176) 堀池春峰「華厳経講説より見た良弁と審詳」(『南都仏教』三一)。
(177) 『大唐道璿和上纂』、『宋高僧伝』巻九普寂伝。
(178) 井上薫『奈良朝仏教史の研究』四九四〜五頁。
(179) 大野法道『大乗戒経の研究』一二一頁。
(180) 『三会定一記』によると、福亮など三論系の僧もみられるが、奈良朝では、法相系の僧が多く占めている。
(181) 大野法道、前掲書四一〇頁。
(182) 大野法道、前掲書一九五頁。
(183) 山崎宏『隋唐仏教史の研究』一八七頁以下。
(184) 道昭の入唐年は、『日本書紀』白雉四年五月条にうかがえるが、帰朝の記録はない。田村圓澄氏は、狩谷棭斎『日本霊異記攷証』上に従って、その在唐期間を白雉四年から斉明七年までと推定される。同氏「摂論宗の伝来」（『飛鳥・白鳳仏教論』）。

(185)『三国仏法伝通縁起』巻中。
(186)田村圓澄、前掲論文。
(187)『大日本古文書』二の七〇七・同二十四の四四三〜四。
(188)拙稿「湯薬恵施の諸問題」（竹内理三編『古代天皇制と社会構造』）。
(189)『大唐道璿和上纂』。
(190)関口真大氏の前掲書一三三頁によると、達磨伝に嵩山少林寺が登場するのは、『伝法宝紀』からという。尸解仙説と同時にあらわれたことになる。
(191)関口真大氏の前掲書一七七頁によると、『楞伽経』伝授のことは、『続高僧伝』巻十六恵可伝・同巻三十五法沖伝からみえるという。
(192)『大日本古文書』七の四八八。
(193)『大日本古文書』九の三八三。
(194)福山敏男「興福寺の建立」（『日本建築史研究』）で、いわゆる「宝字記」に代表され、のち興福寺の縁起として継承された山階寺→厩坂寺→興福寺の移建改造説についての検討が加えられている。興福寺の寺伝には、やはり何らかの根拠があったものと思われ、藤原氏と厩坂寺とが無関係だという積極的な史料は、今のところ見出せない。
(195)『扶桑略記』天平六年正月十一日条、『興福寺縁起』（昌泰縁起）などにもみえる。
(196)深浦正文『唯識学研究』下巻教義論一一頁。
(197)『大日本古文書』十一の五五七以下。
(198)飯田瑞穂、注(44)前掲論文。
(199)『大日本古文書』七の二〇。
(200)『大日本古文書』七の二〇〜二一。

(201) 『大日本古文書』十三の九二、二の一六一・一六六、七の二五六。

(202) 『続日本紀』天平十二年六月甲戌条。

(203) 『大日本古文書』三の一、九の四七一、十の七、十二の二二、二十四の四八七。これよりのち、天平勝宝二年五月からの百部八百巻『法華経』書写（『大日本古文書』十一の二二九・三二四）、同六年八月からの百部八百巻『法華経』書写（『大日本古文書』三の六〇六、十二の二八三、十三の七八）などの例がある。

(204) 『大日本古文書』十二の四七九、九の二八一。

(205) 『唐大和上東征伝』。

(206) 天平勝宝四年十月二十八日付と思われる「従行信師所奉請経論疏目録」（『大日本古文書』十二の三八四）が存在することからみて、この時までは生存していたものと思われる。なお、翌五年二月二十三日付と思われる「東大寺僧教輪経疏奉請啓」（『大日本古文書』十二の四二〇）にも、「仁王経疏」の「一部三巻行信師抄」がみえるが、これは生存否の決め手にはならない性格の記述である。

(207) 『古今目録抄』巻上本文及び裏書。

(208) 『大日本古文書』八の一八六・一九四・五七六。

(209) 天平宝字五年『法隆寺縁起并資財帳』（いわゆる「東院資財帳」）。

(210) 『僧綱補任』、『七大寺年表』。

(211) 『寧楽遺文』中巻、『大日本古文書』五の六八四。

(212) 『日本紀略』延暦二十二年三月己未条の行賀卒伝によると、かつて入唐留学し、「学唯識法華両宗」んで帰った行賀に対して、明一は「難問宗義」したという。逆に言えば、明一も「唯識法華両宗」に並々ならぬ関心を抱いていたものと思われる。

(213) 『経国集』巻十。

(214) 『続日本紀』神護景雲元年四月乙巳条によると、飽浪宮への行幸や、法隆寺の奴婢に爵を賜ったことが知られる。従って、「聖徳宮寺」とは、法隆寺を指すのだろう。飯田瑞穂「聖徳太子恵思禅師後身説の成立について」（森克己博士還暦記念会編『対外関係と社会経済』）。

(215)『寧楽遺文』中巻、『大日本古文書』二十四の二。田中塊堂『日本写経綜鑒』一五八頁以下参照。
(216)『寧楽遺文』中巻、『大日本古文書』二十四の五。田中塊堂、前掲書一六四頁以下参照。
(217)『懐風藻』に、その多くの詠歌が載せられていることは、普く知られている。
(218)『唐書』列伝巻百四十九上東夷日本伝。
(219)たとえば、安藤更生氏は、『鑑真』（美術出版）一九五頁や、『鑑真』（吉川弘文館）二〇三頁で、「広伝」の鑑真生前成立説をとるが、たとえば蔵中進氏は、「『唐大和上東征伝』の方法――思託撰三巻本『広伝』から元開撰一巻本『東征伝』へ――」（『国語と国文学』昭和四十三年十一月号）において、その示寂後成立説をとられている。
(220)法進の場合は、すでに飯田瑞穂氏の注(214)前掲論文において、凝念の『梵網戒本疏日珠鈔』に引かれた彼の「梵網経註」逸文が紹介されており、そのなかに太子の恵思禅師後身説がみえる。なお、淡海三船の伝が、『延暦僧録』に載せられていて、道璿に一時師事したことを伝えている。小野妹子法花経将来説話（法相系・道璿系）と恵思禅師後身説とを合体させた一つの契機に、三船の存在も考えられよう。

第四章　調使・膳臣等二家記

第一節　殯宮と誄

補闕記の「補闕」たる所以は、「憤憤不尠」との感情のもとに、「調使・膳臣等二家記」を持ち出してきたところにあった。これは、単なる私情に留まるものではない。

「調使家記」は、補闕記にその名がみえる「舎人調使麻呂」家の記を指そう。「膳臣家記」は、やはり補闕記に述べる太子の「夫人膳大郎女」家の記ということになろうが、伝暦は、「舎人近江人膳臣清国」のことを記している。実在性を確認する術は今ないけれど、舎人として膳臣が掲げられていることは、調使がそうであったように、一応注目すべきだろう。しかし当面は、この二家記の具体的な検討を保留して、家記もしくは舎人の家記というものについて、その基本的な性格を把握しておかなければならない。

かつて天武天皇の葬儀は、二年と三ヵ月の長きに渡っておこなわれた。朱鳥元年九月、天皇が正宮に崩御して、さっそく殯宮が起てられ、発哀ることがはじまった。誄が相継ぐのである。まず壬生の事からはじまって、諸王の事、宮内の事、左右大舎人の事、左右兵衛の事、内命婦の事、膳職の事を、誄たてまつった。日が明けて、僧尼の誄にはじまり、太政官の事および官司の誄がつづく。翌持統元年正月、再び納言布勢朝臣御主人の誄にはじまって、奉膳紀朝臣真人等が奠奉り、膳部・釆女等が発哀る。さらに同二年十一月、殯宮の儀式は最期の時を迎えた。楯節儛が奏せられ、「諸臣各挙己先祖等所仕状、逓進誄焉」り、ついで、「奉誄皇祖等之騰極次第」り、天皇の遺骸は大内陵へと埋葬された。(1)

殯宮儀式が、かくも詳細に伝えられた例は、他にない。この儀式については、すでに周到な考察が広く加えられているが、(2)今は家記というものを考慮しつつ、二、三の問題を指摘することからはじめたい。まず第一に、この儀式は、廃朝することなく正月も続行され、誄がおこなわれた。すでに述べておいたように、「吉凶相半」で「吉礼」とも「凶礼」とも呼べない一種の祝祭でさえあった。その原初的形態は、『日本書紀』神代九段本文に伝える天稚彦の死からうかがえる。

天稚彦之妻下照姫、哭泣悲哀、声達于天、是時、天国玉、聞其哭声、則知夫天稚彦已死、乃遣疾風、挙尸致天、便造喪屋而殯之、即以川鴈、為持傾頭者及持帚者、（一云、乃以川鴈為持傾頭者、亦為持帚者、以鴗為尸者、以雀為舂者、以鷦鷯為哭者、以鵄為造綿者、以烏為宍人者、凡以衆鳥任事、）而八日八夜、啼哭悲歌、

また、同第一の一書では、「夷曲」が謡われている。「古事記」も類話を載せ、「夷振」という。ついで、『古事記』景行段は、倭建命の死について、このような記事を載せる。

於是、坐倭后等及御子等、諸下到而、作御陵、即匍匐廻其地之那豆岐田（自那下三字以音）而、哭為歌曰、（中略）於是、化八尋白智鳥、翔天而向浜飛行（智字以音）、爾其后及御子等、於其小竹之苅杙、雖足䠊破、忘其痛以哭追、

『日本書紀』景行四十年是歳条も、日本武尊が白鳥と化し、その陵が「白鳥陵」と呼ばれたことを伝承する。

いずれも伝承の域を出るものではないが、死者に対する観念と、白鳥を含む鳥の存在とは、分かちがたく結び付いていたことはたしかである。天稚彦の殯で、「凡以衆鳥任事」と伝えられるのみならず、敏達天皇の殯で、蘇我馬子の誄の所作が嘲笑されて、「如中猟箭之雀鳥焉」[3]と、物部守屋からひやかされた。この嘲りの内容は、単なる比喩ではあるまい。馬子の誄に所作が伴ったのはたしかで、やはり雀のような振りをしたのか、もしそうでなくとも、そう思わせる先入観を守屋が抱いていたかである。また、殯宮儀礼を主導する立場にあったと考えられる土師氏に、「土師連小鳥」[4]や「百舌鳥土師連土徳」[5]のような、鳥の名を付けたり、鳥にかかわる通称を冠したりしているのも、今は参考になる。

言ふまでもなく白鳥は、世界中に渉つて、霊その物の化したもの、或は霊魂を搬ぶ鳥と信じられて来た。他界に集り駐る浄き霊の化したものが、白鳥なのである。[6]

かつて折口信夫は、このように語った。一つの世界的習俗として、わが国の場合も該当するところがあると思われ、そうであれば、死霊を搬び、あるいは迎えるのが白鳥ということになって、さらに鳥一般にも及ぼされよう。死霊の浄化である。

だが、このような考え方を妨げるものがある。ふつう殯は、「死者を感情の上では断定的に死んだものとは認めきれずに、（中略）哭泣してよみがえりを切望したりする」[7]行為だと解釈されているからである。たしかに、有力な理解と言わねばならない。たとえば、菟道稚郎子の死を聞いてかけつけた大鷦鷯尊（仁徳）が、髪を解き屍に跨り、三たび太子の名を呼ぶと、死者は蘇生したという。[8]また、伊奘諾尊が、死んだ伊奘冉尊の「匍匐頭辺、匍匐脚辺、而哭泣流涕焉」(9) したというのも、蘇生への素朴な切望からかもしれない。「魂呼ばい」であり、「魂ふり」であったことになる。ところが、それだけなら鳥に仮託した生者の行為を含む殯を、すべて解釈することは不可能である。死に対するある種の観念を前提としていなければ、そのようなことは試みられまい。蘇生のためだけで、殯がなされたとは到底考えられないのである。

天稚彦（天若日子）の殯がおこなわれている最中、味耜高彦根神（阿遅志貴高日子根神）が友人として弔いに来た。天稚彦の父や妻は、生きうつしの味耜高彦根神を見て、天稚彦がまだ生きているものと感違いした。すると彼は、「不憚汚穢、遠自赴哀、何為誤我於亡者」と怒り、「何吾比穢死人」と叫んだ。これは死者をケガレたる者とみた伝承である。果してケガレの観念が、殯でどの程度通用するかについては、大いに慎重でなければならないが、死者と感違いされた味耜高彦根神が、ついに「喪屋」を破壊したと伝えるからには、その感違いが、殯を不成功に終わらせる原因になったことを暗に物語っている。言い換えれば、蘇生への素朴な感情を超えて、ある種の約束もしくは規制を負うものであったのが、殯であったと考えざるを得ない。その示唆を、『日本書紀』五段第九の一書から、得ることができる。伊奘諾尊は、伊奘冉尊を訪ねて、「到殯斂之処」った。「是時、伊奘冉尊、猶如生平、出迎共語」る。ところが、自分を視ないでくれとの伊奘冉尊の言葉を無視して、「脹満太高」という有様の伊奘冉尊を視てしまった伊奘諾尊は、雷の怒に遭って、走り還ることになる。これも、殯が失敗に帰したことを伝えたものである。

殯の意味を知ろうとすれば、その不成功の理由を知るに如くはない。『日本書紀』五段第九の一書が、殯宮行事の実際を一応踏まえた段階での創作であるとすれば、何よりも死者が生きているがごとく、ある期間それに接し、生者はその死者と、共有の時と場を持たなければならなかったことになる。しかし、死者はあくまで死者であるから、生とも死とも異なる格別の領域において、生死を分かち合い、生は生として、死は死として確認していく期間が殯であろう。生の領域で死を確認し、死の領域で生を確認するのではない。従前の二例は、その約束が守られなかったことを伝えている。ともに、死者のケガレに触れたストーリーになっているが、死とか死者そのものがケガレなのではなく、生と死との二つながらの確認を錯覚したり、怠ったりしたことによって、死や死者がケガレたるものに脱落し、同時に生や生者でなければならないものにまで、そのケガレが及ぶという、いわばケガレの状況が生まれたところに殯の失敗があったと考えられる。

しかし、このケガレの状況は、つねに現実的に生じ得る可能性を持っていて、殯の完遂と紙一重である。それだけにまた、殯の緊迫感と必要性は、想像以上に高まらざるを得ない。天武天皇の殯で、楯節儛が奏せられたことはすでにみた。旧来この儛は、「タタフシノマヒ」で、楯を伏して服属を表明し、朝廷に服従する民衆を代表したものだと言われてきた[10]。だが、東大寺大仏開眼供養会で奏された時も、そのような意味を持っていたのだろうか。再考を要することである。楯節(伏)儛が、東西文忌寸によってもおこなわれたことを重視すべきだろう[11]。六月・十二月の晦の大祓祝詞のあとに、「東(西)文忌寸部献横刀時呪」と称される呪文がある。そのなかで、「捧以禄人、請除禍災、捧以金刀、請延帝祚[12]」うと誦す。金銀の人形をもって禍災を除き、金刀をもって天皇および皇位の延命と恒久を祈るのである。当然、所作が伴っていよう。

同じ文忌寸によっておこなわれるのであるから、この呪文の思想と楯節儛が、無縁であると断言できようか。たとえば持統太上天皇の殯の最中、十二月晦日の大祓は中止されても、「東西文部解除、如常[13]」くおこなわれた。言い換えれば、殯の時、この「解除」がおこなわれても何ら障りなかったわけで、逆に、楯節儛との共通性もしくは同系列性をうかがわせる。邪鬼や禍災を、楯や刀で伏すことが、楯節儛であったと考えられる。もちろん、道教の影響を受けていた。殯での歌舞が、外来のものとして、あるいはその影響下にあって整えられたとすれば[14]、道教の影響とてあり得ることである。殯に供奉する遊部が、「負刀并持戈[15]」っていたと伝えられるのも、楯節儛との共通性を暗示する。

邪鬼が死霊に侵入したら、禍災を誘発し、ケガレの状況が生じずにはいない。ケガレの状況は未然に防がなければならないし、同時に、死霊の確実な浄化をはかる必要があって、死者をして死者たらしめ、生者をして生者たらしめなければならない。そのためには今一つ、死者へのより積極的な行為が必須となる。遊部はまた、「持酒食」ち、食事を死者に捧げるのである。雄略天皇の殯で、「七日七夜不奉御食、依此、阿良備多麻比岐」という。これは天稚彦の殯で、『古事記』が「翠鳥為御食人」といい、『日本書紀』が「以鳥為宍人者」というのに相当して、鳥の所作を伴うことがあった。天武天皇の殯でも、たしかに奠奉ることがおこなわれている。それを怠ると、死者は荒ぶる魂になるという。荒ぶる魂が、ケガレの状況をつくることは、素戔鳴尊の例からもうかがえる。

しかしここで、禍災を除く楯節儛が、同時に「請延帝祚」うものでもあったらしい点を考えなければならない。死者に対して、これはいかにも奇妙なことだが、殯は、死者を対象にするのではなく、死もしくは死者を契機としたものであったことを想起すべきである。

而招禱福、攘退災殃、是解除之本意、吉凶之両道也。

『釈日本紀』述義三は、このように説いている。災殃を攘退けることは、とりもなおさず禱福を招くことなのである。「吉礼」でも「凶礼」でもない領域は、そこに厳然と存在するのであって、それは必ずしも道教の影響ではない。古来からわが国に、そのような領域が存在していて、道教がそれを儀式化したのであり、だからこそ逆に、道教の入る余地があったとも言える。楯節儛が、片や土師氏によって、片や文忌寸によっておこなわれたのは、そのことをよく物語っていよう。

殯が死もしくは死者の出現を契機としたものであるなら、それは死者とともに生者のためのものでもある。死霊を浄化することで、生を得なければならないし、生を得るためには、死霊を浄化しなければならない。それはとりもなおさず、生への祝福であった。殯はそのための重要で必要な格別の場であり時であるが、生者は死者と死を一たび共にし、死霊の浄化が果せたなら、生者こそその生を回復することができるであろう。蘇生するのは、死者ではなく生者にほかならない。

このような殯に、誄の行事がある。誄の記録に残る初見は、敏達天皇の殯宮においてである。[16]しかし実際は、安閑朝末年ごろからおこなわれて、外来性の強い儀式であると言われている。[17]たしかにそこに、儀式化や変形を認めるとしても、それ以前の殯における行為と、全く断絶するところがあったのだろうか。のち誄を衰退させた文化よりも、誄儀式を受け容れた文化の方が、誄のあり様をはるかによく理解し得たはずである。

誄は、コトバである。しかし、ただ口先から発せられる言葉ではない。蘇我馬子の誄については、まえに述べたが、物部守屋の誄も、「手脚揺震而誄」したと伝えられる。「可懸鈴」しと、これまた馬子が嘲ったというが、[18]手脚をはげしく振動させながら、誄をおこなうこと自体を嘲笑したのではなく、むしろその不体裁な仕様を嘲ったのである。逆に言えば、誄の容易でなかったことを意味している。たとえば堅塩媛が改葬される時、境部臣摩理勢と中臣宮地連烏摩侶は、「能誄」したとされ、阿倍内臣鳥は、「不能誄」ざると時の人から評されたという。[19]また、舒明天皇の殯宮で、「東宮開別皇子、年十六而誄之」したと伝える。[20]わずか十六歳の皇子（中大兄）が、「能誄」したというのである。これは単に技能上のことではなく、効能に由来することであった。
『日本書紀』大化二年三月甲申条の、いわゆる薄葬の詔で、つぎのように述べられている。

或為亡人、断髪刺股而誄、如此旧俗、一皆悉断、

ここにいう旧俗が、大化直前までおこなわれていたかどうか、また現実にかつてそうであったかどうか、若干疑問がないではない。しかし、自虐的とも呼べる、はげしい身体の動作を伴って誄がおこなわれた、あるいはおこなわれるべきものと考えられていたのは否定できまい。馬子や守屋の例からも、それは知れる。現実に、髪を断ち股を刺したかどうかは、さして問題ではなくて、そのような身体の行為が持つ意味を欠いたところに、誄の存在はあり得ないということで、たとえば髪を断ち、股を刺す所作に留まったとしても、その意味するものはかわらない。「刺股」すとは、どのようなことかわからないが、「断髪」つ行為は、たとえば『日本書紀』神代七段本文の、素戔嗚尊追放を語るところにみえる。「至使抜髪、以贖其罪」るとある。贖罪のためだというのだが、この場合、抜かれた髪は「祓具」[21]となる。髪はその人の魂の分身で、これを取り上げて逆に、その魂（悪しき荒ぶる魂）を「解除」するための「祓具」に用いる。その限りにおいて、髪を抜かれることは、贖罪を意味した。[22]

誄の場合は、どのように考えられようか。まず詔の訓み方だが、「亡人のために、髪を断ち股を刺して誄す」というのではなく、「亡人のために髪を断ち、股を刺して誄す」というふうに訓むべきだろう。何よりも、「断髪刺股」すのは、亡人のためになされなければならなくて、「為亡人」が、「誄」のみにかかってはならない。すると、亡人のために誄をおこなうことは、亡人のために贖罪をすることと重なり合うべきである。これは一体、どういうことか。第一に、みずからが積極的に贖罪し、浄化することで亡人に接し、その亡人を今度は浄化しようとするものであった。し

かし髪を断つ意味をさらに追求すると、第二に、髪を亡人に委ね、その亡人を経過して、自身の「解除」をおこなうものでもあったろう。髪を放棄することで、亡人と一時死を共にし、今度はその死から、これまでの罪ある生を贖い、あらたな生を浄化回復しようとしたとも言い換えることができる。死霊の浄化を果そうとする、過酷なまでの身体的動作は、とりもなおさず、死というものの出現を契機とした、生そのものの浄化を厳しく求めるものでなければならまい。誄もこのような二重の意味を持つ、身体的動作の一表現であって、口先から述べられる言葉と、かくも無縁なものはない。コトバである誄は、ただ伝達の手段でも、回想の方法でもないのである。

しかし、身体の動作の一表現である誄が、言葉を借りたものであったことはたしかである。その誄の、各種おこなわれたことは、天武天皇の殯宮からも明らかである。しかし、それぞれの誄は、決して任意におこなわれたのではなく、ある種の秩序に従っていたと言える。まず天皇個人の生長を、壬生の事として誄したあと、諸王の事に引き続いて、内廷および近習者の誄がおこなわれた。これらの誄が、太政官および諸官の誄に優先したのは注目すべきで、誄の文化が、本来律令国家体制と無縁なところに存在していたことを示している。天皇という身体に、生理的にも精神的にも、もっとも近いこれまた身体を有する者の誄（代行ではあるが）が、最優先されたのである。あるいは、天皇という身体に直接奉仕する集団の誄が、まっ先におこなわれたのである。その集団は、国家機関と化していない限りにおいて、誄の最優先を保つことができたと逆に言うことができる。

以上のことは、天武天皇以外の殯宮においても該当する。すでにみた堅塩媛の改葬で、誄がそれぞれ試みられている。天皇の命を誄することにはじまって、諸皇子、大臣、氏姓の本をそれぞれ誄したという。天皇の誄がはじめにあったのは、天皇だからではなく、天皇が堅塩媛の子であったからにほかならない。大臣と各氏族の誄は、第二段階のものであった。また、『日本書紀』皇極元年十二月条に、舒明天皇の殯儀式が伝えられている。それによると、大派皇子の誄にはじまって、軽皇子、大臣の順で、誄がそれぞれ代行され、最後に息長山田公が、「奉誄日嗣」った。大派皇子は敏達天皇の子で、舒明天皇には叔父に当たるが、それだけの理由で筆頭に誄がなされたとは考えられない。『日本書紀』舒明八年七月条は、大派王が朝参の懈怠を豊浦大臣にきびしく糺したことを録している。天皇の肉親のうち、もっとも天皇その人に近く、かつ天皇の意志を忠実に代行し、その限りにおいて天皇に大きな影響を与えた人物が大派皇子（王）であればこそ、冒頭に誄がおこなわれたのだろう。軽皇子は逆に、舒明天皇が最も皇位を期待していた甥であったればこそ、誄の優先があったものと思う。また日嗣を誄した息長山田公だけは、代行をたてることがなかった。彼は、天皇の「湯人」に想定される人物である。[23]天皇の身体にこそ、最も近い人物であったことになる。

ただ、再三述べる敏達天皇の殯宮では、大臣馬子と大連守屋が、まっ先に誄したかのように伝えられる。しかしこの記録は、「二臣微生怨恨」した起原譚の形をとっていて、誄儀礼全体を忠実に録することなく、多分にデフォルメされたものである。むしろ少くとも、三輪君逆の誄の方が、大臣・大連の誄に、事実は優先した形跡さえある。殯宮を堅く守護した彼は、「訳語田天皇之所寵愛、悉委内外之事焉」[24]と評されたほどの、敏達天皇の「寵臣」であった。そして、穴穂部皇子は、大臣・大連に以下のように語ったという。

逆頻無礼矣、於殯庭誄曰、不荒朝庭、浄如鏡面、臣治平奉仕、即是無礼、方今天皇子弟多在、両大臣侍、詎得恣情、専言奉仕、[25]

大臣・大連はもとより、天皇の子弟までさしおいて、誄を逆がおこなった形跡がある。誄の内容が僭越であったと言うに留まるまい。しかし、「寵臣」である以上、その誄が優先される資格は、逆（ぎゃく）に存在し得たのであり、そこに誄の性格の重要な側面がある。

死者と死を一時共にして、死霊の浄化を遂げさせるとともに、そこから生者自身の生を、再び浄化回復させることは、生前の死者とかつて、常に身体的に精神的に相通ずることをした者でなければ、果し得ない。それは、一種の呪力を身に帯することのできた者と呼んでもよい。誄をおこなう者は、当然その役割を自覚しているし、多くの残された生者も、それを期待せずにはいない。しかし、皇位継承を含めた政治・政権の側面からみると、殯とそこでおこなわれる誄の及ぼす不安は測り知れないものがある。なぜなら誄は、ある死を契機として、再びその死と死の集団を、従前通り一層活力をもって蘇生させようとする、逆説的な時間観念に支えられているからである。ところがこれに対して、政治・政権は、自然的に進行せざるを得ない時間の領域に属する。もっと言えば、殯とそこでおこなわれる誄は、本来的に政治をおびやかす運命を内包していたとみるべきである[26]。

第二節　誄と家伝・家記

家記もしくは家伝は、誄とその文化を経由して生まれたものと考えられる。大宝令制下において、式部卿は「功臣家伝田」を管掌した[27]。「功臣家伝田」とは、いささか不可解であるが、功臣の家伝と功田の謂であろう。「職員令」義解は、「謂、有功之家、進其家伝、省吏撰修」と説く。この家伝が、ただちに誄の筆録であるというのではもちろんない。むしろ否定的でさえある。なぜなら、『続日本紀』にみえる「功臣」の卒伝は、この家伝を素材にしたようであるけれど、式部省で最終的に撰修され、そのことが軌道に乗りはじめたのは、天平宝字元年に及んでからと考えられるからである。(28) もしそうであれば、天平宝字元年頃になって、実質的に書き上げ、仕上げられた家伝は、誄のさかんにおこなわれた時代から、かなり隔ったのちの産物ということになる。

それだけではない。明らかに、依って立つ文化にずれが認められる。第一に、「功臣」の家伝という規制が生まれていた。早くも「古記」は、「三位以上、或四位以下、五位以上」をもって「功臣」であると説いている。これは、位階制に表象される律令国家の礼秩序を基盤とした以外の何ものでもない。第二に「令釈」は、家伝を「書名」と理解して、「三史列伝之類」と評し、「古記」もすでに、「漢書伝」に家伝をたとえている。まえに述べた、おびただしい「図書経籍」をもって、人庶を教化しようとする、律令国家の統治理念が、露骨に姿をあらわしている。その限りで家伝は、教化の手段であることを求められる。

それでもなおかつ、このような家伝は誄に遠由すると考えざるを得ない側面がある。今日、『続日本紀』天平神護二年正月甲子条に、「志乃比己止乃書」なるものの存在が伝えられている。

　詔曰、今勅久掛畏岐近淡海乃大津宮仁天下所知行之天皇我御世尓奉侍末之(之)藤原大臣、復後乃藤原大臣尓賜天在留志乃比己止乃書尓勅天在久、子孫乃浄久明伎心乎以天朝庭尓奉侍牟乎(波)必治賜牟其継方絶不賜止勅天在我故尓、今藤原永手朝臣尓右大臣之官授賜止勅天皇御命遠諸聞食止宣、

ここに一部引用された「志乃比己止乃書」は、元来藤原鎌足の殯で、天智天皇が誄したことの内容であろうし、不比等の死もしくは殯においても、くり返された哀弔の言葉もしくは誄であったに相違ない。立場こそちがえ、かつて三輪君逆が、敏達天皇の殯宮で誄したその内容と、よく似たところがある。藤原氏のその後の政治的躍進と、ほかな

らぬ天皇の誄であったということが幸いして、のちまでもその有効力を発揮したのが、この「志乃比己止乃書」であった。しかし基本的には、鎌足と天智天皇との、身体的および精神的な深い交わりを、証明する以外の何ものでもない。そして、三輪君逆といい、天智天皇といい、その誄には、決って生の領域の浄化が訴えられたのであった。前者では、「不荒朝庭、浄如鏡面」くと表現し、後者では、「子孫乃浄久明伎心乎以天朝庭尓奉侍牟乎波」と表現するのである。もちろん、両者の記述が、誄としてのコトバを忠実に反映したものかどうかには、疑問が持たれる。しかし、その表現の基本線は、この場合伝えられているとみてよいだろう。

さて、ここに引用された「志乃比己止乃書」(当然、その一部分に過ぎない)は、一体『日本書紀』や『鎌足伝』(いわゆる『家伝』上)と、どのような関係にあったのだろうか。その相当記事を、まず『日本書紀』から見出そうとすれば、決して容易でなく、またそのこと自体が重要なのだが、強いてさがせば、天智八年十月条にみえる。

乃詔曰、天道輔仁、何乃虚説、積善余慶、猶是无徴、若有所須、便可以聞、

しかし一見して、「志乃比己止乃書」とその趣が、大いに異なることは誰の眼にも明らかである。いわゆる「往哲之善言」[29]から、成り立っているのがこの『日本書紀』であった。たとえば『易経』坤卦に、「文言曰、(中略)積善之家、必有余慶、積不善之家、必有余殃」りという。まちがいなく「善言」の引用によって書かれ、その書契をもって教化しようとする国家の意思がうかがえて、身体的動作の一表現であった誄と、そのコトバの呪力を持つ文化とは大いに異なる。いわば書契文化の産物にほかならない。書契としての呪力が、期待されたとさえ言えるのである。

これに対して、『鎌足伝』の相当記事は、どうなっていたか。「即詔曰、若有所思、便可以聞」しというところがあって、『日本書紀』に同文の記述もみえる。『鎌足伝』の最終的な撰修は、天平宝字五年前後と一応考えられているの

で、[30]むしろ『日本書紀』からの抄出であったろう。しかしこれとは別に、つぎのような記事が『鎌足伝』にはある。

遣東宮太皇弟、就其家詔曰、邈思前代、執政之臣、時時世世、非一二耳、而計労校能、不足比公、非但朕寵汝身而已、後嗣帝王、実恵汝子孫、不忘不遺、広厚酬答、

さきの「志乃比己止乃書」に、これはよく似ている。もちろん『日本書紀』に、類似する記事はない。鎌足の殯でおこなわれた誄を、その直接的な素材として、文章化したものであろう。さらに、つぎのように書きはじめられた一文もある。

遣宗我舎人臣、詔曰、内大臣某朝臣、不期之間、忽然薨謝、如何蒼天、殲我良人、痛哉悲哉、

「痛哉悲哉」は、誄に由来する言葉であって、この部分も、誄をもとに文章化されたものとみてさしつかえなく、もちろん『日本書紀』には伝えられるところがなかった。むしろ『日本書紀』では、その記述化が拒否されたとみるべきである。

鎌足の死に際して『日本書紀』も、「東宮大皇弟」や「蘇我赤兄臣」を鎌足の家に遣した記事を載せている。[31]この点たしかに、従前の『鎌足伝』とも類似するが、それに記す詔の内容は、『日本書紀』から消されていた。かわって前者では、大織冠と大臣位の授与、それに藤原氏姓の賜与の詔が強調され、後者では、ただ恩詔を奉宣したとしか記されていない。これは、決して任意の取捨選択ではない。立脚点が、すでに異なるのである。何よりも『鎌足伝』の以上の文章は、鎌足の殯で各種おこなわれた誄（大海人皇子や蘇我赤兄の誄）を素材とした。『日本書紀』は、すでに鎌足の殯を否定する立場で書かれたもので、誄の文章化を採用するわけにはいかなかったのである。

「既而公卿大夫百官人等、皆起喪庭挙哀」と『鎌足伝』はいう。『日本世記』も、「遷殯於山南」と伝える。[32]かなりの

規模をもって、鎌足の殯がおこなわれたことは疑えない。ところが『日本書紀』の方となると、鎌足をして「但其葬事、宜用軽易」しと遺言させている。その上この遺言に対して、「時賢」が「此之一言、竊比於往哲之善言矣」と称えたとさえ付記したのである。[33]『日本書紀』が、鎌足の殯の事実を抹殺しようとしたことはたしかである。この企ては、藤原氏にとって必ずしも不本意なものではなかったにちがいない。誄の記述化は、たしかに鎌足の事跡を誇ることになって、藤原氏としても好都合ではあるが、それは鎌足その人と天智天皇との身体的にして精神的な交わりを祝福するに留まって、鎌足以降の不比等をはじめとする藤原氏の政治的な進行の位置付けを、充分におこない得るものではない。鎌足以後の藤原氏にはむしろ、殯とそこでおこなわれる誄の文化に対する危惧さえあったと言えよう。

にもかかわらず、藤原氏は、鎌足の殯やそこでの誄を、『鎌足伝』に取り入れた。あるいはその誄を重要な素材として、『鎌足伝』を仕上げた。これはいささか、矛盾した現象のように思われるかもしれないが、たしかに誄を素材としていても、それが誄としてではなく、詔として改編され、やはり「善言」化を逸れていない事実は等閑できない。「志乃比己止乃書」ということ自体が自己矛盾で、誄はコトバの文化であって、元来「書」つまり書契の文化とは相容れないものである。誄が『鎌足伝』の素材に取り上げられたことはたしかだとしても、厳密に言うと、すでに自家撞着している〝誄の書〟、書契化された誄をその素材としたか、誄を書契化しなければ採用し得なかったのが、今の『鎌足伝』であった。

今日、『鎌足伝』の別伝とされる『貞恵伝』がある。それには、「高麗僧道賢作誄曰」とその誄を引用し、「嗚呼哀哉」がくり返し用いられているが、たとえば「積善余慶」の語もあって、『日本書紀』と共通の「善言」化さえみえる。同じ誄と呼ばれても、すでにその内容と意味に微妙な変化が生じている。この誄は、あるいは貞恵の父鎌足の殯で、あわせておこなわれたものかもしれない。同じ道賢が撰した『日本世記』には、鎌足卒去の記事が含まれている。鎌足の殯で、鎌足その人はもちろん、鎌足家の事跡も称えられたとすれば、道賢の誄が、鎌足と貞恵にまたがる内容のものであったとしても不思議はない。

天武天皇の殯宮では、僧尼の発哀ることがおこなわれた。鎌足の殯でも、たとえば道賢などの僧尼が誄した可能性は充分ある。僧尼を含めた新しい渡来人によって、誄のあり方は大きく変容されつつあったものと考えられる。鎌足その人にしても、「百済人小紫沙吒昭明」によって、その「碑文」が作製されている。[34]「春秋五十有六而薨」[35]との、わずかな逸文が伝わるのみである。「時年五十有六」と『鎌足伝』も記していて、この「碑文」を参照したらしく思える。沙宅紹明は、天武二年閏六月に没しているから、[36]鎌足の没後ほどなく「碑文」を作製したのだろう。沙宅紹明が誄をおこなって、それを文章化したのが、「碑文」であったのか、誄とは別に「碑文」が作製されたものか、いずれとも決しかねる。しかし、「文章冠世」[37]と称された新来の渡来人によって、また「法官大輔」[38]（のちの式部省次官）であったとも伝えられる沙宅紹明によって、ともかく鎌足没直後に「碑文」が作製されたことは、旧来の誄がその有効性を失墜する前兆ではあった。

しかしそれは、一挙に進行した現象ではなくて、少くともさきの天智天皇の誄などは、まだ旧来の性格を多分に保持したものと言えよう。何よりも僧尼や新来の渡来人を中心にして、旧来の誄とその文化は改変されはじめたのである。けれども、旧来の性格を保持していた誄にしても、次第に書契化され、「善言」化されていく運命にあって、それはすでに持統朝から顕著な動きを示している。持統三年六月に、撰善言司が任ぜられた。[39]同五年八月に上進を命ぜられた十八氏の「墓記」[40]は、この撰善言司の干渉を受けないではすまされまい。このうちに藤原氏の「墓記」も含まれていたが、とりわけ鎌足卒去関係の記事などは、この撰善言司による改修が著しくて、『日本書紀』の直接の素材になったものと思われる。

上進された「墓記」は、各天皇の殯宮で「諸臣各挙己先祖等所仕状、逓進誄焉」したり、「令誄氏姓之本[41]」めたりした内容、あるいは逆に、氏上の殯で天皇などが誄した内容をもとに記されたものであろう。その「墓記」自体が、すでに「善言」化されていた可能性はあるが、撰善言司によって、それはより一層かつ統一的に、「善言」が促進されたはずである。

他と比較しながら、『鎌足伝』と誄およびその文化との関係を考えてきた。結論としては、決して誄がそのまま『鎌足伝』に文章化されることのなかった点が明らかとなる。にもかかわらず、『日本書紀』に比較すれば、誄の痕跡を伝えるものが明らかに吸収されており、かつ誄の文化の変容過程（時として、自己矛盾を呈す）が刻印されていた。その限りで言えば、少くとも奈良朝以前の素材を持つであろう『鎌足伝』のような家伝もしくは家記において、せめてもの誄の痕跡が辿れるわけである。

「調使・膳臣等二家記」を考えようとすれば、そこで当然、太子の殯が問われなければならない。舎人といい、夫人といい、太子と身体的に最も緊密な交わりがあったはずであるから、太子の殯でその誄も最優先され、「二家記」の原由をなすことがあったかもしれないからである。ところが、太子の殯について、『日本書紀』は沈黙して一切語らない。それとおぼしき記事が、ないではない。

是時、諸王諸臣及天下百姓、悉長老如失愛児、而塩酢之味、在口不嘗、少幼如亡慈父母、以哭泣之声、満於行路、（中略）皆曰、日月失輝、天地既崩、自今以後、誰恃哉[42]、

しかしこの記事は、まさしく「善言」によったものである。『平氏伝雑勘文』下二は、『史記』に「百姓悲哀如喪父母」との文章があることを考証している。また『南史』孝義伝に、「王虚之喪父二十五年塩酢不入口」との一文もみえる。この「善言」化は、つぎに記された在高麗僧恵慈の誓願でも著しい。太子を「固天攸縦」と称讃したことになっているが、『論語』子罕九に、「固天縦之将聖、又多能也」との一文がすでに存する。さらに、「心在断金」とも述べたというが、『平氏伝雑勘文』下二が考説したように、『周易』繋辞上の「二人同心其利断金」を採用したものであった。

鎌足の場合がそうであったように、太子の場合も、その殯の記録が故意に抹殺されたのであろう。しかしここに、いささか不可解なことがある。太子の磯長墓は、今日、母の穴穂部間人皇女と、夫人の膳大郎女との三骨一廟として伝えられる。けれどもこの墓の造立は、太子の死去からかなり降った、持統朝の頃ではないかと考えられているのである。玄室寸法の唐尺であること、精巧な截石積石室であること、石舞台古墳との差異などを考古学的に考究した尾崎喜左雄氏は、「太子信仰成立過程の一時期」に構築されたものとみる。そして、持統天皇建立の本薬師寺塔心礎の舎利孔や天武天皇の大内陵と、むしろ同時代性を共有しているという。(43)

極めて示唆に富む見解である。もしそうであれば、七世紀後半に磯長墓への改葬がおこなわれたことになって、また誄がおこなわれた可能性も出てこよう。たしかに太子の没直後、三所合葬の磯長墓が造られたとは考えにくい。穴穂部間人皇女が辛巳（推古二十九年）の十二月二十一日に死去してから、翌年の二月二十一日に膳大郎女が、さらに翌二十二日に太子がと、たてつづけに没したという理解が、法隆寺金堂釈迦三尊造像記や法隆寺繡帳（天寿国繡帳）から生まれている。もし三者が、このように相継いで没したのであれば、三所合葬がただちにおこなわれたとみることもできよう。しかし、没年時の接近と合葬とは、直接何ら関係するところではないし、逆に、三所合葬の改葬がなされたことから、三者没年時の近接したことが伝えられるようになったとみることさえ不可能でない。

実のところ、穴穂部間人皇女の埋葬には、根強い改葬説がつきまとっている。たとえば『古今目録抄』下裏書に、つぎのように言う。

上人云、太子母御廟者婆師廟也、而後令改葬送科(ママ)長廟給。

「婆師廟」から「科長廟」へ改葬されたのだという。もちろん、その根拠は明らかでない。しかし、穴穂部間人皇子は、たしかに太子の母であり、用明天皇の妃ではあったが、夫の死後、多米王に嫁して、一人の女王の母でもあったことが『平氏伝雑勘文』下三所収の「上宮記下巻注」にみえる。もしそうであれば、太子とただちに合葬された可能性は、極めて薄い。また、膳大郎女との合葬にしても、数多い太子の夫人のなかで、彼女とことさら合葬されなければならない必然性が、一体どこにあろうか。一日ちがいの死去であったとの伝えだけでは、余りに根拠が薄弱で、逆に話が出来過ぎているようにさえ思える。

このような疑問は、当然太子が当初、どこへ埋葬されたのかという問題を惹起させる。今かりに、『日本書紀』推古二十九年条の太子薨去の記述に従えば、一カ月内に「磯長陵」が造られて、そこへ埋葬されたことになる。太子の薨去年も含めて、この記述には潤色の跡が著しいけれど、とにかく尾崎氏は、当初太子は、用明天皇の「磯長陵」に追葬されたのだろうとみる。[44] たしかに「陵」は、天皇の墳墓に限って用いられる書契で、『日本書紀』推古元年九月条は、用明天皇を「河内磯長陵」に改葬したと記す。けれども、「墓」と書くべきところを「陵」と書いた例も、実際には『日本書紀』推古三十六年九月条などに存在しており、「磯長陵」に太子が埋葬されたと記されていても、それが用明天皇の「磯長陵」でなければならない理由はない。のちの磯長墓をもって、「磯長陵」と呼んだのかもしれないのである。

その上、父と男児の合葬が、当時の大王家で通例であったとも思えない。安閑天皇は、皇后春日山田皇女と妹神前皇女と合葬され、宣化天皇は、皇后橘皇女とその孺子と合葬され、欽明天皇は、堅塩媛と合葬され、敏達天皇は、母石姫皇后と合葬され、推古天皇は、竹田皇子と合葬されたと、それぞれ伝えられる(45)。夫婦もしくは母子の合葬が、極めて多い。言い換えれば、異性同士の合葬である。すると、三骨一廟の磯長墓が、太子没後ほどなく造られてもよいではないかとの意見が、再び可能になるかもしれないけれど、それを立証できる史料は、やはり存在しない。・太子の第一次墓所も含めて、とにかくその殯や改葬には、大きな問題が残されたままである。しかし、七世紀後半に今の磯長墓が造られ、それにともない太子らの改葬がおこなわれた可能性は、充分存在し得ることである。

第三節　調使家記

一　太子舎人調使麻呂と家記

補闕記に、「舎人調使麻呂」なる人物が登場する。「調使家記」から採られた人物であろうことは、容易に察せられる。この人物に関して、興味ある記述が補闕記の末尾にみえる。

麻呂年八十四、己巳年死、子足人古（（朱）本）年十四。（年）、壬午八月廿九日出家大官大寺、麻呂者聖徳太子十三年丙午生年十八年始為舎人、癸亥年二月十五日、始出家為僧云々、

これによると、調使麻呂は八十四歳で、己巳年に死んだ。己巳年は、推古十七年（六〇九）か天智八年（六六九）かであるが、後者の天智八年をとるべきだろう。すると彼の生年は、用明元年（五八六）となる。つぎの文章は、難解である。「子足人」というのは、麻呂の子、足人という意味だろうが、ともかくその足人が、壬午年の八月二十九日に、大官大寺で出家したということらしい。壬午年は、天武十一年を指そう。問題は、「古（（朱）本）年十四。（年）」の意味だが、大串元善が元禄八年に、「山本平左衛門伝借本」を披閲した際、すでに混乱した誤写が伝えられていたことがわかる。たしかに「古」の字は、まちがいであろう。もし「古」の字が、「生」の字の誤写であったとすれば、十四歳で出家した意味にもとれる。しかし、もしそうであれば、父の没年に生まれたことになって、到底あり得ないことである。だが逆に、父の没年から、足人が出家した年までが丁度十四年であることからすれば、父が死んでから十四年後の壬午という意味が、本来の文章ではなかったかと思う。

では、そのつぎはどういう意味なのか。『群書類従』本は、「丙午年」として、「生」の字を落としているから、解せない文章となっている。今彰考館本によって、その意味は歴然とする。聖徳太子が十三歳であった丙午の年に、麻呂は生まれて、十八歳で太子の舎人になったというのである。丙午の年は用明元年で、さきの麻呂の没年から逆算した年と、よく合致する。また、太子の年齢とも矛盾しない。麻呂が十八歳で舎人になったとすれば、推古十一年のことである。ちなみに太子は、その時三十一歳であった。その後麻呂は、癸亥の年二月十五日に、出家したという。癸亥の年は、天智二年に当たる。以上を整理すれば、つぎのようになる。

(1)丙午（用明元年＝五八六）　麻呂生マレル。太子十三歳。
(2)癸亥（推古十一年＝六〇三）　麻呂十八歳デ太子舎人トナル。太子三十歳。
(3)癸亥（天智二年＝六六三）　麻呂七十八歳デ出家スル。
(4)己巳（天智八年＝六六九）　麻呂八十四歳デ没スル。
(5)壬午（天武十一年＝六八二）　麻呂の子、足人、大官大寺ニ出家スル。

以上の調使麻呂の年譜は、当然その家記から採ったものだろう。では、その成立はいつ頃とみるべきか。年時の下限が天武十一年であるから、それよりのちであることは疑えない。「大官大寺」という寺名の使用が、さらにその年限を縮めてくれよう。この寺名の使用期間については、必ずしも明確でないけれど、同寺が平城京に移建された霊亀二年から、「大安寺」の確実な寺名使用初見である天平十年までの間に、「大官大寺」から「大安寺」への改称があったとみるのが、最も穏当な見解と言えよう。(46)すると天武十一年以降、せいぜい天平十年頃までの間に、調使麻呂の年譜は筆録されたことになる。ただ、足人の出家時は記しても、没年を伝えていないことから推せば、天武十一年以降の足人がまだ生存中（天武十一年をはなはだしく降るものではあるまい）に、足人もしくはその周辺の調使氏によって、筆録された可能性さえある。もっとも、その文章が、今日知られるものと全く等しいものであったかどうかは、また別問題で、今となっては確認する術もない。それに、「調使家記」そのものも、以上の年譜に関する推定に倣って、その成立を考えてよいかは、一応配慮すべきである。ただ、調使麻呂らの年譜を含む資料をもとにして、「調使家記」が成り立っていたのはたしかで、その家記の「発生状態」を知らせるものではある。

調使麻呂が太子の舎人になったのは、推古十一年であった。推古九年の斑鳩宮造営からほどない頃で、麻呂は太子の斑鳩宮時代における舎人であって、逆にまた、それ以前には太子と直接の交わりを持ってはいない。さらに麻呂は、太子没後も長く生きて、上宮王家の滅亡も見知っていたはずである。その子、足人は、天武十一年以降も生存し、父とともに出家僧となった。太子の改葬があったとすれば、その事態に足人は直面した可能性さえある。

調使麻呂父子の年譜は、重要な意味を持つ。「調使家記」の内容が、太子関係のものに限られていなくとも、太子と麻呂との交わりを伝える記事は、推古十一年を遡るはずがない。補闕記に採られた「調使家記」が、どの箇所に相当するかは明瞭でないけれど、推古十一年という上限が、一つの目安になる。太子の幼年時代のことや、守屋との交戦記事が、「調使家記」の範囲外にあったことは、従って少くとも言えることである。もちろん、推古十一年以降の補闕記の記述が、すべて「調使家記」に由来しているというのではない。その範囲内で、検討すべきだと言うに留まる。

この原則に従うと、「舎人調使麻呂」の活動を伝える片岡山飢人説話は、確実に「調使家記」から採ったものとみられる。とりあえず、その該当記事を紹介しておこう。

太子（四十六）己卯年十一月十五日、巡看山西科長山本陵処、還向之時、即日申時、枉道入於片岡山辺道人家、即有飢人臥道頭、去三丈許、太子之馬至此不進、雖鞭猶駐、太子自言哀哀（用音）、即下馬、舎人調使麻呂握取御杖、近飢人、下臨而語之、可下怜。（可）怜、何為人耶、如此而臥、即脱紫。（御）袍、覆其人身、賜歌曰、科照、片岡山爾、飯爾飢天、居耶世屢（四字以音）、其旅人、可怜、祖無爾、那礼（二字以音）、成利来也、刺竹乃、君波也无母、飯飢氐、居耶世屢、其旅人、可怜（此歌以夷振歌也）、起首進答曰、斑鳩乃、富乃小川乃、絶者己曽、我王乃、御名忘也米、飢人之形、面長頭大、両耳亦長、目細而長、開目而看、内有金光異人、太有奇相、亦其身太香、命麻呂曰、彼人香哉、麻呂啓太香、命曰、汝者寿可延長、飢人太子相語数十言、舎人等不知其意、了即死、太子大悲、即命厚葬、多賜斂物、造墓高大、時大臣馬子宿禰已下王臣大夫等、咸奉譏曰、殿下雖大聖而有不能之事、道頭飢是卑賤者、何以下馬与彼。〔相〕語、亦賜詠歌、及其死、無由厚葬、何能治大夫已下耶、太子召所譏大夫七人、命曰、卿等七人往片岡山、開墓看、七大夫等依命退往開墓、而有其屍、棺内大香、所斂御衣幷新賜彩帛等帖在棺上、唯太子所賜紫袍者無、七大夫等看之、大奇嘆聖徳、還来報命、太子日夜詠歌、慕恋飢人、即遣舎人取衣服、而御之、〔本（朱）四十七〕故庚午年四月卅日夜半、有災斑鳩寺、

かなりの長文引用になってしまった。このうち、法隆寺の災火を記すところは、「調使家記」と無縁のように思える。もし「故」の字を生かせば、前文に接続する意味になるが、文意としては、接続する必要がない。『群書類従』本等は、「而御之如故」と改訂する。この方がたしかに、前後の意味はよく通じて、益々法隆寺火災の一文は、「調使家記」の範囲外のように思えてくる。

だが、果してそうであろうか。庚午の年が太子四十七歳というのは、矛盾以外の何ものでもない。今試みに、補闕記全体の編年表記がどのようになっているか抽出してみよう。

(イ)至于〔甲午歳誕生給歟〕厩下、不覚有産、
(ロ)〔己亥〕六歳宮中有諸小王子闘叫之声、
(ハ)太子生年十四丁未年七月、物部弓削守屋大連与宗我大臣、縁仏興不之論、
(ニ)〔御生年卅五〕戊辰年九月十五日、閇大殿戸、
(ホ)癸卯年十月廿三日夜半、忽失此経、
(ヘ)太子生年卅六己巳四月八日、始製勝鬘経疏、
(ト)〔卅八〕辛未年正月廿五日了、

(チ)壬申年[卅九]正月十五日、始製維摩経疏、
(リ)癸酉[四十]九月十五日了、
(ヌ)甲戌年[四十一]正月八日、始製法華経疏、
(ル)乙亥年[四十二]四月十五日了、
(ヲ)庚辰年[四十七]四月、持渡本講演彼土、
(ワ)丙子年[四十三]五月三日、天皇。[不]余、
(カ)丁丑年[四十四]四月八日、太子講説勝鬘経、
(ヨ)太子己卯年[四十六]十一月十五日、巡看山西科長山本陵処、
(タ)庚午年[四十七]四月卅日夜半、有災斑鳩寺、
(レ)辛巳年[四十八]十二月廿二日薨、
(ソ)壬午年二月廿二日庚申、太子無病而薨、時年卅九、
(ツ)癸卯年十一月十一日丙戌亥時、宗我大臣幷林臣入鹿・致奴王子児名軽王、（中略）発悪逆、討太子子孫男女廿三王、
(ネ)辛卯辰時、弓削王在斑鳩寺、大狛法師手殺此王、

当面問題にしている「調使家記」の採用箇所は、(ヨ)と(タ)である。また、(ホ)を除いて、(イ)から(ツ)までは、太子の伝記を構成し、(ツ)と(ネ)は、上宮王家滅亡の記事で、当然ながら太子の年齢は付記されることがない。

補闕記は、一応編年の体裁をとっている。しかし、太子の生誕年を明記しているわけではなくて、(イ)に「甲午歳誕生給歟」とみえるのは、のちの推定補注であろう。太子の年齢をそれぞれ付記しているのも、のちの補筆とみる方が

よい。補闕記の一応編年方式の撰述から、逆に推定した結果の産物だろう。すると、推定の根拠は、(ソ)をはじめとして、(ハ)や(ヘ)にあったはずである。調使麻呂の年譜も、その根拠たり得る。しかし一方、補闕記本文の編年表記自体にも、統一性を欠くところがあって、「調使・膳臣等二家記」などの寄せ集めが原因していると考えられる。その限りで、原史料の分別の一つの目安にはなるであろうが、当面は(タ)に注目したい。

補闕記の干支と太子年齢補注とは、結果的にみて、基本的な矛盾はない。唯一、(タ)が矛盾するのみである。(ヲ)からも知れるように、太子の四十七歳は、庚辰の年（推古二十八年）でなければならない。(タ)の太子年齢補注は、明らかにまちがっている。それは逆に、太子年齢の付注がのちになされたことを証すものでもあるけど、(タ)の庚午の年は天智九年を指すはずで、突飛な干支の記事が挿入されていることにむしろ当惑しながら、ともかく庚辰の年に見立てて、太子年齢を補注してしまったものであろう。

意外な記事の接続は、(ニ)と(ホ)にもみえる。(ホ)の癸卯の年は、皇極二年（六四三）に相当し、(ニ)の推古十六年から、少くとも編年上、突飛な接続を示している。元来(ニ)と(ホ)は同一の史料で、(ホ)が(ニ)のなかに含まれていたか、補闕記の撰者が、(ニ)の内容を考慮して、それを受けるべく(ホ)をつぎに配置したか、いずれかの理由によるものであろう。たとえ編年上の意外な接続であっても、内容上はともかく、連続し得るのである。この点は、後述する。

(ヨ)と(タ)も、(ニ)と(ホ)に准じて考えることができる。(ヨ)と(タ)が、同一の史料に出たものか、補闕記の撰者が、内容上の連続性を配慮して、(タ)を(ヨ)のつぎに配置したか、いずれかということになる。しかし、後者の想定が成り立ち得ないことは、今日読者の眼に明らかである。すると、(ヨ)と(タ)は同一の史料、つまり「調使家記」に本来接続して書かれていて、それをほぼそのまま補闕記が抄出採用したものとみる以外にない。

それにしても、内容上無縁とさえ思える(ヨ)と(タ)が、なぜ「調使家記」に連続して書かれていたのだろうか。調使麻呂が、天智八年に没したことを想うべきである。その翌年が、法隆寺火災となって[47]、麻呂没年と法隆寺火災とは、いみじくも連らなる出来事であった。しかし、(ヨ)は麻呂の卒去記事ではなく、推古二十七年とする片岡山飢人説話をなす。これは大きな矛盾であるが、それは「調使家記」を抽出しながら、編年体に全体を統一しようとした補闕記そのものの矛盾であって、今は家記そのものの体裁を考えなければならない。解決できる方法は、おそらく二つしかないであろう。一つは、太子改葬の殯において、太子舎人調使麻呂および調使氏の誄が試みられ、天智八年に没した麻呂の太子との交わりを称えたあと、その翌年の法隆寺火災事件に言葉が及んだものと思われる。今一つは、調使麻呂の死去を契機に、太子との親交を訴える誄もしくは記録がなされ、それに続けて、翌年の法隆寺火災のことが接続されて伝えられた可能性もある。要は、太子と交わりを持った調使麻呂のための、麻呂の死もしくは太子の改葬を契機とした、調使氏自身の誄や筆録に、その原型が求められるということである。その誄や筆録は、麻呂の子、足人か、その人の介入によってなされたものであろう。

このように考えることが許されるなら、「調使家記」の「発生状態」は言うに及ばず、片岡山飢人説話自体の性格についても、大いに示唆を得ることができよう。

二　片岡山飢人説話の贈答歌

「調使家記」の片岡山飢人説話は、『日本書紀』推古二十一年十二月条や「明一伝」のそれとは、かなり内容を異にする。「明一伝」は、ほぼ『日本書紀』を踏襲したもので、ちがうところは、飢人達磨説を加え、飢人の答歌を加えた点にある。飢人の答歌は、「調使家記」にもみえる。

「調使家記」のそれは、誄に共通するコトバの文化の痕跡が著しい。「太子自言哀哀用音」といい、「比歌以夷振歌也」といい、コトバとして発せられ表現され、そして伝えられることのあったらしい形跡を残しているのである。そこではじめに、飢人への贈歌と、飢人の答歌から吟味していこう。

贈歌は、夷振をもって歌うべきだという。この夷振は夷曲とも言い、天稚彦の殯で歌われたと伝えられるものであることは、まえに述べた。では殯で詠まれる歌をそう呼ぶのかというと、そうではなくて、「天離る、鄙つ女の」なる歌詞に由来する一つの曲節名である。[48] 従って、殯や葬儀で歌われなければならない理由はない。だが果して、単なる曲名もしくは曲節に過ぎないのだろうか。少くとも飢人への贈歌とされるものは、死者に対しての歌であった。『日本書紀』は、飢人のまだ生存中に、それを哀れんで賜った歌ということになっていて、「調使家記」にしても、この点はかわらないが、本来この歌は、死者を歌ったものとみるべきである。

『万葉集』三の四一五に、これとよく似た挽歌がみえる。やはり太子が竹原井に出遊し、龍田山の死人を見て悲しみ歌ったものという。

家にあらば、妹が手まかむ、草枕、旅に臥（こや）せる、この旅人あはれ、

もちろん、太子が現実に歌ったのかは、大いに疑うべきことで、ただ片岡山で太子が会った飢人に贈ったという歌が、少々歌詞をかえて、またその場所も移動しながら、比較的流布していたのではないかと想像される。しかし、太子が実際に片岡山で歌ったものが、のち次第に形をかえつつ、流伝されたとみるのも大いに疑問の余地があって、少

くともある時点での歌が、片や片岡山飢人説話へと発展し、片や類似の歌として、のちに流布する方向にあったのではないかとも考えられ、むしろこの方が、より穏当な理解であるはずである。

実は、調使首なる人物が、いつの頃か、備後国神島の浜で、屍を見て作ったという挽歌が『万葉集』十三の三三三九〜三三四三に載せてある。「偃せる君は、母父の、愛子にもあるらむ、若草の、妻もあるらむ、家問へど、家道もいはず、名を問へど、名だにも告らず」と、そのなかで詠んだのであった。もちろん問題の贈歌に酷似しているというわけではないが、旅路で絶命した者を悲傷したその基調は全く一致し、いわんや調使首が歌っている。

飢人への贈歌といわれるものが、すべからく挽歌の基調をもって伝えられたことは、充分注目に値する。挽歌は本来、長く詠み伝えられるものであった。たとえば、孫の建王を失った斉明天皇は、挽歌を詠んで、秦大蔵造万里に詔し、「伝斯歌、勿令忘於世」れと命じたことが、『日本書紀』斉明四年十月条にみえる。あるいは、秦大蔵造万里自身が、天皇の意に答えて挽歌を作り、のちに伝えたのが真相であったかもしれない。とまれこの挽歌は、秦大蔵造万里の家で、詠み伝えられていったことであろう。もちろん、筆録もなされたはずである。

これは初期に位置する挽歌だが、渡来人系の挽歌が注目される。中大兄皇子の妃である造媛が没した時、その挽歌を詠んだのも、やはり渡来人系の野中川原史満であったという(49)。まえにみた遊部を説く「古記」は、「但此条遊部、謂野中古市人歌垣之類是」と述べているが、殯における遊部の役割は、殯の変容とともに、野中古市居住の河内漢氏系の歌作りへと、次第にとってかわられたことを暗示する。もちろん、河内漢氏系に限るまいが、その作歌力や文章力(「善言」を含む)のため、渡来人の殯や送葬における挽歌作りには、無視できないものがあるであろう。

同時に、舎人の挽歌もよくおこなわれた。誄がそうであるからには、挽歌も当然考えられるところである。草壁皇子の死を傷んで作った舎人の歌が、二十三首も『万葉集』二には伝えられているのである。調使氏が渡来人系であることは論を待たないが、舎人を出した氏族でもあり、奈良朝に入っても、同様の家であったらしい。『大日本古文書』三の六四五や四の九七には、大納言藤原仲麻呂家の「家従」として、調伎(使)首難波万呂の名がみえる。また、天平宝字四年三月の『道守徳太理啓』[50]は、「調使家令馬直伍伯束」の稲を、去る二年十一月に「息嶋」に充てたことを述べているが、「家令」とは一応名と考えられても、官職としての「家令」から転化したものではなかろうか。「家令」といい、「家従」といい、とりわけ大宝令制以前の舎人に共通するところがあって[51]、結局調使氏は、麻呂の太子舎人以来、一貫した家の性格を持っていたらしく、その限りにおいて、もし挽歌が同氏によってある時期作られれば、その家で伝えられていく可能性は充分あったと言えよう。

挽歌の初見は、史料上さきに紹介した『日本書紀』大化五年条の野中川原史満の作歌にあって、それを遡らない。『万葉集』に関する限り、挽歌群のはじめにみえるのは、天智天皇の死に際してである[52]。いずれにせよ、太子没直後の殯で挽歌が詠まれたとは到底考えられない。そこで視点を換えて、飢人の答歌と伝えられるものを考えておこう。『日本書紀』には、記載されることのなかった歌である。実は、法王帝説によると、「上宮薨時、巨勢三枝大夫歌」として三首載せられているが、そのうちの一首に当たる。今はとりあえず、原文のまま全部紹介しよう。

㈠伊加留我乃、止美能乎何波乃、多叡波許曽、和何於保支美乃、彌奈和須良叡米、
㈡美加彌乎須、多婆佐美夜麻乃、阿遅加気爾、比止乃麻乎之志、和何於保支美波母、
㈢伊加留我乃、己能加支夜麻乃、佐可留木乃、蘇良奈留許等乎、支美爾麻乎佐奈、

はじめの㈠が、「調使家記」に入っているわけである。いずれも法王帝説は、太子の死を想う「巨勢三枝大夫」の

挽歌であったとするが、太子の時代に挽歌はあり得ないから、少くとも推古朝の作でない。ではその後、ある時期に三首とも、同時に詠まれたかというと、また疑問がある。㈠と㈢は「伊加留我乃」と歌うが、㈡が斑鳩にかかわる歌であった保証はない。㈠と㈡は「和何於保支美」と歌うけど、㈢は「支美」と詠むだけで、対象が異なるようにも思える。結局、三首が同時に、同様の事態に直面して歌われたかどうか、何とも決しかねるが、仮名の表記は三首とも一致する。

問題の手掛りは、「巨勢三杖大夫」なる人物にわずかながら存しよう。しかし、「巨勢三杖大夫」と呼ばれた人物は、他に傍証がない。だが「三杖」を名とするのは不自然で、巨勢氏のうち「三杖大夫」と通称された人物を見出さなければならないが、それとて他に例を見ない。おそらく、ある種の官職名の通称か、国風の呼称が「三杖大夫」であったろう。しかも大宝令制以後の、比較的史料を残す時期には、このような呼び方が知られていないので、むしろ大宝令制前の通用であったと考えられる。

この「三杖大夫」は、御史大夫のことではないだろうか。天智十年から近江朝が滅亡する、わずか一年半余の短期間存在したのが、その御史大夫であった(53)。御史大夫になったのは、蘇我果安臣・巨勢人臣・紀大人臣の三名である(54)。唐制における御史大夫は、御史台の長官として一名が設置されていたが(55)、わが国では大夫三名制で、三名の大夫が唐制における長官の意味に使用されなかったことはたしかである。その限りで、御史台なるものがわが国へも直輸入されたものかは大いに疑わしく、旧来のマヘツキミ制に、やはり多くを負っていたものと思われ、「三杖大夫」なる固有の呼称が一時用いられたとしても、別段不可解なことはあるまい。もしそうであれば、「巨勢三杖大夫」とは、巨勢人臣を指すことになる。

しかし何と言っても、御史大夫を「三枝大夫」と呼んだ確実な根拠に乏しい。そこで挽歌とされた㈠の内容からみていこう。天智天皇の女の明日香皇女が、文武四年四月に薨去した。その殯で、柿本朝臣人麿の作った挽歌があって、『万葉集』二の一九六～一九八がそれである。

明日香川　明日だに（一に云ふ、さへ）見むと思へやも（一に云ふ、思へかも）わが王の御名忘れせぬ（一に云ふ、御名忘らえぬ）

この歌は、さきの㈠の歌を本歌にしたものと思われ、[56]やはり㈠の歌も、挽歌にふさわしかろう。そこで㈠の意味だが、斑鳩の富の小川が絶えるようなことでもない限り、「ワカオホキミ」の名を忘れはしない、ということである。問題は、この「オホキミ」が誰なのかということになる。そして、斑鳩の富の小川が、歌を作った人にかかわるのか、「オホキミ」にかかわるのか、いずれかでなければならない。まず「オホキミ」であるが、天皇を指すとは限らないにせよ、もし「巨勢三枝大夫」なる大夫層の人物が詠んだのであれば、やはりそれ相応の対象でなければなるまい。

今かりに、「巨勢三枝大夫」を巨勢人臣とすると、「オホキミ」は天智天皇の可能性が強く、天皇の殯で作られことになる。しかしそうすると、斑鳩の富の小川というのが、どうかかわってこようか。一つは、天皇の崩御の少し前に、法隆寺が焼亡していることとかかわるかもしれない。斑鳩の富の小川を絶えさせない、つまり法隆寺を再建させるという意思と、天皇をこれからも恒久に忘れるものではない、つまり近江朝のあらためての存続を訴えることとが、からまって歌に表現されたとみることもできる。

今一つは、巨勢氏と斑鳩の富の小川もしくは法隆寺とのかかわりである。かって大化三年、「許世徳陁高臣」によって、法隆寺に食封三百戸が施入されたと伝えられる[57]ほか、奈良朝の天平宝字年間に降るけれど、巨勢朝臣古万呂なる人物が、平群郡九条三里三十二坪のところに、家地を有していた。『額安寺班田図』の伝えるところである。[58]斑鳩の地から、さ程遠からぬところに巨勢朝臣古万呂は住んでいた。巨勢氏の本貫は、平群郡のこの地ではないが、かつて山背大兄王の皇位を望んだ許勢臣大麻呂の存在など[59]を考慮すると、巨勢氏と斑鳩もしくは法隆寺の関係は、やはり無視できないものがあろう。

もし以上の推測が成り立つなら、飢人の答歌とされる歌が、『日本書紀』に採用されなかったこともうなずける。巨勢人臣は、壬申の乱で配流に処された。[60]すると、飢人の答歌とされるものが、実は天智天皇の殯における、近江朝の恒久をも祈った巨勢人臣の挽歌であったとみても、一応説明は付くのではなかろうか。

かなり憶測を重ねてしまったが、少くとも第一に、飢人への贈歌といい、飢人の答歌といい、太子の生前の時期における事実ではなかった。第二に、この二種の歌は、その系統を一応異にすると考えられる。『日本書紀』の場合とは逆に、『日本霊異記』上の四は、飢人の答歌のみを載せて、贈歌の方を欠いているが、これはいずれも、二種の歌が本来贈答歌として生まれたのではなく、それぞれ別のところから組み合わされたに過ぎないことを物語っていよう。そして第三に、それぞれ異なる時と場における挽歌の組み合わせが、飢人をめぐる贈答歌を形成したものと思われる。さらに第四は、その飢人への贈歌こそ、本来調使氏が伝え、あるいは作ったもので、それが挽歌であるからには、調使麻呂その人の死を契機としたものか、太子自体の死を契機としたものかという可能性が出てくる。もし後者であれば、推古朝の太子の死を詠んだのではなく、死してある太子のある段階を詠んだことになる。今、その歌の意味に深く立ち入るなら、あたかも三所合葬を願い、予定したものとみることもできよう。「祖無爾」といい、「君波也无母」といい、たしかにそう解せる余地はある。

そこでつぎに、この二種の歌を含む「調使家記」の片岡山飢人説話の全体を、検討してみることにする。

ある。

三　「調使家記」と片岡山飢人説話の形成

『日本書紀』推古二十一年十二月条の片岡山飢人説話と、「調使家記」のそれとでは、その基調に似て非なるものがある。

『日本書紀』の場合は、飢人が「其非凡人、必真人也」と太子をして語らせ、その「真人」の所以は、尸解仙を果したことで証明されて、結局「真人」であることを予見した太子の「聖之知聖」ることが称讃されて、その記事を終える。ところが「調使家記」となると、飢人の造墓が大きく取り上げられて、「厚葬」や「造墓高大」なることをめぐって、太子と「七大夫」との間に抗争が生じる。たしかに「嘆聖徳」じる結末にはなるけれど、「聖徳」の所以の一端に、「厚葬」を果したことが大きく介在しているのは、何としても注目すべき点である。

このちがいは、説話の冒頭からすでにはじまっていた。太子の晩年、自身が「山西科長山本陵処」を巡看した帰路に、片岡山で飢人に会ったというのが、「調使家記」の方で、『日本書紀』はただ、片岡遊行ではじまる。太子が生前に、磯長墓を寿墓として造っていたとは考えられず、またすでに存した誰かの陵(墓)を巡看したというのもうなずけない。従って少くとも「調使家記」は、太子の磯長墓を知った上で、かつその墓を重要なモチーフとして、出来上がっていたと言える。そして太子の墓といい、飢人の墓といい、造墓や埋葬のことが、「調使家記」の片岡山飢人説話の無視できない基層を成していたのである。

ここに、一読して不可解な一文が含まれている。それは、太子の命によって「七大夫」が飢人の墓を開くところで、

「而有其屍、棺内大香、所歛御衣并新賜彩帛等在棺上、唯太子所賜紫袍者無」しという。このまま読めば、尸解仙はなく、ただ紫袍のみが無くなっていたことになり、『日本書紀』およびその系統に連らなる説話に著しい尸解仙のことが、重大な相違を示していたことになる。けれども、伝暦推古二十一年十一月条に、ほぼ「調使家記」と同文が載せられていて、それには「無有其屍」しと記す。つまり、尸解仙を果したというわけだ。「調使家記」はすぐあとで、「太子日夜詠歌慕恋飢人」うたと言うから、やはり「無有其屍」しか、「而無其屍」しと、本来の「調使家記」ないし補闕記には書かれていたものだろう。

すると、「調使家記」も、『日本書紀』と同様に、飢人の尸解仙を主張していたことになる。問題は、『日本書紀』よりさらに、その尸解仙がこみ入ってきていることで、紫袍のことは、『日本書紀』にみえない。しかし「暦録」は、「調使家記」のこの部分を参照した形跡がある。再三引用した伝暦推古二十一年十一月条にうかがわれるわけだが、今その要点を記せばこうなる。

同月十五日、暦禄曰（或本此六字注也）十二月、太子命駕、巡看山西科長山下墓所、（以下「調使家記」とほぼ同文）暦録曰、衣裳帖置棺上、詔取其衣、自服如常、時人異之者、七大夫等看、而太奇深嘆聖徳不可思議、（後略）

この伝暦の記載方法には、若干解せないところがあって、まえに紹介した時には深く立ち入ることをしなかったが、今あらためて吟味するに、「暦録」推古二十一年十二月条に、「調使家記」とほぼ同文のものが記されていたらしい。おそらく伝暦撰者は、『日本書紀』の説話がみえる推古二十一年条なる編年を基準としつつも、補闕記の説話が配置されている十一月十五日（推古二十七年）の月日を採用して、一応それと明記はしないものの、補闕記から片岡山飢人説話を引用した。けれども、よく似た文章が「暦録」にも存することを知って、それには推古二十一年十二月のこととしてあった。ただ、補闕記の尸解仙の段になると、「暦録」は文章を異にして、ほぼ『日本書紀』を採用していた。「暦録」撰者は従って、『日本書紀』と「調使家記」（補闕記所収のものではあり得ず、単独の家記そのものでなければならない）を、二つながら披閲して、その多くを実質上「調使家記」に依りながらも、飢人尸解の段だけは、翻って『日本書紀』の方を採用したものと思われる。

ここで三つのことが、少くとも指摘できる。第一は、「調使家記」の最終的な整備が、「暦録」よりも前であったこと。「暦録」の成立を、聖武朝以後さほど降らぬ時期とすれば、「調使家記」は、おそらく聖武朝前後を降らぬ以前に成立していたことになる。第二は、皮肉なことだが、補闕記撰者は、「調使家記」を引用している「暦録」に不満を抱きつつ、おそらくそれと知らずに、「調使家記」の発見に感激し、その家記を引用した。しかし第三は、たしかに同様の原史料に辿り着いたとしても、やはり「暦録」と「調使家記」には異同が存した。一つは、説話の編年がちがい、今一つは、飢人尸解の段がちがっており、それはいずれも、『日本書紀』とのちがいに等しかった。このちがいを逆に言えば、神仙思想に深い関心を持つ「暦録」でさえ、「調使家記」の飢人尸解仙の段を採用しなかったほど、その段は「調使家記」独自のものであり過ぎたのである。

今、服色の変遷をみるに、天武十四年七月に朝服の制が初見する。[61]問題の紫袍は、言うまでもなく紫の袍だが、『和名抄』は「楊氏漢語抄」を引いて、袍を「宇倍乃岐沼」と訓み、「一云朝服」うと説く。そこで天武十四年の服色制だが、浄位以上は朱花（はねず）を着し、正位・直位は、それぞれ深紫・浅紫を着すよう定められている。草壁皇子・大津皇子・高市皇子等は、すべからく浄位であるから、朱花（朱色）を着したはずであった。ついで持統四年四月に、服色制の改定がおこなわれた。[62]浄大壱以下広弐以上の朝服は、黒紫と定められ、浄大参以下広肆以上は赤紫、正位の八級も赤紫の朝服を着すよう規定されることになる。ここに朱花の着用は姿を消して、紫色が最上級のものとなった。さらに大宝・養老両令では、親王四品以上が黒紫・深紫、諸王諸臣一位も黒紫・深紫、諸王二位以下五位以上と諸臣三位以上は赤紫・浅紫と定められる。[63]持統四年制を、大枠では踏襲しているが、皇太子の礼服（朝服）は、別途に黄丹衣と規定され、[64]和銅八年の正月になって、皇太子（聖武）がはじめてその服を着したという。[65]

推古朝の太子を、のちの服色制に当てるのは、全く歴史的な意味を無視するものではあるが、今対象としているものが、すでにのちの伝承であるからには、あながち無意味な比較でもあるまい。そこでかりに、太子が紫袍を着していたという説話が生じ得る期間を推定すれば、持統四年以降の『大宝令』発布まで、もしくは霊亀元年（和銅八年）までの可能性が出てくる。「暦録」が、「調使家記」の紫袍を主張した段に極めて否定的な対応を示したのは、現実の皇太子服制に矛盾を感じ取ったからかもしれない。

しかしここで問題なのは、「殿下雖大聖、而有不能之事、道頭飢是卑賤者、何以下馬与彼。相語」と、「七大夫」が太子を批判したくだりである。これはまさしく礼秩序意識の投影で、『大宝令』発布以降、その「儀制令」行路条・在路相遇条・遇本国司条で規定された意識を、むしろ前提にして成り立つものであると考えられる。『大宝令』以前がどうであったかは、明らかでない。ただ『日本書紀』天智九年正月条には、「戊子、宣朝庭之礼儀、与行路之相避」うと記されており、『鎌足伝』にも、天智七年にかけて「先此、帝令大臣撰述礼儀、刊定律令」むという。従って少くとも『浄御原令』において、『大宝令』で規定された内容の前身をなすものが、記載されていた可能性はある。しかし、「調使家記」がかくも「儀制令」の強制を強く意識して表現したらしい筆致から推すと、やはり『大宝令』発布以降に、件のストーリーは最終的にまとめられたとみるのが妥当だろう。

すると、紫袍のことが記された時期とあわせて、どのように考えたらよいか。持統四年以降であるのはよいとしても、双方に矛盾が生じてくる。『大宝令』発布から霊亀元年までの間とすれば、一応矛盾は解消するが、いささか強引な理屈付けの感は拭えまい。そこで一つの示唆として、太子ははじめ紫袍を着していたが、それを飢人に与え、かつ飢人とともにその紫袍が無くなったというストーリーに注目したい。ふつう尸解すると、衣服はそのまま地上に残るとされるが、紫袍に限ってはそうなっていない。これは、皇太子の紫袍を着すことが廃されたことと、むしろ何らかの関係があるのではないか。そうすると、『大宝令』発布もしくは霊亀元年以降に、「調使家記」の最終的な仕上げがなされたことになる。もちろん下限は、「暦録」の撰述以前である。

「調使家記」の最終的な書き上げの上限については、なお慎重でなければならないが、一つの目安として、提示しておく。しかし少くとも、いくつかの注目すべき点は指摘できる。第一に、「調使家記」の片岡山飢人説話には、律令国家の志向する礼秩序意識の強制に、否定的な意思を示す態度が潜在している。太子と「七大夫」とのある種の対立は、もちろん事実の反映とみるべきでないが、むしろそのような対立を仕立て上げることによって、儒教的な律令国家統治理念に対する調使氏自身の否定的な意思を表明しようとしたと言うべきだろう。それは、調使氏が下級官人であったという理由によるだけでなく、律令制下における舎人とさえちがう、官司制とは本来無縁の舎人をかつて出した家柄としてのあり方に由来するものだろう。依って立つ文化のちがいに原因するとさえ言える。[66]

第二に、いわゆる片岡山飢人説話に対して、礼秩序を重視する立場から、ある種の批判めいた態度が現実に生じてきた可能性が察知できる。それを弁解し、かつ抗議するためにも、「調使家記」は書き上げられたと言えよう。しかし第三に、その最終的な成立期といい、片岡山飢人説話に対する弁論といい、『日本書紀』記載の説話を基礎にして、あらたな説話展開を成したとみてよいか疑問が残る。この点は重要なので、以後検討を加えたい。
たしかにその内容や推定成立期から言って、「調使家記」の片岡山飢人説話は、『日本書紀』の説話自体、もしくはその原史料をむしろもとにして、仕上げられたとみることもできる。しかし、のちの「明一伝」などとは明らかに異なって、『日本書紀』記載の説話をただ単に改修したり、増幅したりしたものでないことは、一読して疑う余地はない。やはり、独自の性格を持つものであり、自身の伝承もしくは家記の原型から、さらに補筆改訂をすすめて、最終的にまとめられたとみるべきだろう。

「調使家記」の片岡山飢人説話のうち、「時大臣馬子宿禰已下王臣大夫等、咸奉譏曰」以下の、太子と「七大夫」の対立、そしてこみ入った飢人の尸解仙という後半箇所は、大いにのちの補訂と考えられる。がしかし、それより前の前段に関しては、より一層古い素材によるものではなかろうか。太子と飢人との贈答歌を含む箇所で、「太子自言哀哀用音」とのコトバの文化の痕跡を残しているのも、すべて前段に限られる。太子がはじめ、紫袍を脱いで飢人に与えたというのも、実はこの前半部分のことであるが、持統四年以降の『大宝令』発布もしくは霊亀元年以前に、この部分のあらましがすでに成立していて、それを受ける形で、後半部が、あらたな事態のもとで接続追加された可能性はあり得る。

すると問題なのは、その前半部と『日本書紀』に記された説話の原史料が、いかなる関係にあったかということである。今、「調使家記」の方をみると、前半部で無視できないのは、飢人の「厚葬」と、「命曰汝者寿可延長」しとの一文である。まず後者の一文から言うと、『日本書紀』には全くみえていない。『日本書紀』は太子の聖であることを称讃するわけだが、「調使家記」は、むしろ太子舎人調使麻呂を祝福する。そこで留意されるのは、天智天皇の不予に際して、倭姫王が詠んだ歌である。

天の原、振り放(さ)け見れば、大君の、御寿(みいのち)は長く、天足らしたり(67)、

「大王乃、御寿者長久」と歌ったのである。まだ天皇の生存中ではあったが、『万葉集』二は、挽歌に加えている。これを「調使家記」の場合に置き換えれば、天智八年の麻呂臨終に際して、その生命を祝うコトバが発せられて、それが家記に加えられたとみることもできよう。いずれにせよ、調使氏によって、麻呂の生が祝福されたのはたしかで、家記の重用な骨子を成している。

しかし一方、なぜ飢人の「厚葬」といい、「造墓高大」なることが、これほど問題になるのだろうか。太子の磯長墓への改葬が、その背後に存在するのではなかろうか。まず飢人への贈歌とされるものの内容であるが、「祖無爾」といい、「刺竹乃君波也无母」というのは、太子とその母・夫人との三骨合葬のことを踏まえて詠まれたと解することもできよう。すると、飢人のことに仮託された太子の改葬が浮かび上がってくる。飢人の身は「太香」であったというが、同じ「調使家記」ではあるまいけれど、やはり補闕記の引いた古記の部分と思われるところに、「皇后披懐而抱其身大香、大香気非常」とあって、太子の幼身が「大香」であったことを伝える。飢人と太子の身は、相通ずるかのようである。もっとも、『日本書紀』にいう「聖之知聖」るという記事をもとに、潤色が施されたとみることもできようが、「調使家記」の少くとも前段に、そのような聖観の説明はない。別の系統か、むしろ「調使家記」の原型かららともに、『日本書紀』と「調使家記」の整備へと分かれていったものだろう。

また、いわゆる大化二年の薄葬令を遵守することなく、太子の造墓がのちおこなわれたとすれば、ことさら「厚葬」と言い、「造墓高大」なることが強調されるのもうなずけよう。そしてもし、太子の改葬が契機となって「調使

家記」の原型が成立したとすれば、太子は、片岡山にはじめ埋葬されていたのかもしれない。片岡の地も、また墓所であった。孝霊天皇の片丘馬坂陵、顕宗天皇の傍丘磐杯丘北陵、武烈天皇の傍丘磐杯丘北陵、茅渟皇子の片岡葦田墓などが伝えられるところである。(68)斑鳩宮の存在から推して、太子の墓所は磯長よりもむしろ、この片岡の方がふさわしいとさえ言える。飢人の屍の有無にしても、もしかしたら、改葬の際の第一次墓所を開いた現実を契機としたものかもしれない。すると、「飢人之形」の形容は、外ならぬ太子の容貌を、憚った上で伝えたものとも考えられる。

重大な問題ではあるが、とにかく推測の域を出ない。しかし今は、以上の仮説を整理することで、「調使家記」の片岡山飢人説話の検討を終えたい。

まず第一に、その成立は「暦録」撰述よりも前であった。第二に、とりわけ後半部は、その成立が遅く、『大宝令』発布もしくは霊亀元年以降であったらしい。もちろん、この後半部の成立によって、説話(「調使家記」そのもの)は、最終的に整えられたはずで、その下限は「暦録」撰述以前ということになる。第三に、律令国家の志向する礼秩序意識の強要に批判的な態度がうかがえる。第四に、説話の前半部は、後半部よりもその素材の成立が早いと考えられる。第五に、その前半部の重要な要素は、調使麻呂の生を祝福することと、飢人の「厚葬」を主張することにある。第六に、そのモチーフは調使麻呂の死もしくは太子の改葬にあった可能性がある。

このように整理できるとすれば、天智朝末年の調使麻呂の死、それにつづく法隆寺火災の時期、ついで持統朝の頃とも考えられる七世紀後半の改葬という二つの時期が、「調使家記」の原型を生みだす契機をなしたものと考えられる。しかしこの二つの時期は、結局ともに七世紀の後半であることにかわりなく、接近している。法隆寺再建とともに、太子への追慕を将来し、やがて改葬へと展開する。一方調使氏も、太子舎人麻呂を失い、麻呂の死を契機に太子への追慕が高まり、また逆に、太子への追慕が調使氏自身のあらためての蘇生を確認させたことだろう。そして太子の改葬で、舎人の事が誄された可能性もある。[69] 一方、『日本書紀』の説話にしても、以上の経過を辿って成り立っているはずで、必ずしも「調使家記」を原史料としたわけではなく、片や「調使家記」へ、片や『日本書紀』へと、それぞれ仕立て上げられていったものであろう。ただその際、調使氏の家記形成に『日本書紀』が多くを依ったことは考えてもよく、『日本書紀』が出来上ってある「調使家記」を素材としたのではないというだけである。持統三年六月に撰善言司となった調忌寸老人[70]の存在は、その点注目してよかろう。この老人と調使氏とは、厳密に言うと同族同家ではあるまいが、近似する氏族か、統轄関係にあった氏族か、とまれ無縁ではあり得まい。[71] また、壬申の乱の勃発当初から大海人皇子に従った調首淡海[72]もいて、彼の日記はあまねく知られており、[73] 神亀四年末までは確実に生存した。[74] 調使氏もしくは調使麻呂家の家記形成については、彼らも知悉していたはずである。彼らによって、とりわけ調忌寸老人の手によって、『日本書紀』の片岡山飢人説話が書かれたものかもしれない。[75] あるいは太子関係の他の記事も、調忌寸老人の筆になる部分があったやもしれず、それも「調使家記」形成過程に含まれていた部分に依りつつ、「善言」化されたであろう。そして結果的には似て非なるものを生むわけだが、調使麻呂家と、たとえば調忌寸老人とでは、もはや立脚する文化にくいちがいが存在したのであった。

第四節　膳臣家記

一　太子の馬の飛翔圏

「膳臣家記」とは、太子夫人膳大郎女の家の記であったと、一応言うことができる。法王帝説は、「膳部加多夫古臣女子名菩岐々美郎女」と言い、『平氏伝雑勘文』下三所収の「上宮記下巻注」は、「食部加多夫古臣女子名菩支々彌女郎」と言う。膳大郎女は、いわゆる膳臣傾子の女であった。ところが、膳臣氏はただ、太子夫人を出しただけではなく、上宮王家の周辺に広く婚姻関係を結んでいる。さきの「上宮記」逸文を中心に、法王帝説を参照しながら、それを系図に作り直すと、およそ下のようになるであろう。必要部分だけ今は記し、用語は、とりあえず「上宮記」に従った。

　この系図で知れることは第一に、膳臣傾子が女二人を、用明天皇と穴穂部間人皇女との間に生まれた二人の皇子、太子と久米王にそれぞれ嫁がせている。第二に、上宮王家二代

伊志支那郎女
用明
間人孔部王（1）
食部加多夫古
間人孔部王（2）
佐富女王
多米王
菩支々弥女郎
法大王（聖徳太子）
己乃斯重王（長谷部王）
舂米女王
山尻王（山背大兄王）
刀自古郎女
久米王
比里古女郎
高椅王

にわたって、それぞれ膳臣氏との婚姻関係が存在していた。第三に、穴穂部間人皇女(王)との関係が、膳臣氏との間に重層的な形で認められる。第一に指摘した点のみならず、再婚した穴穂部間人王に及んでまで膳臣氏との関係は緊密であった。

「膳臣家記」なるものを吟味するに当たって、以上の条件は基本的な前提となる。そこで補闕記から、「膳臣家記」採用の箇所を抽出しなければならない。はじめに、確実と思えるところから検討しよう。

(イ)太子謂夫人膳大郎女曰、汝如我意触事不違、吾得汝者我之幸大、思群臣預知而召之一事已上、太子所念咸預識之、(ロ)如〔(朱)本〕太子馬其毛烏斑、太子馭之、凌空躡雲、能餝四足、東登輔時岳、三日而還、北遊高志之州、二日而還、太子欲臨看之地、此馬奉駕三四五六日還、莫処不詣、太子毎命曰、吾得意馬、甚善甚善、儻有錯躓、終日不喫、似有悔過、太子宣喫、敢乃喫草飲水、(ハ)辛巳〔四十八〕年十二月廿二日斃、太子愴之、造墓葬墓、今中宮寺南長大墓是也、

このうち(イ)が、「膳臣家記」から採られたものであることは、まず疑えない。「夫人膳大郎女」と明言した上、その夫人を称えて止まない。さながら「調使家記」の「汝者寿可延長」しという祝福に酷似する。問題は、つぎの(ロ)と(ハ)である。この(ロ)と(ハ)は、接続するものとみてよい。むしろ、(イ)と(ロ)が接続するか否かということで、接続すれば、(イ)・(ロ)・(ハ)は少くともすべて「膳臣家記」から採られたことになる。

文章上の内容は、(イ)と(ロ)・(ハ)では明らかに異なる。しかし、(ロ)の書き出しをみるに、あるいは誤写であろうか、いささか解せないところもあるが、全く別な典拠から結び付けられたとは考えられない。それに、(イ)の「汝如我意触事不違、吾得汝者我之幸大」というところと、(ロ)の「吾得意馬、甚善甚善」というところは、その用語といい、筆致といい、到底別の史料とは考えられない。また、太子の馬は辛巳年十二月二十二日に斃したというが、この推古二十九

年十二月二十二日は、穴穂部間人皇女の死んだ年月日として別に伝えられるその翌日に当たっており、穴穂部間人皇女のことに何らかのかかわりがある伝承と考えられる。その限りにおいて、「膳臣家記」の内容であってもさしつかえないであろう。そこで、(ロ)・(ハ)が「膳臣家記」たり得るかどうかも配慮しつつ、その内容と「発生状態」の検討に移ろう。

太子の馬が、かくも四方に飛翔するなど、事実でないことは言うまでもないが、「凌空躡雲」とは、やはり神仙の思想を反映している。「輔時岳」にまで登ったというが、この富士山のことは、『日本霊異記』上の二八の役小角伝にみえている。

昼随皇命居嶋而行、夜往駿河富岻嶺而修、

平安朝初頭においてすでに、富士山に対するある種の感覚が生まれていたことはたしかである。それをただちに修験道と結び付けるのは早計で、やはり神仙思想もしくは道教の影響とみるべきだろう[76]。

たしかに、馬の飛翔は事実でないにせよ、荒唐無稽な方向や場所へ飛んだと伝えられるはずもない。必ずや何程かの事実、もしくは認識の反映がなければなるまい。そこではじめに、東は富士山にまで登り飛んだということから考えてみよう。

『日本書紀』や『続日本紀』で、富士山に関する記事は皆無に近い[77]。ただ注目されるのは、『日本書紀』皇極三年七月条である。周知のように、「東国不尽河辺」の人である大生部多なる人物が、虫祭りを勧め、常世の神を祭ると言い、富と寿を致すと主張した。「貪人致富、老人還少」くなるというものであった。これは富士山に直接かかわるものではないが、同山麓における格別の信仰集団が生まれたことはやはり無視できない。この集団については、これまで主として秦氏との関係をめぐって論説が展開されてきたようだが、[78] 大生部多なる人物を、まず何よりも注目しなければならない。

大生部多は、生部（壬生部）であり、[79] あるいはその生部を統率する地位にあったものであろう。駿河国には、たしかに生部の設置と居住が知られている。天平十年の『駿河国正税帳』は、駿河郡司少領の壬生直信陁理を伝え、のち彼は大領になったもようである。[80] また駿河国出身の防人助丁に、生部道麿もいる。[81] 推古十五年と伝えられる六世紀末期から七世紀初頭にかけて、皇子女の養育料のために新設されたと思われるこの生部のうちで、虫祭り・常世の神信仰が湧出したのも、決して偶然でないだろう。

たとえば『常陸国風土記』総記に、しばしば文飾と思われがちの一文がある。

夫常陸国者、堺是広大、地亦緬邈、土壌沃墳、原野肥衍、墾発之処、山海之利、人人自得、家々足饒、設有身労耕耘、力竭紡蚕者、立即可取富豊、自然応免貪窮、（中略）古人云常世之国、蓋疑此地、

たしかに、いささか潤飾の感は拭えないが、富豊となる常世の国であるという意識は、単なる形容でなく、生部の思想もしくは信仰に支えられたものと言える。生部の設置にとって、この常陸国は注目すべきだからである。今『常陸国風土記』に限ってみても、行方郡条には、孝徳朝にかけて「茨城国造小乙下壬生連麿」と「那珂国造大建壬生直夫子」の存在が録されている。前者は、茨城郡条に「茨城郡湯坐連等之初祖」とされる「筑波使主」の系譜を引くものであろう。その他、『続日本紀』神護景雲二年六月戊寅条は、「掌膳常陸国筑波采女従五位下勲五等壬生宿禰小家主」を常陸国造に任命したことを記し、『日本後紀』延暦二十四年七月丁亥条は、「常陸国人生部連広成」が私物をもって貧民の救済にあたったことを記録する。さらに、天平勝宝四年十月付の「調庸綾絁布墨書」によると、「常陸国信太

郡大野郷戸主生部衣麻呂」が知られ、同五年十月付のものでは、「常陸国行方郡逢鹿郷戸主壬生直宮方」や同郡司大領の「壬生直足人」の存在がうかがわれる。[82] 常陸国出身の仕丁、生部真切石もいる。[83] 要するに常陸国の生部は、今日知られる限りでも、筑波郡・信太郡・行方郡・那賀郡・茨城郡の五郡にわたって居住し、律令制下の国造としても、連綿としてその氏族は継承された。

常世の神の信仰は、一応中国の民間道教の信仰・行事に系譜を引くものと考えられるが、その現象は多分に複合的で、道教のマジックによる祭祀を基底として、これにシャーマニスティックな要素や、日本の原始信仰の心理などが加味されたものと言われている。[84] 大筋認められるところであろうが、生部との関連から、二、三の問題を指摘したい。第一に、土地の開発などを支える一つの思想が、常世の神もしくは国の信仰にあったのではないかという点である。『常陸国風土記』行方郡条は、壬生連麿の土地神を恐れない強引な開発ぶりを伝えている。「目見雑物、魚虫之類、無所憚懼、随尽打殺」せというものであった。このことは逆に、壬生連麿がそれなりの格別な信仰に支えられていなければ果せない、何程かの事実を伝えていよう。

第二に、これとかかわることではあるが、筑波岳の意味は、当面重要となる。『常陸国風土記』筑波郡条は、古老の言として、つぎのような伝承を載せている。昔、「神祖尊」が、「駿河国福慈岳」に到り、宿を求めたところ拒否されたので、冬も夏も雪が解けることなく、人も登らない山になるであろうと、その富士を呪詛した。ついで筑波岳に、宿を求めることができたという。そして、「神祖尊」は、歓んで歌を歌うことになるが、そのなかでつぎのように言う。

人民集賀、飲食富豊、代代無絶、日日弥栄、千秋万歳、遊楽不窮、

この歌は、常世の国と自讃したさきの内容によく符合して、まさしく筑波岳は、常世の国の象徴であり、蓬来山の

ような神山に比すべき位置にあったと言えよう。おそらく、在来の「神祖尊」の信仰にうまく調和されて成り立ったものであろう。

しかしここで、富士山の登場は注目される。結局富士山は、常世の国の信仰の圏外に追いやられたかのように伝えられるが、すでに役小角の伝承にもうかがえるように、またのちの『富士山記』が、「蓋神仙之所遊萃也」と言い、「其聳峯欝起見在天際、臨瞰海中」すと述べるように、やはり蓬来山のような神山に比すべきものがある。もっとも、富士山に対するこのような観念が、いつ頃から生じたかについては明らかでない。しかし、常陸国の生部が、筑波岳を常世の国の象徴と仰いだとすれば、駿河国の富士川流域・河口の生部も、富士山を同様に認識した可能性は充分あると思う。ただそれが、富士山の拒否という形で『常陸国風土記』に伝えられたのは、両国生部の何らかの内争によるものか、移動によるものか、あるいは駿河国の生部による常世の神信仰が弾圧されたこと自体によるものか、いずれかであろう。在来の神との間に、調和が形成されなかったことも、考慮に入れるべきである。ともあれ、常世の国の象徴として筑波岳を語るのに、富士山をわざわざ引き合いに出したのは、ただ地形上の比較をするためではなく、富士山も常世の国の象徴たり得る可能性を持っていたことを、逆に吐露したものとみなければなるまい。

第三に、常世の虫が注目される。その長さは四寸余で、頭指ほどの大きさの緑色にして黒点のある、「其貟全似養蚕」れるものという。養蚕に似ているが、そうであるとは断言していない。常世の虫は、橘の樹に生息するというけれど、養蚕は桑の樹で育つのだから、常世の虫とは、やはり養蚕と同一でない。にもかかわらず、養蚕に酷似していたのも事実のようで、それはまた、ただの虫とも考えられない。貧しき人は富み、老いたる人は若返るのが、その虫祭りの効能だというのだが、常世の虫の実体は不明でも、その効能から、およそ推定は可能である。蛇・蜥蜴・蟹・

甲虫類などの更皮・脱皮をおこない、また孵化をするような小動物には、広く呪術信仰の対象となるものがあって、回春と不死の表象がこれらの生き物に結び付く。[85] 常世の虫と称されるものも、このような生き物の更皮以前の形態を指すとみて大過あるまい。小さな幼虫が、突如形を変えて全く別のより大きな動物に蘇生するその力は、一つの呪力として仰がれたのである。[86] 常世の虫が、いつまでたっても虫であるようなものなら、おそらく虫祭りの意味はないのであって、その限りで言えば養蚕も同様の信仰対象たり得る。

しかしさらに重要なことは、生部にこのような信仰が存在していたということである。それは、皇子女の誕生と養育を、宗教的に称え、かつ促すものであろう。この点から言えば、大生部多の虫祭りは、むしろ必然であって、しばしばおこなわれていたのではないかと考えられる。にもかかわらず弾圧を受けたのは、生部としての過信が、必要以上にその祭りを拡大してしまったことにまず由来しよう。村人の家財を喜捨させることは、言うまでもなく大和王権の富の損失であり、より直接的には、生部そのものの養育力低下を惹起する。第二に、常世の神信仰を紐帯とした、地方豪族の台頭、そして生部集団の強大化が恐れられたであろう。第三に、この時の祭祀事件には、蘇我蝦夷・入鹿に対抗する意味での、特定の皇子の誕生もしくは成長が祈られた可能性も配慮しておかねばなるまい。[87] 最後に、秦造河勝が弾圧に当たったというのは、どういうことなのか。常世の国信仰集団に反対する仏教勢力の代表者として彼が赴いたという見方[88]は、今のところ認めることはできない。秦造河勝と仏教との関係は、たしかに容認すべきことではあるが、仏教勢力の代表者たる地位に秦氏が置かれていた形跡は全くないのである。

これはやはり、秦氏の有する信仰形態が、大生部多のそれにむしろ酷似していればこそ、その弾圧に秦氏が当たったものとみるべきだろう。しかし、大生部と秦氏との間に同族関係もしくは所摂関係があったかどうかについては、明らかでない。(89)今はこれ以上論ずる遑がないが、とにかく、東国の生部集団に常世の神＝虫の信仰があって、それは皇子の誕生と成長を宗教的に祝福し、促すものであり、富士山はその一つの象徴であり得たことを指摘できれば、当面の企図は果せる。

「膳臣家記」に、太子の馬が東は富士山にまで登って帰ったと伝えられるのも、以上のことを考えればあながち不可解な空想でないことがわかり、また逆に、「膳臣家記」の内容としても矛盾したものではないと言えよう。今、太子その人については何とも言えないが、少くとも上宮王家と東国の乳部（壬生部・生部）との密接な関係は、周知の事実である。山背大兄王の上宮王家が滅亡の際、三輪文屋君は、つぎのように山背大兄王に進言したという。

請、移向於深草屯倉、従玆乗馬、詣東国、以乳部為本、興師還戦、其勝必矣、(90)

ここにいう乳部が、東国のどこの乳部かはわからないけれど、深草屯倉を経て、東国の乳部のもとにとりあえず逃げるようにというそのルートは、極めて示唆的である。山城の深草は、何と言っても秦氏の有力な根拠地の一つであり、(91)そこを中継地として、東国の乳部のもとに下るというものだが、大生部多の常世の神祭祀を糺すために、秦造河勝が下ったルートと、奇しくも一致することになる。秦氏と大生部との所摂関係は確認できないが、一部の生部と信仰上の類似性を分かち合い、壬生部の設置に、秦氏の介入があったやもしれない。少くとも上宮王家に関する限り、秦氏と生部には、密接なかかわりが認められ、東国では駿河国の生部が、そのなかに当然含まれてよいであろう。皇極三年七月の大生部多の常世の神祭祀事件にしても、上宮王家滅亡後の王家に奉仕していた生部集団が、蘇我氏の支配下に組み込まれた段階で、(92)蘇我氏にとってある種の恐怖を与える存在になっていた可能性を裏付けるものであろう。するとと秦氏の動向は、単純な弾圧行為ではなく、蘇我氏が秦氏の信仰的統率力を余儀なく頼んだものか、はたまた上宮王家のかつての乳部（駿河等を中心とする壬生部・生部）を、蘇我氏の支配下から切り離して、秦氏の信仰的統率下に自主的に強化回復させようと企図したかの、いずれかであろう。しかしその後、天平十年の『駿河国正税帳』に、「中宮職交易絁」や「皇后宮交易雑物」そして「中宮職税」のことが記載されている。その詳細は不明だが、同国の大化前代における生部まで、その源流は遡り得るものと思う。

上宮王家二代にわたって王妃を入れた膳臣氏の家記で、太子の馬が東は富士山にまで登って帰ったと伝えるのも、以上のような駿河国の生部集団とその後の展開を踏まえた上での所産とみることができよう。ではつぎに、北は「高志之州」まで太子の馬が飛んだというのには、いかなる意味が含まれていようか。しかし、このいわゆる越の国と膳臣氏との関係は、今さら繰り返すまでもなく、今日普く知られている。上宮王家と直接のかかわりを持った膳臣傾子は、欽明三十一年（五七〇）五月、高句麗からの使者を越の国に迎えた。(93) のち天平三年の『越前国正税帳』では、江沼郡司主政として、膳長屋が知られている。膳臣氏は、六世紀末期から、江沼地区（南加賀地域）にその拠点をすえて、平安朝に到るまでその勢力を当該地域に保持していたと言われるのである。(94) 太子の馬が「高志之州」まで飛翔したというのは、まさしく膳臣氏の勢力圏に符合し、より直接的には、膳臣傾子の越の国派遣という、その方面における膳臣氏の祖業を伝承したものにほかなるまい。「膳臣家記」にふさわしい内容と言えよう。

むしろ問題とすべきは、「高志之州」なる表記である。まず、越の国の分割以前の表現になっていることが留意される。越の国の分割の時期については、蝦夷の本居を意味する地域名としての「越」なる史料は一応除外して、行政単位の把握という観点から見通せば、『日本書紀』天智七年七月条の「越国献燃土与燃水」とあるのを「越」の下限とし、同持統六年九月条の「越前国司献白蛾」とあるのを「越」の分割された上限とすることができよう。従って、天智七年から持統六年の間に、「越」の分割はおこなわれたもようで、この旧説は妥当と言えよう。(95) すると、「膳臣家記」の少くとも当該箇所は、持統六年を降らぬ時期に、その原型が出来上がったことになる。

しかし、「越」の分割にかかわることなく、その地域の汎称としてコシと呼ばれ続けたことも、また否定できまい。今そこで、「高志」なる漢字表記に注目すると、『日本書紀』や『続日本紀』の正史にはみえなくて、『古事記』や『出雲国風土記』、そして「国造本紀」などにはみえている。「高志」の表記が、どこまで現実に遡り得るかは明らかでないが、『日本書紀』の編纂過程と、それ以後の律令国家による公式な行政単位表記において、「高志」の使用がなされなかったことはたしかである。けれども一方、『古事記』や『出雲国風土記』の撰修された八世紀初頭、つまり奈良朝前期までに、すでに「高志」の表記がおこなわれていたことも知られる。ただ奈良朝末期になると、「高志」の使用はより限定されてくるように思える。たとえば宝亀十一年の『西大寺資財流記帳』は、「頸城郡大領高志公船長」の田図一巻を記載し、越後国の頸城郡大領に「高志公」が存在したことを伝え、また「高志郡三枝庄」の存在も記す。越後国のいわゆる古志郡である。「国造本紀」にみえる「高志深江国造」も、越後国の古志郡または頸城郡の深江村を本貫とした国造の謂であろうと言われている。(96) この「国造本紀」の成立については問題があるので、一応除外して考えてみても、奈良朝末期における「高志」は、越後国（古志郡を含む）を中心にした意味合いが濃厚であったように思える。

「高志」の表記から言うと、太子の馬が「高志之州」まで飛んだという記事の成立期を、ただ「越」の分割以前に求めるのは、いささか早計ということになる。しかしこの記事が、「膳臣家記」の内容をなし、かつ膳臣傾子の祖業を投影しているとみる限り、「高志之州」は江沼地区を指すとみるべきで、奈良朝末期に通用された「高志」の範囲もしくは意味とくいちがう。これを逆に言えば、「膳臣家記」の当該箇所は、奈良朝末期よりも以前に成立していたことになって、当然「越」の分割以前の時期も、その成立期に含めてよい。その成立期が、太子の改葬の想定される時期を含むことは、とにかく留意すべきである。

二　馬の意味について

太子の馬のその後について、語らなければならない。それは同時に、馬の歴史的な意味を問うことでもある。

太子の馬はやがて、「有錯踖終日不喫」という状況に陥り、その様はあたかも「悔過」の如きであったという。この「似有悔過」るというのは、まさしく仏教の認識であって、「膳臣家記」の性格が知れるその一端であるが、当面は、斑鳩宮を焼かれて山中に隠れた山背大兄王が、「不得喫飯」[97]との態度を固持し、みずから死を選んだシチュエーションに、よく似ていることを想起すべきである。これは、その類似をもって、『日本書紀』と「膳臣家記」のいずれかがモチーフとなって、いずれかの記述に影響を及ぼしたというのではない。『日本書紀』の上宮王家滅亡に対する認識が、「膳臣家記」の太子の馬の死に対する認識に共通するところがあり、また当然その逆でもあるが、それと同時に、共通の形容が、片や山背大兄王もしくは上宮王家に対してなされ、片や太子の馬なる動物になされているという相違に注目する必要がある。つまるところ、それは『日本書紀』と「膳臣家記」との異同を暗示するであろう。

その馬は、辛巳年十二月二十二日に死んだ。ここでも「調使家記」と同様、その造墓のことが強調される。すでに述べたように、この馬の死亡年月日は、穴穂部間人皇女が死去したと伝えられるその翌日に当たっている。それが事実かどうかは別にしても、馬の死と穴穂部間人皇女の死とに、意識上の関係があったことは疑えまい。穴穂部間人皇女の死に対する一般の認識に比して、「膳臣家記」は太子の馬の死に対する認識をもってそれに替えたとみることができる。

「膳臣家記」にとって、馬の認識は上宮王家とその周辺に対する認識の代価値でさえあった。「調使家記」にしても、その点共通するところがあって、家記自体の意味を問うことにもなるが、馬の認識は、「調使家記」とて「膳臣家記」に及ぶものではない。

ではなぜ、「膳臣家記」はかくも太子の馬というものに執心したのだろうか。はじめに予想されることは、太子が廐で誕生し、「廐戸皇子」とか「廐戸豊聡耳皇子」などと呼ばれたことにかかわりはしないかということである。太子が廐で生まれたものかどうかは、もちろん疑わしいけど、数多い太子の呼称のうちでも、もっとも当初から用いられた可能性のものであることは、元興寺の塔露盤銘に「有麻移刀等已刀弥々乃弥已等」とあることからも察せられる。この呼称の来由は、「乳母姓」をはじめ、誕生および養育にかかわった氏族名や地名にあるとみる旧説に、一応従うのが妥当だろう。そこで「廐戸部と云ふ様なもの」が想定されるが、残念ながら「廐戸部」なるものの存在した証しは知られていない。

しかし、太子と夫人膳大郎女との間に生まれた子に、「馬屋女王」もしくは「馬屋古女王」と呼ばれる者がいた。太子とこの子女とには、誕生あるいは養育上における共通の条件があったものと思われる。片や夫、片や女において、共通の条件を持つ膳大郎女であってみれば、「膳臣家記」に馬のことが特筆されたとしても、別段不思議ではあるまい。

だがさらに重要なのは、古代社会における馬の意味である。斑鳩宮が襲撃されると知った山背大兄王は、「仍取馬骨、投置内寝」いたという。[103] 襲撃軍が斑鳩宮を焼き払ったあと、灰のうちに馬の骨を見て、王の死を錯覚することになる。これは『日本書紀』の記事だが、それによると、山背大兄王がみずからの死を擬装する目的で、あらかじめ馬の骨を内寝に投げ入れておいたかのように読める。けれども彼はやがて、みずから死を選ぶのでさえあり、馬の骨と人間の骨がたやすく混同されるはずもないので、従前の山背大兄王の行為には、さらに別な意味が潜んでいたとみなければなるまい。

内寝に「投置」いたとは、尋常でない。ただちに想起されるのは、素戔嗚尊が、「則剝天斑駒、穿殿甍而投納」[104]れた行為であり、逆剝・生剝にした斑駒を、「投入之於殿内」[105]れたとも、「納其殿内」[106]れたとも伝える所業である。これは、罪としてよりも、極度の悪業としてしばしば理解されるようだが、[107] 山背大兄王の場合とちがって、逆剝・生剝をおこなってはいるものの、馬の身体を損ったり、欠陥もしくは不完全な形の馬の身体をもって、某所に投げ入れた点で、両者は全く一致した行為であった。

これと対峙する関係にあるのが、『日本書紀』天武五年八月辛亥条に初見する「大解除」の儀式で、国造（新国造）ごとに祓柱として、馬一匹と布一常を輸すというものである。「神祇令」諸国条でも、国造の馬一疋が諸国大祓の時供進されるよう規定している。『日本書紀』大化二年三月辛巳条は、東国国司の犯状を記して、その一つに「復取国造之馬」ること、「復取国造之馬、而換他馬来」ることを掲げている。他の一般の馬に換えることの許されない「国造之馬」の存在がうかがえる。大祓で輸すべき馬も、このような「国造之馬」を指すはずで、地方族長権と不可分な関係の馬と言うことができて、また馬の存在にそのような意味のあることが知れるが、とにかくその馬が祓柱として用いられるのである。

これに類似した行為は、『日本書紀』允恭五年七月条にもみえて、天皇の怒りを恐れた玉田宿禰が、「以馬一匹、授吾襲為礼幣」したという。また、同欽明元年九月条は、任那四県の割譲で諸臣の批判を受けた大伴大連金村が、その謹慎先から「鞍馬」を天皇に送って、「厚相資敬」したと記す。その結果、彼は罪されることがなかったという。いずれも馬は、「礼幣」として、贖罪として供進されたのである。大祓の「国造之馬」の供進も、地方族長権の「礼幣」として、贖罪として、祭祀的にも軍事的にも試みられたものであろう。

しかしこれを逆に言えば、馬を供進したその人およびその人の何らかの権限(政治的・祭祀的・軍事的など)、さらには存在権そのものの表象が馬であったことにもなって、馬の所有者とその馬は、同一の存在の分身でさえあることになる。言い換えれば、ただ馬そのものである馬は存在し得ないのである。壬申の乱の時、大海人皇子は高市皇子をこの上なく頼りとして、「因賜鞍馬、悉授軍事」[108]けた。鞍馬を賜うことは、皇子に軍事権を授けることと等しい意味があったのである。皇子の軍事権は、まさしく皇子の鞍馬にあった。鞍馬は、その可視的な軍事権であったと言えよう。また、「田部之馬」とか「湯部之馬」と呼ばれる例[109]もあって、やはり田部や湯部の存在の可視的な表象に馬があったのである。

さて、さきの素戔嗚尊の行為は、以上のことから推して、「礼幣」や贖罪を全く拒否するもので、逆にその拒否を馬への危害でもって表明し、それが清浄であるべき場に投げ入れられたことによって、さらに表現を強化するものであったと言える。しかしそこには二つの側面が考えられて、一つは、「斎服殿」への投げ入れによって、清浄であるべき場をケガレたるものに化すのであり、投げ入れられたものが、「礼幣」として贖罪として用いられるはずの馬を著しく損った上での馬であってみれば、ケガレはいや増しに増さずにはいない。今一つは、馬を逆剝・生剝することで、あるいは馬を不完全ならしめることによって、つまりは素戔嗚尊自身の存在もしくは職能権限を放棄し、自損することになる。自己自身を積極的にケガレたるものに化すことでさえある。

山背大兄王の場合も、基本的には同様のことが考えられる。損われた身体の馬を宮の内寝に投げ入れることで、やがて襲われるであろう斑鳩宮をケガレたるものに化そうとしたのである。それは宮の放棄を暗示しよう。しかし一方、宮の内寝にある山背大兄王自身の存在権や王としての権限を、今や放擲することをも意味したのであって、肉体的な死を選ぶかどうかは別にしても、精神的な死を少くとも決断したものと言えよう。その限りにおいて、馬の骨をもって死の擬装工作を企て、何とか生を選ぼうとしたのではなく、すでに死の選択が表明された行為でなければならない。

穴穂部間人皇女の死と、馬の死とが意識上接続されたのも、以上のことを踏まえる限り、何ら不可解な現象ではない。ただこの場合、馬としては別段身体を損われることなく死んでいる。悔過の如くであったとさえ伝えるのである。このちがいは、結局その人の死に様、死の条件に原因する。馬というものが、その人の存在や権限の可視的な分身であり、表象であるからには、その人の死の有様と、馬の死の有様とが同一視されるのは必然であろう。山背大兄王の場合は、その存在がケガレたるものに化すことによって死を強いられたのであるから、その馬も相応の死を負うことになる。けれども『日本書紀』は、馬の骨を投げ入れることに、実に合理的な解釈を施し、おそらく原史料にあったであろうその行為の意味を、あたかも無視したかのごとくである。そして一方、「不得喫飯」との山背大兄王の死への予兆を、馬のことと全く切り離して、それ自身美化していったのである。馬を語ることで上宮王家を述べる「膳臣家記」と、馬と上宮王家とを切り離して語る『日本書紀』（厩誕生説話は、唯一例外の痕跡）との、おのずと依って立つ文化の相違をうかがわせる。

前者の文化は、精神的にも身体的にも死者（かっての生者）と緊密な交わりを持つ舎人の誄や家記の文化と共通する。馬はたしかに人間ではないが、馬に乗り、馬を持つ人にとって、それはその人そのものであり、人間以上の意味を持ち、人間を認識する媒介でさえあったのである。しかしそのためには、その人と馬とが、常々精神的にも身体的にも緊密な交わりを保持していなければならず、そのような馬こそが、語る対象となるのでもある。

「膳臣家記」に語られた馬が、太子の馬や山背大兄王の馬、さらには穴穂部間人皇女の馬、また膳臣氏の馬のいずれを指したとしても、さして問題ではない。文章上は、言うまでもなく太子の馬にほかならないが、その内容からみて、そのような特定の馬を指摘する必要はないし、結論から言えば、いずれも複合された馬である。しかし手順としては、それぞれの馬について言及すべきだろう。

『日本書紀』天武十一年四月条は、「婦女乗馬、如男夫、其起于是日也」と記している。あたかも婦女の乗馬がこの時はじまったかのように言うが、あくまで「如男夫」き乗馬の制を開始したに過ぎなくて、以前から婦女の乗馬はあった。たとえば『日本書紀』欽明二十三年六月是月条は、馬飼首歌依を譏した言として、つぎのように伝えている。

歌依之妻逢臣讃岐、鞍韉有異、就而熟視、皇后御鞍也、

歌依の妻といい、皇后といい、乗馬の風のあったことを物語るものだが、皇后の馬具には、他と区別されるべきもののあったことがうかがえる。穴穂部間人皇女にも、その馬と格別の馬具装飾が存在したであろう。それは同時に、皇后としての存在権や権限の可視的な表象であったはずである。彼女はのち、皇后の地位を降りて再婚するが、その時はそれで、また別の馬と馬具を所有したであろう。

一方、太子その人にしても、『続日本紀』天平神護元年五月庚戌条は、播磨国賀古郡の馬養造人上のつぎのような訴えを載せている。

其（上道臣息長借鎌）六世之孫牟射志、以能養馬、仕上宮太子、被任馬司、因斯、庚午年造籍之日、誤編馬養造、

以上の理由をもって、改姓を申請したのである。果してこの理由が、事実であったかどうかは疑わしい。けれども、高市皇子の軍事権授与が、「鞍馬」の贈与に等しい意味を持つことや、有間皇子が事を起こすにあたって、「吾年始可用兵時矣」と述べる一方、「方今皇子、年始十九、未及成人、可至成人、而得其徳」しと諫言をうけたと伝えられる(110)ことなどから、皇子はある特定の年齢に達すると、兵馬の何程かの権限を認められたものと思われ(111)、それはやはり「鞍馬」の贈与でもって広く表象されたにちがいない。

山背大兄王も、その一人であったろう。ただ「鞍馬」の贈与が、ただちに常駐の兵力を構成したものかどうかは明らかでない。ある範囲の徴兵権を与えられ、特定の潜在的な兵馬を持ち得たことは少くとも認めてよかろう。山背大兄王の場合は、すでに述べたように、深草屯倉そして東国の乳部集団がそれに相当しよう。そこで留意されるのは、「湯部之馬」である。これは湯部（壬生部）自身の使用する馬というよりも、その湯部を設けられた皇子の馬たり得るもので、皇子に提供される馬も、皇子の兵力をなす馬も、この「湯部之馬」ではなかろうか。「以乳部為本、興師還戦」(112)というのも、乳部とその「湯部之馬」が潜在的な兵力をなしていたことを示唆して余りある。それは、深草屯倉の「田部之馬」よりも、優先していたのであった。

一方、膳臣氏は馬に対してどのように接し、いかに認識し、かつ逆に、馬にどのような規定をうけていたのだろうか。『日本書紀』推古十八年十月条は、新羅・任那の使者来朝を伝える。新羅の客を迎える「荘馬之長」に額田部連

比羅夫が当たり、任那の客を迎える「荘馬之長」に膳臣大伴が当たったという。これが任意の選任でなかったことは、額田部連比羅夫と額田部氏をみればわかる。比羅夫はすでに推古十六年八月、「飾騎七十五匹」をもって唐の客を海石榴市に迎えた折、「礼辞」を述べた人物でもある(113)。「後十日、又遣大礼哥多毗、従二百余騎郊労」せしめたと、『隋書』列伝第四十六東夷倭国伝は記しさえしている。「哥多毗」は、額田部連比羅夫を指そう。さらに推古十九年の菟田野の薬猟では、「後部領」をつとめている(114)。これも騎馬でなければならない。

額田部氏の本貫は、大和国平群郡額田郷にあったと考えられ、もとは山辺郡に属す地域でもあった。その氏寺である額田寺（額安寺）も、この地に存する。『日本書紀』仁賢六年是歳条は、高句麗から帰還した日鷹吉士なる者が、工匠須流枳・奴流枳を献上して、「今大倭国山辺郡額田邑熟皮高麗、是其後也」と伝える。これは、額田の地に、高句麗系の熟皮技術集団が定住したことを意味しており、馬皮の油鞣し処理をおこない、武具・馬具の生産に携ったもようである(115)。額田部氏は、この熟皮高麗集団を、より直接的に管掌したものと思われる。

馬皮の造皮をおこなうには、馬の飼養が必須である。『紀氏家牒』に、つぎのような一文がある。

又云、額田早良宿禰男額田駒宿禰、平群県在馬牧、択駿駒養之、献天皇、勅賜姓馬工連、令掌飼、故号其養駒之処、曰生駒、（又云、額田駒宿禰男□馬工御織連）

これによると、平群県に馬牧のあったことが知れる。ここの馬をもって、額田でその皮の造皮がおこなわれたのではなかろうか。ただ平群臣氏との関係が問題となるが、たとえば『日本書紀』武烈即位前条に、太子（武烈）が平群臣真鳥の宅に「官馬」を求めた話がみえる。「官馬為誰飼養、随命而已」と真鳥は答えたが、久しく供進することがなかったという。平群臣氏が馬の飼養にかかわっていたことを示唆している。平群臣氏と額田部連氏との間に、婚姻関係などが生じていたのではないかとの所説も出されているが、[116] 平群臣氏の台頭によって、額田部氏と熟皮高麗集団は、その支配下に組み込まれた時期があったのではないかと思われる。逆に平群臣氏の台頭は、その馬と造皮技術を掌握することによって、急速になしとげられていったものだろう。

額田部氏の本貫地は、大和川と初瀬川や佐保川の分岐点にほぼ位置していた。初瀬川をそのまま上ると海石榴市があり、唐の客はここで迎えられ、額田部連比羅夫は数多の「飾騎」を率いて「礼辞」を述べた。『日本書紀』敏達十四年三月条は、「海石榴市亭」の存在を伝え、「亭」の古訓は「ウマヤタチ」である。『元興寺伽藍縁起并流記資財帳』には、「都波岐市長屋」とみえ、「長屋」を「馬屋」の誤りとすれば、旧説のごとく、[117] 海石榴市には「亭」=「馬屋」が設置されていたと思われる。額田部氏がその「馬屋」の管理にかかわっていたことは、充分予想されるところである。一方、『日本書紀』用明元年五月条は、炊屋姫皇后（推古）の別業を「海石榴市宮」と記している。海石榴市に皇后の別業があったわけであるが、その皇后が、「額田部皇女」[118] とも呼ばれていたことは注目される。額田部氏によって養育された形跡があるのである。額田湯坐連の存在も知られていて、[119] 額田部の湯坐をもって養育されたのが炊屋姫皇后であったやもしれない。もしそうであれば、皇后として、また女帝としての「鞍馬」は、額田部氏から進上されていたであろう。

額田部氏と馬の関係は、ただ馬の養飼に携ったというのではなく、馬具を製作して、馬を荘厳ならしめる、まさに「飾騎」・「荘馬」の製作にあった点を重視すべきである。

一方、膳臣氏がやはり「荘馬之長」になったのも、額田部氏と類似の条件を持っていたはずであるからだろう。膳臣氏の大和国における有力な根拠地は、膳夫寺が存し、のち膳夫庄が設けられた旧十市郡（磯城郡）にあったと一応考えられる。[120] 香具山の北方あたり一帯である。膳臣大伴が「荘馬」を仕立てて、「阿斗河辺館」に任那の客を迎えたというその館を、城下郡阿刀村、つまり現在の田原本町坂手付近に求めれば、[121] 海石榴市ともども、膳臣氏の本処地にさほど遠くはない。しかし膳臣氏の場合、額田部氏ほどには、馬との深いかかわりを示す史料が豊富でない。むしろ乏しいとさえ言える。

だが翻って、大和国における膳臣氏には、今一つ有力な根拠地とも呼べるところがあった。それは、さらに北方の山辺郡と添上郡の境界あたりで、のち東大寺領櫟本荘が形成されたところに当たる。なお位置は流動的であるけれど、この付近にやはり膳部寺の存していたことが知られている。[122] 旧高橋川（高瀬川）がこの地を東から西に流れ、「高橋邑」[123] とも呼ばれていた。

かつて、膳臣氏が高橋朝臣に改姓したのも、この「高橋邑」という地名に由来するところがあったのではないかと指摘されたことがある。[121] 傾聴すべき見解だと思う。しかしこれとともに、「石上衢」がこの付近に想定されている点も注目してよい。[125] この衢は、上ッ道もしくは山辺道と、横大路（竜田道）との交叉する地点にあって、北は山城から越の国へ、東は都祁山道に接続して伊賀方面へ向かう。するとここにも海石榴市と同様の性格が考えられて、あるいは「亭」＝「馬屋」が存在していたかもしれない。膳臣氏が、その馬の管理に当たったことも、予想されなくはない。ただ、膳臣氏と婚姻関係で結ばれていた山背大兄王が、王家滅亡の際、深草屯倉で馬に乗り、東国へ下るようにとの勧告をうけたところからすれば、「石上衢」において膳臣氏は馬と無縁であったということになろうか。しかしすでに、重要かつ危険と思われた「石上衢」が、襲撃軍側によって押さえられており、そのため深草屯倉を迂回し、盲点を突くコースで東国へ下れということであったかもしれない。

このようなことを推論するには、推定される膳臣氏の大和国における二つの本拠地の関係が問われていなければならない。本来、二つの地域に分かれていたものか、移動したものかも明らかでない。ただ天武持統朝頃に、高橋朝臣に改姓した膳臣氏（膳朝臣）[126]の本拠地は、いわゆる高橋の地にあった可能性がある。しかし『日本書紀』履中三年十一月条にみえる膳臣余磯の記事は、たしかに膳臣氏の本拠の一つが、のちの膳夫庄あたりに存在していたことを物語っていよう[127]。ところが欽明朝で膳臣傾子が、越の国に派遣されたというのは、その交通路からみて、高橋の地とかかわるように思える。すでに高橋の地に一つの本拠を置いた上での行動であったのか、この派遣を契機にして、高橋の地に本拠の一つを形成する足がかりをつくったものか、いずれかではあるまいか。

しかし「石上衢」は、斑鳩方面に向かう要地で、しかも東国への交叉点であった。ここに当然、斑鳩宮との関係が想定されてよい。もし、斑鳩宮造営以前から、高橋の地に膳臣氏の一つの本拠があったとすれば、斑鳩宮は膳臣氏によって誘致され得たであろう。また逆に、斑鳩宮造営以後に、高橋の地を膳臣氏が一つの本拠に選んだのであれば、斑鳩宮・上宮王家との関係に起因するところがあったであろう。いずれにせよ、上宮王家の存在と、高橋の地（膳臣氏の一つの本拠地）とは何らかの相互関係があったように思える。太子夫人の膳大郎女の妹を妻とした久米王の子に、高椅王がいる。この王の名が、高橋の地に由来するとすれば、すでに推古朝前後に、膳臣氏の一つの本拠地が高橋の地にあったとしてもおかしくはないが、なお厳密には、斑鳩宮造営の前であったか後であったかは、速断できまい。

いずれにせよ膳臣氏が、「石上衢」周辺に一つの本拠を構えていたとすれば、その交通運輸（時として軍事）との関係から、馬との結び付きは否定できまい。しかし、このような地理上の問題とは別に、もちろん無縁ではないが、今一つ注目すべき点は、膳臣氏の外交・軍事方面と馬とのかかわりである。

膳臣傾子が、越の国に高句麗の使者を迎えてから、膳臣氏は、高句麗との外交に携る側面があったのではないかと考えられる。斉明二年九月には、膳臣葉積が大使として、高句麗に派遣された例もある。[128] 一体に、高句麗へ派遣されたわが国の使者に関しては、極めて史料が乏しい。送使ではない公式の使者としては、用明朝に阿倍比等古臣が派遣されたらしいことと、[129] 推古九年三月に、大伴連囓が派遣されたこと、[130] そして今の膳臣葉積の三名が知られているくらいである。このうち、膳臣葉積の時は、副使・大判官・中判官・少判官の編成を、唯一『日本書紀』が記していて、ことさら大使に膳臣葉積が任ぜられ、しかも彼の事跡はほかに伝えられるところもないので、ただ任意の抜擢とも考えられず、旧来からの高句麗外交に、膳臣氏が関与していた結果であろう。阿倍比等古臣の派遣については、その事実を確かめることができないが、阿倍臣氏は膳臣氏と同祖であり、[131] 越の国の経営にも当たった。[132] またかつて、大伴連氏と高句麗との外交関係について言及したことがあるが、[133] さらに膳臣氏の存在も重視してよいと思われる。いわんや、膳大伴部の例が物語るように、大伴連・膳臣両氏自体にも、密接なかかわりがうかがえるのである。[134]

しかし膳臣氏は、傾子よりも以前から、朝鮮経営に携っていた。『日本書紀』欽明六年三月条は、膳臣巴提便の百済派遣を伝え、同十一月条には、彼の勇壮な虎退治の談がみえている。そして『日本書紀』雄略八年二月条によると、「日本府行軍元帥等」の一人であった膳臣斑鳩が、任那の王の要請をうけて、新羅を救うために高句麗と交戦したという。「設奇兵」けたり、「乃縦奇兵、歩騎夾攻、大破之」ったと伝える。たしかにこの部分は、『魏志』武帝紀に、「太祖兵少設伏、縦奇兵撃、大破之」ると言い、「乃縦奇兵、歩騎夾攻、大破之」ると言う文章を踏襲したもので、この記事を文字上認めることはできない。おそらく、膳部の進上した「墓記」[135] によったのであろうが、その「墓記」からすでに以上のような潤色が施されていたものかどうかは明らかでない。にもかかわらず、膳臣斑鳩の奮戦自体については、膳部の「墓記」に盛り込まれて、強調されていたのではないかと思う。

多数の乗馬による活動は、むしろ朝鮮半島でこそみられる現象である。たとえば、馬をわが国から半島に送ることが、ほぼ継体朝からしきりにおこなわれた。『日本書紀』継体六年四月条は、筑紫国の馬四十匹を百済に送付したと言い、同欽明七年正月条も、「良馬七十匹」が百済に送られたと言う。同じく十四年六月条には「良馬二匹」、同十五年正月条には馬百匹、同十七年条には「良馬」が、それぞれ百済に送られたと伝えている。言うまでもなく、騎馬として軍馬として用いられようとしていたのである。

騎馬戦も、そのほとんどが、朝鮮半島を場とした。[136]『日本書紀』仁徳五十三年五月条が、その初見記事であるが、新羅軍と交戦した上毛野君の祖竹葉瀬の弟である田道は、「連精騎撃其左」ったと伝えられる。また同欽明十四年十月条には、百済・高句麗両軍の詳細な騎馬戦のありさまが特筆されている。さらに同欽明十五年十二月条は、筑紫国造が、「新羅騎卒最勇壮者」を射殺したことを記す。同欽明二十三年七月是月条はまた、新羅軍に追撃された倭国造手彦が、「因騎駿馬、超渡城洫、僅以身免」れたと伝える。

乗る馬によって、その命が左右されるとの認識は重要である。さきに、馬を生剝・逆剝したり、骨と化したりすることの意味については述べたが、今度はその正反対、つまり身体の完璧な馬である「駿馬」さらには「良馬」のことを知らなければならない。「駿馬」や「良馬」のことは、その馬に命を託し、命を助けられ、馬と人間が精神的にも身体的にも、より現実に緊張した結合の場と時間を経験した渡海の人々によって、まず伝えられたことであろう。すると逆に、それを生産し飼育し、かつ供出した人々にも、そのような「駿馬」や「良馬」に対する認識が深く根をおろしていたであろうか。その可能性は、薄いように思われる。

『日本書紀』雄略九年七月条は、河内国からの報告という形で、飛鳥戸郡人の田辺史伯孫が、古市郡人の書首加龍の妻になっている自分の女のところへ赴く途中、「赤駿」に乗った人に出逢ったと記している。自分の乗る「驄馬」と競走してみたが、到底かなわない。そこで「赤駿」に乗った人は、伯孫の希望を推して、馬を交換してやった。翌朝、その「赤駿」が「土馬」にかわっているのを発見した伯孫は、奇しく思って誉田陵に出向いてみたところ、「駿馬」が「土馬」のなかにあった。そこで「土馬」をとりかえたという。

この記事は、「赤駿」としての「駿馬」と、「驄馬」としての駄馬をくっきりと対照させて話をすすめたものである。そして、「其馬、時濩略、而龍翥、欻聳擢、而鴻驚、異体蓬生、殊相逸発」てりと形容した。その秀れた飛翔力と、その美しい形貌を称えたものだが、すでに指摘の通り、[137]『文選』赭白馬賦から、むしろそのまま採ったような叙述である。しかし実は、『新撰姓氏録』左京皇別下の上毛野朝臣条に、この類話がみえている。

大泊瀬幼武天皇（諡雄略）御世、努賀君男百尊、為阿女産、向聟家犯夜而帰、於応神天皇御陵辺、逢騎馬人、相共語話、換馬而別、明日看所換馬、是土馬也、因負姓陵辺君、

これは、旧姓田辺史氏（上毛野朝臣）の家に伝えられたものとみてよい。田辺史氏は、王仁後裔氏族の馬毗登氏（武生連・宿禰）とも密接な関係を有する、いわば馬の生産と飼育に従事する側の氏族であった。[138]そしてこの氏族の伝承には、たとえ換馬のことが語られようとも、『日本書紀』のような「赤駿」と「驄馬」の対照、そして「赤駿」である駿馬がいかなるものであるかということについては、全く口を閉している。このちがいは、一体何であろうか。ただ一方がより古い伝承で、一方が著しい潤色を施した創作であるということで解決する問題ではなかろう。

田辺史氏の伝承には、直接乗馬して、馬とともに活動することの少かった氏族の意識が反映されている。むしろ馬

を選別し、飼育する立場の伝承で、「土馬」もそのモチーフたり得るものであった。これに対して『日本書紀』の方は、必ずしも乗馬する人によって叙述されたとは限らないが、少くとも乗馬する立場の意識が、濃厚に投影したものであった。少くとも馬の轡を執る飼部(139)のような立場の意識ではない。すでに、馬に対する認識にくいちがいがあるのである。

『日本書紀』の方は、「荘馬」の世界に近い。身体の完璧な「駿馬」や「良馬」は、その完璧さがさらに求められるとともに、その完璧さは、あらゆる手段で表現されなければならない。そこに「駿馬」をさらに飾る「荘馬」が出現する。『日本書紀』は、それを言辞で飾ったのである。しかし現実には、ただ「駿馬」を馬具で飾るという意味に留まるものではなく、それに直接乗る人もしくは集団、あるいはそれを主体的に誘導する人もしくは集団（社会であり国家であり、権力である）を飾ることに等しい。

「荘馬之長」をつとめた膳臣傾子も、朝鮮半島で騎馬戦を展開した膳臣斑鳩などの渡海騎兵も、ある種の共通性を持つものであった。それはまず、馬に乗る立場もしくは馬を指揮する立場の人間であり、社会集団であったことである。第二にそれは、戦闘であった。つまり、馬に乗り、馬に命を託し、馬とともに生死を分かち合う。「荘馬之長」は、たしかに実戦をおこなうわけではない。しかし、日本に呼び返されて、対朝鮮経営の諮問をうけた日羅は、まず国力を蓄え、「然後、多造船舶、毎津列置、使観客人、令生恐懼(140)」めるべきだと答えている。ここに馬のことは触れられていないが、「荘馬」も、客人に観らしめ、威圧を与えるためのものであったことは明らかである。儀式としての戦闘であったと言ってよい。第三に、そのように飾られた馬は、結局その乗り手、あるいは指揮者の権限と実力の完璧さを表現する。しかしさらに、その表現は、乗り手や指揮者の氏族・社会集団のみならず、王権力の表象ともなるのであった。

「調使家記」が、いかに太子の馬に多くの言葉を割こうとも、舎人の家である以上、馬の飛翔や馬の死を語ることはできない。「膳臣家記」だからこそ、語り得た内容であった。その点では、むしろ『日本書紀』の立場に一部共通するが、『日本書紀』の太子を含めた上宮王家関係の記事には、「善言」化（単に文飾という意味ではなく、中国の図書典籍によって儒教的・仏教的な教化を文面から施そうとし、また確認しようとすること）の跡が著しい。また、乗り手と馬との、身体的にして精神的な結合よりも、馬なら馬自体を、乗り手の立場から客体的に観る傾向が強い。それはすでに、天武十年の、親王以下群卿が「検校装束鞍馬」(14)した時から準備されている立場であった。

三　馬と犬と鹿

膳臣氏と馬については、また別の視点からも考えておかねばならない。

『日本書紀』雄略二年十月条によると、天皇は吉野の御馬瀬で猟をおこなった。そして、「猟場之楽、使膳夫割鮮、何与自割」にと群臣に問う。即答をさけた群臣に対して怒った天皇は、その真意をつぎのように述べた。

今日遊猟、大獲禽獣、欲与群臣割鮮野饗、歴問群臣、莫能有対、故朕嗔焉、

ついに、膳臣長野をその膳夫（宍人部）に当てて、この場はうまくおさまったと伝えている。「猟場之楽」において、膳夫の必須であったことを物語っているのである。これはただ、料理人が必要だという意味ではない。『日本書紀』仁徳三十八年七月条に、以下のような説話がみえる。天皇と皇后は、常日頃から菟餓野に鳴く鹿の声に心を寄せてい

た。ところがある日、その声が聞かれなくなった。そしてその翌日、猪名県の佐伯部が苞苴を献上した。不審に思った天皇は、膳夫につぎのように問い、問答がはじまる。

天皇令膳夫以問曰、其苞苴何物也、対言、牡鹿也、問之、何処鹿也、曰、菟餓野、

そこではじめて天皇は、献上された苞苴が、平生心を寄せていた当の鹿であることを悟ったという。これはすでに料理してあるものを、逆に膳夫が言い当てたということになるが、それは膳夫が料理人であるからこそ果せることだとしても、それ以上に、狩猟の対象を熟知し、しかもそのものを参加者に明らかにせしめるある種の能力さらには力を持つのが膳夫であったことになる。言い換えれば、「猟場之楽」全体のなかで、膳夫は一つの配役をつとめるのである。

これは狩猟としてのみ伝えられることではない。『日本書紀』景行五十三年十月条は、つぎのように記している。

冬十月、至上総国、従海路、渡淡水門、是時、聞覚賀鳥之声、欲見其鳥形、尋而出海中、仍得白蛤、於是、膳臣遠祖名磐鹿六雁、以蒲為手繦、白蛤為膾而進之、故美六雁臣之功、而賜膳大伴部、

これは、膳臣氏の東国における祖業を語った著名な伝承であるが、『高橋氏文』にも異伝がある。よく似た内容を持つが、「八尺白蛤一具」と「頑魚」つまり「堅魚」を取って捧げたという。しかしここで重要なのは、得がたいもの、あるいは得体の知れないものを捕獲して、その「形」を見せしめ、あらわにさせる膳臣氏の役割である。

これは必ずしも膳臣氏の伝承ではないが、以上のことに酷似する『日本書紀』応神十三年九月条の別伝を紹介しよう。天皇が淡路島で遊猟していた時、西の方から、「数十麋鹿、浮海来之、便入于播磨鹿子水門」ったという。天皇はこれを奇しみ、使者をして見せしめたところ、角の着いた鹿の皮をまとった人の一群であることが判明した。諸県君

牛が、朝廷を慕い、女の髪長媛を貢上しようとやってきたというのである。これは、「鹿子水門」や「鹿子」の地名・職名起源談に終っているものだが、さきの「淡水門」の伝承によく似ている。ともにある種の服属伝承と呼べようが、その服属は、相手の実体をあらわにさせるところからはじまるのである。あたかも、天鈿女命が、猨田彦大神をして「発顕我者汝也、故汝可以送我而致之矣」(142)と言わしめたその「発顕」が問題で、その手段はまた別のことになる。『古事記』に言う「顕申」すということで、天鈿女命の場合は舞踏をもってし、膳臣氏（膳夫）の場合は、調理をもってしたのである。

大伴氏と膳部、久米部と膳夫の間に、本来深い関係が存在し、膳部の武人的性格、さらには門部的な性格の類推が、かつて試みられたことがある。(143)たちどころに門部的性格を導くのは、いかにも従いがたいけど、大伴氏そして久米部に、本来結び付く性格を膳部（夫）が負っていたことは、想定して構うまい。それはつまるところ、他者もしくは他集団（その所有地域の生物も含む）を「顕申」すところに、基本的な共通性を見出すことができる。より現実的には、征服と服属である。

「猟場之楽」は、これと紙一重であった。かつて物部守屋大連の軍は、蘇我馬子大臣らとの抗争で、「馳猟広瀬勾原而散之」(144)れたと伝えられる。これが事実であったかどうかは別にしても、実戦と狩猟の場が表裏一体をなし、かつ大いに異なる要素を持つものでもあったことを、少くとも『日本書紀』撰修以前の人々は認識していたのである。また物部守屋大連は、つぎのように計ることがあったという。

及至於今、望因遊猟、而謀替立、密使人於穴穂部皇子曰、願与皇子、将馳猟於淡路、(145)

要するに、これまでの意思を翻して、穴穂部皇子を殺害せんとしたか、はたまた別の解釈も可能で、とにかく「遊猟」には、測り知れない意味があったと思われる。しかしいずれにしても、「而謀替立」ったのであり、ある事態の急激な変転に、狩猟の場が選ばれたことはまちがいない。

市辺押磐皇子は、狩猟の場で射殺された。『日本書紀』雄略即位前条は、つぎのように伝えている。

冬十月癸未朔、天皇、恨穴穂天皇曾欲以市辺押磐皇子、伝国而遙付嘱後事、乃使人於市辺押磐皇子、陽期校猟、勧遊郊野曰、(中略)願与皇子、孟冬作陰之月、寒風粛殺之晨、将逍遙於郊野、聊娯情以騁射、市辺押磐皇子、乃随馳猟、於是、大泊瀬天皇、彎弓驟馬、而陽呼、曰猪有、即射殺市辺押磐皇子、

この文意は、明瞭である。天皇が、狩猟といつわって市辺押磐皇子をさそい、殺害したというのである。狩猟には、さし当たって二つの意味があったことがわかる。一つは、「聊娯情以騁射」んと言うように、情を通ずることを計り、それは共通の獲物を追うことで確認されようとしていた。ところが今一つは、それを逆手にとって、共同の相手を獲物に逆転させることであった。後者はもちろん、その意外性を突いたもので、その限りで言えば、前者が本来優先された意味であったことになる。しかしそれでは、融和の親情の場が、本来狩猟であったかというと、そういう意味ではないのであって、獲物を殺戮しなければ、その親情は確かめられない。つまり、殺すべき相手を捜す場でもあるのである。そうである以上、天皇が市辺押磐皇子を猪に見立てて射殺したのも、狩猟の場の原則に即していた。逆に言えば、殺すべき相手を捜す狩猟の場であればこそ、はじめて憚ることなく殺し得たのであった。

その殺される相手が、時として動物ではなく人間でもあることを、人々は自覚していた。『日本書紀』崇峻五年十一月条は、蘇我馬子大臣が天皇を殺害させた理由として、以下のような一説を記している。天皇の夫人である大伴嬪小手子が、寵愛の衰えたのを恨んで、馬子に讒言した。

頃者有献山猪、天皇指猪而詔曰、如断猪頸、何時断朕思人、

ここでは、狩猟の獲物である猪と、夫人とが同一視されているのである。しかしここで肝心なのは、その動物の獲物と、人間とが全く等しくみられているということではない。殺された獲物が、殺されるべき人間を類推させ、殺されそうな人間が、殺された獲物をもって自分を類推する。言い換えれば、そのような獲物と人間とは、極めて共通した条件を分かち持つけれども、やはり基本的にその場が異なっているということである。

人間を殺すのであれば、何も狩猟の場を借りることはない。それでも、ことさら狩猟の場が求められたのは、その場自体の原則を借りようとしたからである。殺すことと殺されることとが、それ自体その限り公認されているところであった。しかしその殺される対象が、人間であることは許されていなかったはずである。問題は、いずれの原則を優先するかということで、そこに錯乱が生じるわけだが、その錯乱も理由のないことではなく、たとえ動物を殺すにしても、日常生活の場における人間同志の闘争（戦争であり政治闘争である）と人間社会の秩序確定が、「猟場之楽」として格別に反復され、確認されていたからである。

『日本書紀』景行四十年是歳条によると、日本武尊は信濃に入ったが、乗っている馬はなかなか進もうとしない。そこへ山の神が尊を苦しめんとして、「白鹿」に化けて立ちはだかる。そこで日本武尊はその「白鹿」を殺したところ、道を見失ってしまった。時に「白狗」があらわれて、尊を先導し、美濃まで送ったという。この記事には、多分に潤色の跡もうかがえるが、人間・乗馬・犬と鹿の関係は、さながら狩猟の型に等しい。『古事記』景行段にも類話があるが、「白鹿」のことはあっても、馬や犬のことはみえない。『古事記』の方が、より原史料に近いと考えられるが、逆に馬や犬を登場させた『日本書紀』側の意識を今は重視すべきで、日本武尊の巡国もしくは征服伝承に、狩猟

の型が重なり合っている。狩猟の型を借りて、日本武尊の行為を、今一度確認しようとしたのである。

膳部が獲物を「顕申」すためには、まずその獲物が確保されなければならない。獲物は、多く鹿であったり、猪であったりするわけだが、その確保は、犬に導かれ、馬に乗った人がそれを射殺すことで成り立つ。物部守屋大連の資人であった捕鳥部万が、大連の戦死を知り、急拠難波から馬に乗って逃げた。[146] しかしついに自尽するわけだが、その時、万の養っていた「白犬」が、主人の遺骸の側で、ともに死んでいたという。桜井田部連胆渟の犬も、主人の死体を固く守っていたともいう。これはただ、忠犬ぶりを意味するのではなく、馬に乗り、犬に導かれる狩猟の型そのものである。

すると、さきに触れた守屋軍の退散の仕方（狩猟のまね）は、事実であったのだろうか。もし事実であったなら、身命を守るための擬装工作なのかというに、その側面も否定できないが、なぜ狩猟がそのような性格を持つのかという説明にはなっていない。おそらく一つには、「猟場之楽」が日常生活の場と隔絶されており、容易に日常の生活、この場合は実戦闘が介入し得ないという意味があったであろう。しかし一方また、狩猟をすることで、現実の闘争をあらためて確認し、再生を予定する意味があって、果して退去そのものを意図したかは疑問である。前者は、馬子軍に及ぶ意識であり、後者は、守屋軍に及ぶ意識である。

少くとも、『日本書紀』にみえる守屋軍の退散の仕方には、字句以上の意味が隠されていよう。あるいは、捕鳥部万らの伝承を根拠にして、守屋軍の退散の仕方が記述されることになったのかもしれない。もしそうであれば、少くとも捕鳥部万らは、狩猟の型をとっていたことになる。『日本書紀』はそれをまた、一方的に逃走と規定しているが、そう単純で合理的な行為ではあるまい。

いずれにせよ、膳部はただ料理人なのではなくて、「猟場之楽」全体のなかで「顕申」す役割を担っており、その限りにおいて、乗馬と犬の先導、そして獲物の殺戮という役割もしくは行為のなかでこそ、はじめて把握されるものである。従って、膳部が存在するためには、射手を乗せる馬や、それを誘う犬を欠くことができない。しかしそれはまた、この上ない緊張の場でもあって、日常生活の場でくりひろげられる人間・社会闘争の、限られた時と空間を設定した演出場でさえある。一例を掲げれば、推古十九年五月の菟田野における薬猟がある。[147] これも一つの狩猟にほかならなくて、事実騎馬編成をとったわけだが、この時まさしく、冠位十二階に装束された人々が馬に乗り、狩猟をおこなったのである。現実の冠位秩序は、「猟場之楽」のなかで共同の歩調を強いられながら、共有の獲物を捜し求め、殺戮することによって、さらに確定されようとしていたのであった。この場合、その獲物から類推されるものは、朝鮮三国であったろうか。この前年、新羅・任那の使者が来朝し、「荘馬」が仕立てられていたのである。

ここまできて、再び補闕記の記事に眼を転ずると、つぎのような一文がみえる。

太子舎人有宮池鍛師之犬咋鹿之脛、太子疾其放之、又同犬咋折鹿之四脛三段、太子恠之、誓夢而見之欲知其趣、夢見艶僧至自東、謂太子曰、此鹿与犬過去宿業也、鹿為嫡犬妾、時嫡折妾子之脛、因此九百九十九世結怨而来、于今千世正満足耳、

ここに犬と鹿の宿業談がみえるのは注目されて、本来この記事は、「猟場之楽」で「顕申」す役割を果した膳部の伝承に、もっともふさわしかろう。ただ太子舎人が登場することから、「調使家記」の内容ではないかと思われるふしもあるが、「夢見艶僧至自東」るというところは、つぎに述べる太子幼年の記事の「后夢有金色僧」以下の記事や、独自の東方観を持つ内容によく符合して、それは「膳臣家記」と推定されるところである。しかしこの部分の一つの

特徴が、「嫡」と「妾」との家族秩序と、仏教宿業観との混合にあるのは興味深い。

四　恵慈と法華経

さらに「膳臣家記」から採ったと思われるところは、つぎの箇所である。

(ニ)石余池辺宮御宇天皇、（用明（朱））庶妹間人穴太部皇女為后、后夢有。色僧、（金（朱））容儀太艶、対后而立、謂之曰、吾有救世願、願暫宿后腹、后夢中許諾、自此以後始知有脤、経十二箇月、后巡宮中、至于厩下、（甲午歳誕生給歟）不覚有産、女嬬抱持、疾入寝殿、后亦安臥、忽有赤黄光、至自西照于殿内、良久而止、天皇大異、勅群臣曰、此児必後有異於世、即定大湯坐若湯坐、沐浴抱挙、数月之後、能言、能知人挙動、不妄啼哭、三歳之後、常旦日東向称南無仏而再拝、不因人教、嬭母太奇至――六歳、（己亥）宮中有諸小王子闘叫之声、天皇聞著設笞、追召諸王子等、皆悚逃隠、而太子脱衣独進、天皇問之、兄弟不和、諸小王子等輙以口闘、今将笞誨、皆悉隠避、而汝何独進、太子合掌、対天皇皇后低首奏曰、不得立橋於。（（朱）天字脱歟）而昇、不得穿穴於地而隠、天皇皇后大悦、勅曰、汝之岐嶷、朕今知之、皇后披懐而抱、其身大香、大香気非常、皇后大異、乃最加愛、一説云、一抱太子、即数月懐香、故後宮争欲奉抱、皇后亦屢加抱、

最後の「一説云」以下が、果して「膳臣家記」のものかどうか疑問がないではない。また太子の年齢をもって記述するところに特徴があるが、すでにみた太子の馬のところ(イ)・(ロ)・(ハ)では太子年齢の表現がみられない。すると両者の典拠が異なるとも予想されるが、後者は必ずしも太子自身の行跡を述べたものでないから、その年齢表記がなくても別段構うまい。あるいは、「太子謂夫人膳大郎女曰」と唐突な書き出しになっているのは、そのはじめに太子年

齢が記されており、前後関係から考慮して、補闕記の撰者がそれを消去したとも考えられる。

ところが、今一つ、「膳臣家記」から採ったらしいところがある。

(ホ)戊辰年（御生年卅五）九月十五日、閇大殿戸、七日七夜、不召群臣、又不御膳、夫人已下、不得近習、時人太異、法師曰、太子入三昧定、宜勿奉驚、八日之旦、御机之上、有法華一部、驚深加恭敬、出自定後、常有口遊曰、可怜可怜大隋国僧我善知識、好好読書、不読書非為君子、是勅戒之辞、太子薨後、王子山代大兄日夜六時礼拝此経、癸卯年十月廿三日夜半、忽失此経、不知所去、王子大恠、復以大憂、（今在経者、小野妹子所持也、事在太子伝）十一月十一日亥時、宗我林臣入鹿等、興軍焼滅宮室、王子王孫廿三王等一時解尸共昇蒼天、

ここで、「又不御膳、夫人已下、不得近習」というのは、やはり「膳臣家記」の内容としてふさわしい。さらに、「群臣」という語は、(ニ)にもみえるし、太子の馬を語るところにも、「思群臣預知而召之一事已上」とあって、よく共通する。また、「太異」とすとか、「大異」とすとか表記されるのも、(ニ)と(ホ)の同一性をうかがわせる。一方、「可怜可怜」との語辞や「其身大(太)香」の言葉などが、「調使家記」と共通するのは、(ニ)もしくは(ホ)が「調使家記」から採られた可能性をも示しているけれど、内容上、それは一応考えられないことである。たしかに両家記の類似性を物語る点で、重要なことではあるが、むしろ「発生状態」の共有条件を留意すべきだろう。また「調使家記」には、「群臣」の語がみえず、「卿」とか「大夫」の語を用いており、(ニ)・(ホ)と「調使家記」の最終的な相違も看過できないのである。

だがなお、この(ホ)には考えるべき点がある。まず第一に、山背大兄王の法華経喪失と上宮王家滅亡の段も、「膳臣家記」とみてよいかということである。これはすでに述べたように、補闕記の編年による体裁を無視した形になって

おり、むしろだからこそ逆に、本来一貫した素材であったとみられる。内容的にも連続しているのである。第二に、すると補闕記の後半部分をなす上宮王家滅亡の記述そのものと、いかにかかわるのだろうか。その書き出しは、「癸卯年十一月十一日丙戌亥時、宗我大臣并林臣入鹿、（中略）討太子子孫男女廿三王」つとある。たしかに双方はよく似たところがみられるが、単純に省略関係があったとも考えられない。「丙戌」の存否、「宗我林臣入鹿等」と「宗我大臣并林臣入鹿」のちがい、「王子王孫廿三王等」と「太子子孫男女廿三王」のちがいが認められる。さらに、一方は「宮室」の焼滅を言い、一方は「斑鳩寺」の損亡を言う。これは一応、別の素材とみるのが妥当で、「膳臣家記」の上宮王家滅亡の段は、それとして完結していると思われる。

第三に、「今在経者、小野妹子所持也、事在太子伝」りとの割注であるが、本来「膳臣家記」に存したものかは疑わしい。むしろ、補闕記の撰者が「膳臣家記」を披閲して引用する際、「太子伝」（「四天王寺聖徳王伝」）と比較し、みずからの所見を加えたものであろう。第四に、「法師」の登場であるが、この「法師」が恵慈を指すのはよいとしても、いきなり「法師」と記す以上、それ以前の記事を受けたものと言わざるを得ない。すると当然、(ホ)の前の一文も、「膳臣家記」の内容ではないかと思われる。それは、つぎのようなものである。

(ヘ)小治田大宮御宇天王、以太子為儲后、天下政事決於太子、太子即制十七条政事、条[本(朱)]国条[本(朱)]身事（在別巻）、爾於天下。[大]嘉、此時高麗恵慈法師慕化来朝、太子悦為師、受業問一知十、問十知百、不問而知、不思而達、二年業成、道被幽顕、八人時共声白事、太子一一能弁、各得情無復再訪、聡敏叡智、是以名称厩戸豊聡八耳皇子、又奉称大法皇太子、謂恵慈法師曰、法華経中此句脱字、師之所見者如何、法師答啓、他国之経亦無有字、

もっとも、恵慈が登場するのは「此時高麗恵慈法師慕化来朝」以下のところであるから、それ以前が「膳臣家記」

に由来したものかどうか定めがたい。

ところで、(ニ)で太子年齢が記述され、(ホ)では「戊辰年九月十五日」となっているのは、同じ「膳臣家記」とした場合、矛盾することになる。補闕記撰者の造作があったとすれば、一応解決する問題ではある。しかし、「膳臣家記」自体も、かなり複雑な体裁をとっていたのではなかろうか。まず(ニ)は、いわゆる「壬生事」に属する。必ずしも、膳臣氏に直接かかわることではない。(ホ)は、いわば「膳職事」を一つの基底にしているので、膳臣氏自身の記と呼べる。太子の馬をめぐる(イ)・(ロ)・(ハ)はこれまた複雑で、(イ)が膳大郎女その人を称えたのに比して、(ロ)の馬の飛翔は、上宮王家の乳部や膳臣氏自体の祖業が混和された形で語られており、(ハ)は穴穂部間人皇女の死にかかわる。「膳臣家記」の複雑さは、この(イ)・(ロ)・(ハ)に集約されていると言ってよいが、それはつまるところ、膳臣氏と上宮王家（穴穂部間人皇女も含む）との重層的な緊密関係に由来しよう。その意味では、多分に寄せ集め的な内容を持つ側面が「膳臣家記」にはあったように思える。太子の殯、さらには太子の改葬での「壬生事」や「膳職事」などの誄を原史料に、「膳臣家記」として体裁を整えてきたものではなかろうか。太子の改葬で、三所合葬がなされたとすれば、以上のような体裁の「膳臣家記」が成立する一つの契機になったことであろう。

もちろん、今日知る「膳臣家記」が、その太子改葬の直後に仕上げられたというのではない。たとえば(ニ)の冒頭にみえる「石余池辺宮御宇天皇」の表記にしても、「治天下」と書かれていないところから、少くとも『大宝令』施行以後の記述にちがいない。(148) けれども、実質的な意味を早く失ったと考えられる「大湯坐若湯坐」なる語句が見出せるのは、必ずしも奈良朝に入って、すべてが新しく記述されたのではないことを裏付けよう。

それにしても、以上推定した「膳臣家記」の範囲に限っても、仏教関係の記事が多く見出されるのは注目してよい。

すでに太子の馬の臨終のところで、「似有悔過」るとの表現がみえることは指摘しておいた。ところがさらに(ニ)では、「金色僧」が后の夢にあらわれ、「救世願」を伝えたという。太子も三歳の時、毎朝東に向かって、「南無仏」と称し再拝したともいう。ついで(ホ)になると、『法華経』による太子の三昧定が記され、(ヘ)とあわせて、恵慈の存在が強調されるのである。しかし、太子の恵思禅師後身説や達磨との関係、さらには小野妹子法華経将来説話が全くあらわれないことは、また逆に重要な意味を持つ。

恵慈に対する強い関心は、中国文化もしくは仏教の受容に積極的な日本の姿勢に対して、好意的でないか、それを拒否するか、あるいはそのような姿勢の未だ濃厚でない時期に「膳臣家記」が成立していたかを、逆に物語るものである。恵慈その人の仏教を主体的に継承して書かれたとは、また考えられないし、その仏教がいかなるものであったかも、今日では全くわからない。もちろん恵慈によって、何らかの仏教思想は伝えられたであろうが、高句麗仏教の性格を考慮した場合、(149)彼は太子の国際政治・軍事顧問の役を果した可能性さえある。しかも彼が高句麗からの渡来僧であることを思えば、すでに述べたように、膳臣氏と高句麗外交とのかかわりがある以上、恵慈の招請とわが国での処遇に、膳臣氏が介入していたとも考えられる。

恵慈の強調にあわせて『法華経』が重要視されていることは見逃せない。それは同時に、「膳臣家記」の仏教関係記事にも影響を及ぼさずにはいまい。「救世願」とは何か。『法華経』にそのままの語句はみえないが、観世音菩薩普門品は、「観音妙智力、能救世間苦」わんと説く。たしかにのち流布した「救世観音」(150)の願とみることもできるが、化城喩品には「救世之聖尊」とあって、必ずしも観音菩薩の願に限定されるものではなかった。もちろん、そうでないとも断言できなくて、「至自西照于殿内」すというのは、あるいは観音菩薩を「赤黄光」に見立てた上のことかもしれない。しかし、「東向称南無仏」えたのは、明らかに観音菩薩を拝したわけではなかった。

方便品は、「一称南無仏、皆已成仏道」ぜりと説いている。「舎利弗当知、我聞聖師子、深浄微妙音、喜称南無仏」えたりとも言う。そして如来神力品は、「南無釈迦牟尼仏」と衆生の合掌し、述べたことを説くのである。一方、観世音菩薩普門品にも「南無観世音菩薩」の名号が記されているが、これは「南無仏」に集約されるはずがない。さて、東に向かって「南無仏」を称えたとすれば、その「仏」は東方に住することになる。東方と言えば、東方浄瑠璃国の薬師如来を多くの人は想起しよう。しかし今、『法華経』に即してその東方観をうかがうに、それは多様である。

序品によると、「歓喜合掌、一心観仏、爾時仏、放眉間白毫相光、照東方、万八千世界、靡不週遍」しとある。まさしく東方は、「仏」の世界であった。また化城喩品は、「爾時東方、五百万億、諸国土中、梵天宮殿、光明照曜、倍於常明」れりとも言う。さらに、「其二沙弥、東方作仏、一名阿閦、在歓喜国、二名須弥頂」づくと説いて、阿閦・須弥頂を東方仏とみる。また成仏の久遠にして、法の永遠なることを説いた如来寿量品には、こうある。

　然善男子、我実成仏已来、無量無辺、百千万億、那由他劫、譬如五百千万億、那由他、阿僧祇、三千大千世界、仮使有人、抹為微塵、過於東方、五百千万億、那由他、阿僧祇国、乃下一塵、如是、東行、尽是微塵、諸善男子、於意云何、是諸世界、可得思惟校計、知其数不、

これはいわば比喩であるけど、『法華経』の東方観のむしろ基本を吐露したものと言えよう。その東方は、「釈迦牟尼仏」の成道に先行し、なおかつ「釈迦牟尼仏」を「仏」たらしめている永遠の場であり、時間を借りて表現される方向でもあったが、見宝塔品は、さらに生々しい説き方をする。

　爾時東方、釈迦牟尼仏、所分之身、百千万億、那由他、恒河沙等、国土中諸仏、各各説法、来集於此、

「釈迦牟尼仏」は、東方諸仏・国土の今日的な盟主にほかならない。要するに、『法華経』による限り、「東向称南無仏」えたりとは、『法華経』の法そのものに迫るものがあって、あえて具体化すれば、「南無釈迦牟尼仏」を称えたことになり、釈迦信仰をうかがわせる。よしや観音信仰が存在したとしても、「膳臣家記」では決してその単独信仰が反映されているのではなく、釈迦信仰をむしろ重視すべきで、その基底にはもちろん、『法華経』そのものが横たわっていた。

「膳臣家記」に、かくも『法華経』（釈迦信仰を含む）信仰が投影される必然性はどこにあったのだろうか。もちろん「膳臣家記」の成立とも関係する。周知のように、斑鳩には三井寺（御井寺・法林寺・法琳寺などとも称す）が存している。『聖徳太子伝私記』下（巻子本）によると、つぎのようにある。

御井寺（又云三井云云）、勘録寺家資財雑物等事、
法名法琳寺、東限法起寺堺、南限鹿田池堤、北限氷室池堤、西限板垣峯、在平群郡夜麻郷、
右寺斯奉為小治田宮御宇天皇御代（歳次壬午）、上宮太子起居不安、于時太子願平複、即令男山背大兄王竝義王等始立此寺也、所以高橋朝臣預寺事者、膳三穂娘為太子妃矣、太子薨後、以妃為檀越、今斯高橋朝臣等、三穂娘之苗裔也、
維于延長六年（歳次戊子）、合参佰弐拾歳云云、[151]

これとほぼ同文をなす「法林寺縁起」が、『平氏伝雑勘文』上三に引用され、『上宮太子拾遺記』五には、「法林寺流記」として引かれている。同等もしくは同系統のいわゆる「法林寺縁起」とみてよい。

これによると、推古三十年の太子臨終の際、自分の平復を祈願して、山背大兄王と義王（由義王）に同寺を創立させ、のち高橋朝臣が寺を預るようになったのは、その祖先の膳三穂娘が太子の妃で、かつ太子の死後、同寺の檀越で

あったからだという。また延長六年（九二八）にこの縁起は書かれたようになっていて、創建から三百二十年目と言いたいようである。ところが、この逆算には誤りがあり、膳三穂娘なる人物の存在も不明で、いわんや太子夫人の膳大郎女（菩支々彌女郎）が太子の死に相前後して死去した伝承があれば、同寺の檀越として伝えられるのもおかしい。高橋朝臣とは、天武持統朝頃に膳朝臣の改姓したものという。高橋朝臣と膳（朝）臣との継承関係はよいとしても、その創建については、いささか疑わしいのである。

ところが補闕記は、また別につぎのような記事を載せている。

斑鳩寺被災之後、衆人不得定寺地、故百済入師率衆人、合造葛野蜂岡寺、合造川内高井寺、百済聞師・円明師・下氷居（（朱）君）雑物等三人、合造三井寺、

これによると、天智九年の法隆寺火災以後、三井寺は建てられたか、再建されたことになる。この記事が何に依ったかは、今のところ何とも言い切れないが、否定すべき根拠は見出し得ない。法隆寺焼亡後に、法林寺伽藍における何らかの画期があったとみてさしつかえないと思う。また最近の遺構（塔基壇）調査から、天武朝を遡る建物の存在した可能性も出てきており、創建過程は、依然不明のままである[152]。

だがここで問題なのは、同寺に伝わる薬師如来像と伝虚空蔵菩薩立像である[153]（今はいずれも同寺収蔵庫に保管されている）。前者は、もと金堂に安置されていたもので、寺伝どおり、止利派の作風を受けたところもあって、朝鮮を介しての新たな大陸の影響を加味した、飛鳥時代末ないし白鳳時代初期の作ではないかと言われている。一方後者も、もと金堂に安置されていたもので、天智九年の法隆寺焼亡以前までの、いわば飛鳥後期の様式を伝えているという。そしてこの立像は、むしろ本来、観音像にふさわしいとの指摘もある。

もちろん、これらの仏像が、もとから法林寺に安置されていたものかどうかは知る由もない。しかし、元来の安置仏だとすれば、薬師と観音信仰などを中心として発足した寺ということになる。太子の病平癒のために建てられたという「法林寺縁起」に、薬師仏はいかにも似つかわしい。けれども、太子の病平復のためというのは、やはり考えられないことで、むしろ薬師仏の存在が原因となって、そのような理由が造作されたとみた方が妥当である。

いずれにせよ、創建当初から薬師・観音二仏が存したとすれば、「膳臣家記」に「救世願」と言い、「東向称南無仏」えると言うのは、救世観音と東方浄瑠璃国の教主薬師如来にちなんだ記事であったと、今までの推論を訂正すべきだろうか。しかしそのためには、法林寺が膳臣氏（高橋朝臣）の氏寺的存在であったことがまず必須であるが、従前の縁起では何とも覚束ない。かりにその氏寺であったとしても、「救世願」はともかく、「東向称南無仏」えたとの内容を、その前後から推して、何人かの病気平癒のためとみるわけにはいかないし、その限りにおいて、「南無仏」を薬師仏と解するのには無理がある。しかし逆に、薬師・観音二仏が創建時もしくはそれに近い段階で、ただちに法林寺に安置されたものとするなら、当時の通例により、何人かの病気（臨終を含む）回復を願い、また父母などの追善をおこなうことをした寺が、法林寺であったとは言えよう。

ともかく、「膳臣家記」の仏教記事と、法林寺に現在伝わる薬師・観音二仏とを、ただちに直結させて結論すべきではないと考える。そこで注目すべき第一は、法隆寺に伝わる、太子とその母と膳大郎女との死をあわせて記した造像銘を持つ、釈迦三尊像の存在である。太子（上宮王家の山背大兄王に継承）と穴穂部間人皇女と太子夫人膳大郎女との関係を重層的に伝えた「膳臣家記」にとって、さきの釈迦三尊像への信仰が無縁であろうはずがない。この造像が、ただちに『法華経』思想の投影であるかどうかは疑わしいけれど、その像が存在する過程において、『法華経』信仰と結び付いた可能性はあり得る。

第二は、法起寺とのかかわりである。今、荻野本『古今目録抄』上に引載された、「法起寺塔露盤銘文」を掲げると、つぎのようになる。

上宮太子聖徳皇、壬午年二月廿二日、臨崩之時、於山代兄王、勅御願旨、此山本宮殿宇、即処専為作寺、及大倭国田十二町、近江国田卅町、至于戊戌年、福亮僧正、聖徳御分、敬造弥勒像一軀、構立金堂、至于乙酉年、恵施僧正、将竟御願、構立堂塔、丙午年三月、露盤営作、

この銘文の成立は、一応そのまま認めてよいものと考えるが、すると慶雲三年に三重塔の露盤が挙げられて、銘文もその時のものとなる。建立の経緯は、太子が臨終の時、山背大兄王に同寺創建の勅願があった。「此山本宮」（岡本宮つまり岡本宮のことか）を寺として、寺田の施入もあった。ついで舒明十年（六三八）に、福亮僧正が弥勒像を敬造り、金堂を建てた。天武十四年になって、恵施僧正が堂塔を建てて、御願をとげたという。

すでに指摘されたように、[154] 岡本宮を寺としたのは注目される。『日本書紀』推古十四年七月条は、つぎのように記している。

秋七月、天皇請皇太子、令講勝鬘経、三日説竟之、是歳、皇太子亦講法華経於岡本宮、天皇大喜之、播磨国水田百町施于皇太子、因以納于斑鳩寺、

これは二つの部分から成り立っており、七月にかけた『勝鬘経』の講説と、是歳にかけた『法華経』の講説とは、本来別伝とすべきである。今、『法隆寺伽藍縁起并流記資財帳』をみると、戊午年（推古六年）四月十五日に、太子をして「令講法華勝鬘等経岐」と伝え、法王帝説は、やはり同年月日をもって、「令講勝鬘経」しめたという。いずれも播

磨国の地を寺田に施入したとある。ともに結果としては、法隆寺の寺伝であると思われるが、法王帝説のこの部分の成立、あるいはその原形の成立は、養老年間を降るまいとみられている。[155]すると本来法隆寺では、『法華経』よりも『勝鬘経』の講説を優先する時期があったように思われてくる。『日本書紀』が、『法華経』と『勝鬘経』との講説を区別して伝えたのも、後者がより法隆寺の寺伝に近く、前者はそうでなかったことになろう。前者は、法起寺系の伝であった可能性が強い。

法起寺は、太子が法華経講説をおこなったとされる岡本宮跡に建てられた。法華経信仰が同寺に存したことは、何としても否定し切れまい。その信仰が逆に、太子の岡本宮法華経講説談を生んだのかもしれない。さきの露盤銘によると、福亮が弥勒像を造ったとある。この弥勒仏は、『法華経』従地涌出品が、「釈迦牟尼仏、之所授記、次後作仏」の菩薩と説いたところのものにほかならない。また、法起寺には、虚空蔵菩薩と伝えられる観音像が残っている。法隆寺旧蔵の辛亥年（白雉二年）の記銘を持つ観音菩薩像と、さほど隔たらぬ時期の様式がうかがえるという。[156]もちろん、当初から法起寺の安置仏であったかどうかは明らかでないが、奈良朝における同寺の観音信仰は、『日本霊異記』中の十七からも知れる。「観音銅像有十二体」りと記しているのである。法華経信仰から、その分化独立した観音信仰への推移がうかがえよう。

法起寺の伽藍配置は、いわゆる法隆寺式によく似ているが、塔と金堂が逆で、東が塔、西が金堂となっている。[157]法隆寺式に即しながらも、なお例外を持つことは留意されて、『法華経』見宝塔品で鮮明に描説された、『法華経』の東方観に由来しているのではなかろうか。もしそうであれば、かくほどに法起寺の法華経信仰は根強かったと言える。同寺三重塔の創建は、天武十四年の着工と伝えるよりもいささか降って、持統朝後半ではないかと推定されている。[158]

この塔の創建、また伽藍の仕上がりに応じて、法華経信仰は法起寺でもはや動かし得ないものになったことであろう。あるいは逆に、あらためて確かめられたかもしれない。

福亮の登場も、また無視できない。弥勒像が早くから寺内に安置されたことはよいとしても、舒明十年に、福亮が造り、また金堂を建立したものかどうか、今は何とも確証がない。けれども少くとも、法起寺において福亮が重視されていたことだけは認めてよい。彼は、大化時に設けられたといわれる十師のうちの一人であるが、(159)不明な点が多い。『三国仏法伝通縁起』中は、「恵灌僧正、以三論宗授福亮僧正、福亮授智蔵僧正、智蔵越海入唐、重伝三論」えたと記し、高句麗僧の恵灌は、「随大唐嘉祥大師、受学三論而来日本」た者という。『東大寺具書』も、「本元興寺高麗貢僧恵灌法師嘉祥大師弟子」の弟子に福亮を数え、その弟子に智蔵などがおり、智蔵は天武朝に入唐し帰朝して、法隆寺に三論を弘めたと記す。

『日本書紀』推古三十三年正月条に、高句麗から渡来して僧正に任ぜられたと伝える恵灌その人が、わが国の三論宗を樹立したとは到底考えられない。より現実的には、外交や政治上の理由をもって、高句麗国王から遣わされたものであろうが、僧であったこともまた否定できない事実で、何らかの仏教思想が彼によってもたらされたことは認めなければなるまい。そして、恵灌→福亮→智蔵と継承される側面があったのだろう。

ここで注意すべき第一点は、恵灌以後に高句麗系の僧が多く存在していたことである。大化時の十師の筆頭に、「沙門狛大法師」が掲げられており、この法師が恵灌を指すか、福亮を謂うかは別としても、高句麗僧であることにかわりなく、しかも十師の中心人物であったらしい。また道登も十師の一人だが、『日本書紀』白雉元年二月条によると、献上された白雉の意味を道登に問うたところ、彼は高句麗の故事をもって答えたと伝えられる。事実彼は、高句麗に留学していたもようである。[160] 孝徳朝の僧群のなかで、高句麗系（来朝・留学）の果した役割は測り知れない。

ところがさきの道登は、白雉について、唐に派遣された使者に関する出来事をも、あわせて報告している。この使者は、わが国からというよりも、高句麗から唐に派遣された者を指すようだが、間接的に唐が引き合いに出されていることも看過できない。高句麗系の僧と言っても、中国（唐）↓高句麗↓日本というルートが考えられる。しかし日本にとっては、あくまで唐は高句麗を介在した上での存在である。これに対して、僧旻も、白雉の意味を質問され、答えたという。彼の引用した故事は、周の成王の時や、晋の武帝の時のことで、いずれも中国に限られていた。『日本書紀』のその部分の記事には、いささか潤色が施されているかもしれないが、道登と僧旻の返答が余りに対照的なのは、それなりの理由があらかじめあったからに相違ない。僧旻も、十師の一人であった。[161] 彼は、推古十六年に入隋し、舒明四年に、新羅を経由して中国（今度は唐）から帰還した。同様のルートを辿った僧は十師のうちにほかにもいて、恵雲（渡海時不明、舒明十一年帰国）・常安（推古十六年入隋、舒明十二年帰国）・霊雲（渡海時不明、舒明四年帰国）は、少くとも確認できる。[162] 彼らは、直接隋もしくは唐に渡り、新羅を経て帰還した者達であった。中国（隋・唐）↓（新羅）↓日本のルートである。

大化の十師はすると、すでに指摘されたこともあるが、[163] 中国↓高句麗↓日本という系統と、中国↓（新羅）↓日本という系統の二つによって構成されていたことになる。恵灌は、前者の系統の先駆に属する一人であった。しかし、肝心の福亮については確たる史料がない。「沙門狛大法師」と同一人物であるとすれば、容易に解決することではあるが、今は判然としない。その出自さえ諸説あるが、[164] のちの恵灌↓福亮の血脈形成を考慮すると、旧説のごとく、中国↓高句麗↓日本の系統に属していたとみるのが妥当のように思う。[165] もし彼が禾田氏出身であったなら（有力な出自説[166]）、新漢人出自に多い中国→(新羅)→日本の系統[167]とは、やはり区別されてもよいであろう。

以上のように考えることができれば、法起寺において少くとも、中国→高句麗→日本の系統が、福亮の名を借りて意識されていたことになる。その限りで、福亮・恵灌を遡る高句麗僧恵慈の存在も、強く主張され続けるであろう。いわんや福亮が弥勒像を造ったと寺で伝える舒明十年は、中国→(新羅)→日本の系統が現前となる最中であった[168]。

しかしこの二つの系統が、国内的に著しく対立したという形跡はない。全くなかったとは言い切れまいが、やはりある種の共通項が存していたと思われる。一体に十師は、唐初の武徳年間に存した十大徳の制を受けたものと言われている[169]。僧旻らの系統は、これを直接見知っていたであろうが、恵灌・福亮らの系統にしても、知らなかったとは言えない。十師の首席が、「沙門狛大法師」であることを忘れるべきでない。しかしさらに重要なのは、唐の十大徳の一人に吉蔵(嘉祥大師)がいたことである。『続高僧伝』十一吉蔵伝は、「武徳之初、僧過繁結置十大徳、網維法務宛従初議、居其一焉」と記している。「講三論一百余遍、法華三百余遍」と伝えられ、また「然京師欣尚妙重法華、乃因其利即而開剖」すとさえ言われた吉蔵の仏教が、十大徳の制とともに移入されないはずがない。

吉蔵は武徳六年(わが国の推古三十一年)に死んだ。彼は中国における三論宗祖であったが、その伝にもあるように、『法華経』を多く学んだ。恵灌も吉蔵に学んで来朝し、それを福亮が受けたとしても、別段矛盾するところはないであろう。従って、法起寺において、高句麗系の仏教が継承され、その限りで恵慈が太子との関係で意識される一方、吉蔵三論系の『法華経』研究がなされた可能性がある。

一方、智蔵は福亮の弟子とのちにみなされているが、『懐風藻』智蔵伝は、智蔵を禾田氏と言い、「淡海帝世、遣学唐国」し、呉越の間に学んで、「六七年中、学業穎秀」なりであったという。「太后天皇世」に帰国して、僧正になっ

た と伝える。これをそのまま解すれば、天智朝に入唐し、持統朝に帰国して僧正になったことになる。入唐時はほぼよいとしても、帰国には大いに疑問があって、旧説に従えば、天智四年の入唐、そして倭姫が皇位にあった天智十年十二月以降の翌年七月までの間(太后天皇世)に帰国したことになる。[170]

智蔵は、『扶桑略記』天武二年三月条や、『僧綱補任』などによると、福亮が在俗の時の子であったとされる。確かめる術はないが、その血脈といい、父子伝承といい、福亮と智蔵には何らかの密接な関係があったと思われる。しかし、智蔵は高句麗に留学し、そこからあるいは唐に入った可能性もなくはないが、一応、中国↓日本の直結ルートに属そう。すると彼と福亮を結び付けるものは、やはり吉蔵の『法華経』研究、さらには吉蔵系三論である以外にない。「我亦曝涼経典之奥義」[171]すと豪語したというから、かなりの経典類を将来したことであろう。

すでにみたように、智蔵は法隆寺三論を弘めたと、のち伝えられる。真偽のほどは明らかでないが、天武二年に僧正に匹適する任に就いたとすれば、[172]法隆寺の再建時期に当たり、法隆寺に住して三論を弘めたとは考えられないまでも、法隆寺の再建もしくは、その周辺の事業(法林寺建立・再興や法起寺造営など)に参与した可能性はある。すると、高句麗系の『法華経』研究、あるいは吉蔵系三論にもとづく高句麗経由の『法華経』研究から、より中国に直結した『法華経』研究、あるいは吉蔵系三論の継承へと、変移する時期に智蔵は位置していたことになる。それでもなお、旧然の中国↓高句麗↓日本の系統は混合されていたであろう。法隆寺に、太子の法華経講説のことが伝えられるようになったのも、あるいは智蔵以後のことかもしれないが、今は何とも言えない。

ともあれ智蔵の帰国によって、そして法隆寺の再建に平行して、中国からのより直接の吉蔵系三論およびその『法華経』研究を踏まえる形で、福亮さらには恵慈にまで遡った旧来の高句麗系『法華経』研究(吉蔵系三論)が、あらためて継承・強調されたことであろう。そこで翻って「膳臣家記」をみると、恵慈の主張にあわせて、「可怜可怜大隋国僧我善知識」とあるのが注目される。この「大隋国僧」は吉蔵を指すとみるべきだろう。「御机之上、有法華一部」りとは、吉蔵の『法華経』研究を暗示し、いわば吉蔵所持の『法華経』が、三昧定に入った太子の机の上に出現したことになる。のちの小野妹子法花経将来説話や、太子の恵思禅師後身説に類似するモチーフがすでにあるが、実体は似て非なるものであった。

それにしても、法起寺と膳臣氏との関係は明らかでない。高句麗外交に携わることのあった膳臣氏であるから、恵慈の強調はそれで説明がつくとしても、その法華経信仰・吉蔵とのかかわりについては、充分な証しがないのである。しかし、『日本霊異記』上の四は、「岡本村法林寺」と記していて、法林寺も岡本宮をかつて有した岡本村に建っていたことがわかる。もとより法林寺と法起寺は近いし、ともに山背大兄王を創建者として伝えている。法林寺自体、膳臣氏との関係は必ずしも明確でないから、特定の寺院とその仏教系譜を、膳臣氏との関係で論ずるには、本来無理もあろう。だが、「膳臣家記」と推定される内容と、法起寺の性格が極めて密接な関係にあることだけは、以上のように言えると思う。その際、法起寺に限られてよいかどうかは、なお疑問を残すのである。

ここで最後にあらためて、「膳臣家記」の成立について考えておこう。まえにその寄せ集め的性格を指摘したが、それは内容の原由についてそう言えるのであって、それぞれの文章表現に時代的な差異は認められない。しかし内容上の原由、根本史料にしても、さして時代的ずれはうかがえなくて、一応その成立過程は、同時代性のもとで理解してよいだろう。

実は、仏教以外の要素も、この「膳臣家記」は含んでいる。道教的な、呪術的な側面については馬のところで述べたのでくり返さないが、それ以外にも、天皇の答を率先して受ける太子のことなどは、また別の側面を反映していたと言わなければならない。いわば「壬生事」の内容である。それが何にもとづくものかは、当面明らかにし得ないが、ただ「勅曰、汝之岐嶷、朕今知之」るというところの「岐嶷」に関しては、「膳臣家記」の成立とかかわって、極めて注目される。

この「岐嶷」、あるいはその類似のフレーズは、『日本書紀』にしばしばみえている。たとえばまず天武即位前紀は、大海人皇子を「生而有岐嶷之姿、及壮雄抜神武」しと称える。また垂仁即位前紀も、天皇をもって「生而有岐嶷之姿」りと述べ、綏靖即位前紀にも、「天皇風姿岐嶷、少有雄抜之気」りと言う。「岐嶷(嶷)」は、「イコヨカ」と古訓する。(173)

これは明らかに、中国の古典から採ったものである。たとえば『晋書』帝紀九簡文帝に、「幼而岐嶷、為元帝所愛」したと言い、『後漢書』列伝十四馬援によると、「客卿幼而岐嶷、年六歳、能応接諸公、専対賓客」したとある。また、『魏志』明帝紀三所引の「魏書」では、「帝生数歳、而有岐嶷之姿」りと述べ、『芸文類聚』十六儲宮部儲宮においても、これを引いて、「魏志曰、明帝文帝太子、生而愛之、常令在左右、数歳而有岐嶷之姿」りと書かれている。主として、中国皇帝の幼児の優秀さを称える語辞が「岐嶷(嶷)」であって、かつ父の子を愛する契機にもなっている。「膳臣家記」の場合も、これらの語句に倣ったものと考えられる。

天武即位前紀をはじめとする『日本書紀』のいずれも即位前紀に、「岐嶷」のことが記されているのは、当該記事に関する限り、天武即位前紀が書かれる時に、ほぼまとめて同時に書き上げられたことを示唆している。つまり、少くとも持統朝以後、養老四年の『日本書紀』撰上までの間に、天武・垂仁・綏靖などの各即位前紀の「岐嶷」に関するフレーズは書かれたものと思われる。それは史伝編纂において、幼児・幼帝を称える、特定の時期のある流行語であったに相違ない。すると「膳臣家記」の当該箇所も、以上の『日本書紀』撰修過程とさほど隔たらない時期に書かれた可能性が出てくる。これまで各所で推定した「膳臣家記」の原型成立時期の範囲とも、矛盾することはない。

そこで留意すべきは、持統五年八月に上進された十八氏の「墓記」のうちに、膳部のそれが入っていることである。「膳臣家記」の原型は、するとこの「墓記」にあったのだろうか。この「墓記」から『日本書紀』に採られたらしい箇所については、すでに指摘されている。[174] しかしそれは、いずれも膳臣氏自身の祖業などを誇張したもので、いわゆる太子を主体もしくは重要な契機とする「膳臣家記」とは、いささか趣を異にする。けれども、「膳臣家記」にも太子の既誕生のことが記されていて、『日本書紀』の採用するところであったとすれば、膳部の「墓記」と「膳臣家記」との類同性もうかがえないことはない。だがたとえば、十人の訴えを同時に聞きわけたという『日本書紀』の記事に対して、「膳臣家記」は恵慈からの受業に結び付けて語っており、片方が片方を採用し改修したものであるとは到底考えられない。従って、『日本書紀』と「膳臣家記」との関係は、双方どちらかが直接的にその記事を採用したというようなものではなく、双方の成立時期に共通するところがあったと言えるに留まる。もちろん間接的な関係を否定するものではなく、「膳臣家記」と『日本書紀』や膳部の「墓記」にむしろ共通する、さらなる原史料があったやもしれない。

とまれ、「膳臣家記」は、『日本書紀』の当該記事と大いに異なる内容を持ち、膳部の「墓記」とも決して同じとは考えられない。やはり、持統朝頃に推定される太子の改葬を契機に、政治・社会史的な時間とは無縁のところで、誄の文化を基底にしてその原型が生まれ、のち奈良朝前半になって、最終的な仕上がりをみたのが、今の「膳臣家記」であったと思われる。

注

(1) 以上、『日本書紀』に従う。

(2) 安井良三「天武天皇の葬礼考」(『日本書紀研究』一)、田中日佐夫『二上山』、和田萃「殯の基礎的考察」(『論集終末期古墳』)など。

(3) 『日本書紀』敏達十四年八月条。

(4) 『日本書紀』雄略九年五月条。

(5) 『日本書紀』白雉元年十月条。この「百舌鳥」は一種の地名で、同大化二年三月条にも、「百舌鳥長兄」なるものがみえる。これも土師氏であろう(日本古典文学大系『日本書紀』下 頭注)。しかし、陵墓の存在する「百舌鳥」が、「鳥」に由来する地名でなければならないこと自体に意味があり、その地名を土師氏は負っている。

(6) 折口信夫「民族史観における他界観念」(『折口信夫全集』巻十六)。

(7) 和歌森太郎「大化前代の喪葬制について」(『古墳とその時代』二)。

(8) 『日本書紀』仁徳即位前紀。

(9) 『日本書紀』神代五段第六の一書。『古事記』には、「乃匍匐御枕方、匍匐御足方而哭時」とある。

(10) 林屋辰三郎『中世芸能史の研究』一六四頁以下。

(11) 『東大寺要録』巻二、『令集解』職員令雅楽寮所収「大属尾張浄足説」。

(12) 『延喜式』巻八祝詞。

(13) 『続日本紀』大宝二年十二月壬戌条。

(14) 『日本書紀』允恭四十二年正月条は、天皇の死を聞いて、新羅から楽人が送られ、殯宮で儛歌がおこなわれたと記す。なお和田萃氏は前掲論文で、わが国の殯宮儀礼を安閑朝末年の完成とみて、中国古代の葬礼が百済を経由して受容されたとされる。

(15) 『令集解』喪葬令遊部事条所引古記。

(16) 注(3)参照。

(17) 和田萃、前掲論文。
(18) 注(3)参照。
(19) 『日本書紀』推古二十年二月条。
(20) 『日本書紀』舒明十三年十月条。
(21) 『日本書紀』神代七段第二の一書。
(22) 日本古典文学大系『日本書紀』上　頭注・補注参照。
(23) 薗田香融「皇祖大兄御名入部について」(『日本書紀研究』三)。
(24) 『日本書紀』用明元年五月条割注。
(25) 『日本書紀』用明元年五月条。
(26) 和田萃氏は前掲論文で、殯宮が皇位継承を決定する期間であったとされる。たしかに表面はそうであるが、殯自体に、その決定を妨げる意味が、むしろ基本的に存在していたことにも注目しなければならない。
(27) 『令集解』職員令式部卿所引の「古記」によって、当該項目が大宝令にも存していたことが知れる。
(28) 林陸朗「『続日本紀』の『功臣伝』について」(坂本太郎博士古稀記念会編『続日本古代史論集』中巻)。
(29) 『日本書紀』天智八年十月条。
(30) 横田健一「藤原鎌足伝研究序説」(『白鳳天平の世界』)。
(31)―(33) 注(29)参照。
(34) 『鎌足伝』。
(35) 注(29)参照。
(36) 『日本書紀』天武二年閏六月条。
(37) 注(34)参照。
(38) 『日本書紀』天智十年正月是月条。
(39) 『日本書紀』持統三年六月条。

(40)『日本書紀』持統五年八月条。

(41) 注(19)参照。

(42)『日本書紀』推古二十九年二月条。

(43)(44) 尾崎喜左雄「大化二年三月甲申の詔を中心とした墓制について」(坂本太郎博士還暦記念会編『日本古代史論集』上巻)。

(45) 以上、『日本書紀』安閑二年十月是月条・同宣化四年十一月条・同推古二十年二月条・同崇峻四年四月条・同推古三十六年九月条に依る。

(46) 水野柳太郎「大安寺伽藍縁起并流記資財帳について」(『南都仏教』三)。なお、大官大寺の平城京移建については、福山敏男「大安寺と元興寺の平城京移建の年代」(『日本建築史研究』)などによって、霊亀二年とみるのが妥当である。また、「大安寺」の確実な使用初例は、天平十年の「大安寺牒」(『大日本古文書』七の一八九)や「皇后宮職牒」(『大日本古文書』七の一九二)にみえる。

(47) 法隆寺火災について、『日本書紀』は天智八年十二月是冬条と同九年四月条とに重出して記す。後者をとるべきだろう。

(48) 土橋寛『古代歌謡の世界』一二六頁以下。

(49)『日本書紀』大化五年三月是月条。

(50)『大日本古文書』四の四一五。

(51)「家令」と舎人の関係あるいは歴史的系譜については、あらためて検討すべき点があるが、たとえば渡辺直彦「令制家令の研究」(『日本古代官位制度の基礎的研究』)で指摘された、長屋王の変や藤原仲麻呂の乱におけるその「家令」の動向には、壬申の乱における大海人皇子の舎人の動きとも共通するところがみられる。

(52)『万葉集』巻二の一四七〜一五五。

(53) 押部佳周「近江令の成立」(大阪歴史学会編『古代国家の形成と展開』)。

(54)『日本書紀』天智十年正月条。

(55)『唐六典』巻十三。

(56)　家永三郎『上宮聖徳法王帝説の研究』六〇頁。同氏は従って、(一)の歌の成立下限を文武朝以前とされている。
(57)　『法隆寺伽藍縁起并流記資財帳』。
(58)　福山敏男氏は、「額田寺（額安寺）」（『奈良朝寺院の研究』）で、本図の成立を、天平宝字年間または少しく後のものとみておられる。なお、本図の呼称については、西岡虎之助編『日本荘園絵図集成』上解説に従って、「額安寺伽藍並条里図」とすべきだろう。
(59)　『日本書紀』舒明即位前紀。
(60)　『日本書紀』天武元年八月条。
(61)　『日本書紀』天武十四年七月条。
(62)　『日本書紀』持統四年四月条。
(63)　『続日本紀』大宝元年三月甲午条。『令義解』衣服令。
(64)　『令義解』衣服令皇太子条。皇太子の服制は、礼服に関する規定のみであるが、『令集解』は、その「黄丹衣」について、「礼服朝服一同也」との説を示す。
(65)　『続日本紀』霊亀元年正月条。
(66)　たとえば福原栄太郎氏は、「『中務省の成立』をめぐって」（『ヒストリア』七七）で、天武天皇の殯における左右大舎人の誄を、何ら被官関係のない天皇に直属した形態の存在としておこなわれたものとみておられる。また、『日本書紀』天武即位前紀で、大海人皇子が、「諸舎人」を集めて、「我今入道修行、故随欲修道者留之、若仕欲成名者、還仕於司」えよと述べたと伝えられる。たしかにのち『日本書紀』天武二年五月条で、「夫初出身者、先令仕大舎人、然後、選簡其才能、以充当職」てよとの詔が記されており、舎人の「仕於司」える方向の規定がなされた。しかし、この場合の「大舎人」とて、福原氏の指摘にもあるように、大宝令制下の内舎人・大舎人の職掌が未分化の状態にあるもので、それが解体独立されていないという限りにおいて、大舎人が独立の官司を構成していたというよりも、律令官司体係とは疎縁である。一方、さきの大海人皇子の提言に対して、はじめ舎人は皇子に従うことを訴え、再度の提言で、やっと舎人の半分が留まり、あとの半分が退いて、「還仕於司」える道を選んだという。天武二年五月の詔で、たとえ「仕於司」えるコースが舎人において措定されたとしても、かりに量的に言って、それは半数ほどの説得力を得たに過ぎない程度のものであったろう。

なお井上薫氏は、「舎人制度の一考察——兵衛・授刀舎人・中衛舎人——」（『日本古代の政治と宗教』）において、令制下における舎人制度の歴史的意義を二つ掲げ、一つは、あらゆる階級から貢進させ、地域も全国化して、令制前の性格とは著しいちがいがあることを指摘された。今一つは、律令官人として出身仕官する者が通る一つの重要なコースが舎人の制であったとされる。たしかにこのような舎人制度は、壬申の乱以後の天武朝から準備されつつあったが、少くとも大宝令制以前においては、以上の歴史的意義が、その意味を充分発揮していたとは考えられない。いわんや、推古朝においておやである。

(67)『万葉集』巻二の一四七。

(68)『延喜式』巻二十一諸陵寮。

(69) 殯の基本的な性格から言うと、太子の改葬における誄で、死者の死霊を浄化しようとする反面、生者のあらたな生の確認がおこなわれなければならない。しかし、太子の改葬がおこなわれたと推定される時期は、すでに調使麻呂は死んでいる。すると、「汝者寿可延長」との文言ないしコトバは、足人をはじめとする調使麻呂家自体の蘇生と祝福を目したものと言わなければなるまい。いずれにせよ、「調使家記」のモチーフに、「山西科長山本陵」と、「造墓」自体のことが、深くかかわっていたのは否定できまい。

(70) 注(39)参照。

(71)『坂上系図』所引の「姓氏録」逸文によると、応神朝に阿智王の率いる「七姓漢人等帰化」を伝え、そのうち段姓から「高向調使」が、多姓から「檜前調使」が出たとする。たしかに、『大日本古文書』二十五の一三四には「高向調使万呂」がみえ、また行表が「葛上郡高宮郷戸主大初位上檜前調使案麿之男百戸」であったことは、『内證仏法相承血脈譜』で知られている。一方、「調忌寸」については、阿智王→都賀使王→爾波伎直とつづく爾波伎直の後裔とする。

なお、平野邦雄氏は、「八世紀〝帰化氏族〟の族的構成」（竹内理三博士古稀記念会編『続律令国家と貴族社会』）において、調老人は、天武八姓までに直→連に改められ、八姓において連→忌寸と改姓されたと指摘しておられる。しかし、同族のすべてに同様の改姓があったことを疑い、調首淡海の例を掲げ、大宝元年以後も〝首〟、さらには〝連〟であったが、〝忌寸〟ではなかったと指摘されている。奈良朝において、今『日本古代人名辞典』第四巻「つ」項を検索するに、たしかに〝連〟

・〃忌寸〃・〃使〃などの調氏族は、それぞれ存在していた。

(72) 『日本書紀』天武元年六月条。
(73) 『釈日本紀』巻十五所引私記。
(74) 『続日本紀』神亀四年十一月己亥条。
(75) 老人がのち、大宝律令撰定に携ったことは、『続日本紀』文武四年六月甲午条・同大宝元年八月辛酉条・同三年二月丁未条・同宝字元年十二月壬子条で知れる。また同じ調忌寸氏で、調忌寸古麻呂が養老年間に「明経第二博士」をつとめたことは、『続日本紀』養老五年正月甲戌条にみえ、『懐風藻』では「皇太子学士」とある。一方、老人も『懐風藻』によると、「大学頭」をつとめたことがあった。調忌寸氏は、とりわけ学業文筆にすぐれていたと言えよう。
(76) 役小角の道教伝承については、かつて拙稿「日本古代における仏教と道教」(上)(『東洋学術研究』十八の三)で述べておいた。
(77) 『続日本紀』天応元年七月癸亥条に、その噴火記事がみえるのみである。
(78) 平野邦雄「秦氏の研究」(一)(二)(『史学雑誌』七十の三・四)、下出積與「常世神信仰」(『日本古代の神祇と道教』)、同「皇極朝における農民層と宗教運動」(『史学雑誌』六十七の九)など。
(79) 『日本書紀』の古訓は、「オホフベ」とあるが、これは「オホミブ(ベ)」と訓むべきだろう。『日本書紀』推古十五年二月条に、「壬生部」の設置を記し、「ミブベ」と古訓し、同皇極元年是歳条は、「乳部」とあって、「美父」と割注する。「生部」が「壬生部」や「乳部」に通用されたことは、「壬生」を「生部」と書いたり、「壬生部」としたりする例の多いことからもうかがえる。『日本古代人名辞典』第六巻「み」項参照。従って、「大生部」とは、「生部」=「壬生部」=「乳部」の字義に「大」を冠したとみるのが妥当であろう。
(80) 天平宝字四年十月付の平城宮址出土木簡(『平城宮出土木簡概報』四)。なお人名の判断には疑問が持たれる。
(81) 『万葉集』巻二十の四三三八。
(82) 『寧楽遺文』下巻。
(83) 『大日本古文書』十四の二八四。

(84) 下出積與「皇極朝における農民層と宗教運動」(『史学雑誌』六十七の九)。

(85) 石田英太郎「月と不死」「桑原考」(『桃太郎の母ある文化史的研究』)。

(86) 柳田国男は、「桃太郎の誕生」や「海神少童」(いずれも『桃太郎の誕生』所収)などによって、いわゆる「小さ子」の異常な成長譚を述べているが、皇子の誕生成長と小さな虫の変身とには、宗教的な重合があったと思われる。

(87) 今、その特定の皇子が誰を指すか、断言はできないが、上宮王家滅亡後の蘇我蝦夷・入鹿による独裁政治の最中である以上、生部集団の動向も、政治あるいは皇位問題に無関係であったとは考えられない。

(88) 下出積與「常世神信仰」(『日本古代の神祇と道教』)。

(89) 平野邦雄氏は、前掲論文で、秦氏と大生部多に族的結合を認め、秦氏の所摂するところであったとされている。

(90) 『日本書紀』皇極二年十一月条。

(91) 『日本書紀』欽明即位前紀に、それを示す代表的な記事がある。

(92) 上宮王家の「乳部之民」を、蘇我蝦夷・入鹿が任意に使役していたことは、『日本書紀』皇極元年是歳条によって、よく知られている。

(93) 『日本書紀』欽明三十一年五月条。

(94) 浅香年木『古代地域史の研究』一八〇頁。

(95) 吉田晶『日本古代国家成立史論』六七〜六九頁。

(96) 吉田晶氏は前掲書五九頁で、栗田寛『国造本紀考』を踏襲して、その地名比定をおこなわれている。

(97) 注(90)参照。

(98) 聖徳太子の呼名については、家永三郎『上代仏教思想史研究』(旧版)に「聖徳太子御名號考」として整理されているので、今は具体的な呼称やその典拠については触れない。

(99) 『元興寺伽藍縁起幷流記資財帳』。なお、現行本には「已」の字を欠くが、田中卓氏が、「元興寺伽藍縁起幷流記資財帳の校訂と和訓」(『日本古典の研究』)で補訂されたように、「已」の字を補うべきだろう。一方、この塔露盤銘の後半は、その原銘文をなして、ほぼ推古朝に書かれたものとみられているが、今問題にしている箇所は、さらにのちの造作とみられている前半に属する。従ってその成立を、ただちに推古朝とみるわけにはいくまい。福山敏男「飛鳥寺の創建」（『日本建築史研究』）参照。従って、太子生前から、「ウマヤト」の皇子と呼ばれていたものかどうかは、確証がない。しかし本文でも述べるように、「ウマ」をその呼名に持つ例は、この時期みられるから、一応「ウマヤト」は、太子生前の呼名とみるのが穏当だろう。

(100) 家永三郎氏は前掲書で、『文徳実録』嘉祥三年五月壬午条を援用しながら、以上のように推定される。
(101) 家永三郎前掲書。
(102) 『平氏伝雑勘文』下三所収「上宮記下巻注」、『上宮聖徳法王帝説』。
(103) 注(90)参照。
(104) 『日本書紀』神代七段本文。
(105) 『日本書紀』神代七段第一の一書。
(106) 『日本書紀』神代七段第二の一書。
(107) 井上光貞「古典における罪と制裁」（『日本古代国家の研究』）では、石尾芳久「天津罪国津罪論考」（『日本古代法の研究』）の視点を踏襲して、その罪としての性格を否定されている。
(108) 『日本書紀』天武元年六月条。
(109) 『日本書紀』大化二年三月条。
(110) 『日本書紀』斉明四年十一月条。
(111) 青木和夫「日本書紀考証三題」（坂本太郎博士還暦記念会編『日本古代史論集』上巻）によると、皇子・親王の独立は、十三歳から十五歳くらいの間であったとされる。しかし、この間がただちに何程かの兵馬の権限授与に結び付くものかは、また別の問題だろう。たとえば大津皇子は、『日本書紀』天武十二年二月条によると、この年「始聴朝政」しめしたというが、この時彼は二十一歳であったから、二十歳前後が一つの画期をなしていたと考えられる。有間皇子の事件も、二十歳前後で起きており、政治的・軍事的な権限を実質的に保持し得るのは、二十歳前後が大きな契機ではなかったかと思う。また、高市皇子の軍事権授与にしても、今かりに『公卿補任』や『扶桑略記』持統十年七月条の年齢記載から逆算すると、あたかも十九歳の時に当たる。もし二十歳前後に一つの画期が認められるなら、高市皇子への軍事権授与は、天武天皇の恣意ではなく、必然的な結果であったことになる。

(112) 注(90)参照。
(113) 『日本書紀』推古十六年八月条。
(114) 『日本書紀』推古十九年五月条。
(115) 前沢和之「古代の皮革」(大阪歴史学会編『古代国家の形成と展開』)。
(116) 佐伯有清「馬の伝承と馬飼の成立」(森浩一編『馬』)。
(117) 前田晴人「古代王権と衢」(『続日本紀研究』二〇三)。
(118) たとえば『日本書紀』推古即位前紀。
(119) 『新撰姓氏録』左京神別下、『日本書紀』大化五年三月条、『続日本紀』天平勝宝六年閏十月庚戌条。
(120) 日野昭「膳氏の伝承の性格」(『日本書紀研究』九)、西岡虎之助「大和国百済・忌部・膳夫・箸喰四ヵ荘の地的構造」(『荘園史の研究』上巻)。
(121) 岸俊男「古道の歴史」(『古代の日本』5近畿)。
(122) 堀池春峰「山辺の道の古代寺院と氏族」(『南都仏教』一〇)、『天理市史』七三一頁。
(123) 『日本書紀』崇神八年四月条。
(124) 堀池春峰、前掲論文。
(125) 前田晴人、前掲論文。
(126) 堀池春峰前掲論文によると、膳臣氏は天武十三年十一月に膳朝臣姓に改姓し、さらに文武二年までに、高橋朝臣を称するようになったと推定されている。
(127) 日野昭、前掲論文。
(128) 『日本書紀』斉明二年九月条。
(129) 『続日本紀』和銅四年十二月壬子条。

(130)『日本書紀』推古九年三月条。
(131)『新撰姓氏録』左京皇別上。
(132)大塚徳郎「阿倍氏について」(『続日本紀研究』三の一〇・一一)、志田諄一『古代氏族の性格と伝承』一〇六頁以下など、阿倍臣氏と北陸経営の関係を論じたものは数多い。
(133)拙稿「推古朝末年の仏教統摂制」(『日本歴史』三五八)。
(134)佐伯有清「宮城十二門号と古代天皇近侍氏族」(『新撰姓氏録の研究』研究篇)。
(135)『日本書紀』持統五年八月条。
(136)小林行雄「上代日本における乗馬の風習」(『古墳時代の研究』)で、騎馬戦のわが国でおこなわれた描写記事は、『日本書紀』で言うと、壬申の乱以前には見出せないことが指摘されている。
(137)佐伯有清、注(116)前掲論文。
(138)佐伯有清、注(116)前掲論文、同「皇別の部における疑点の究明」(『新撰姓氏録の研究』研究篇)。
(139)たとえば『日本書紀』履中五年九月条。
(140)『日本書紀』敏達十二年是歳条。
(141)『日本書紀』天武十年十月是月条。
(142)『日本書紀』神代九段第一の一書。
(143)佐伯有清、注(134)前掲論文。
(144)『日本書紀』崇峻即位前紀七月条。
(145)『日本書紀』崇峻即位前紀五月条。
(146)前注(144)参照。
(147)前注(114)参照。
(148)市川寛「御宇用字考」(『国語国文』三の六)、春日政治「法王帝説襍考」(『国語と国文学』一六一)参照。
(149)拙稿「高句麗の仏教受容」(『大分大学教育学部研究紀要』五の二・人文社会科学B集)において、高句麗仏教および仏僧に、政治的軍事的性格が極めて濃厚であることを指摘した。

(150) たとえば、伝暦欽明三十二年正月条は、「吾救世菩薩、家在西方」と記すが、この菩薩は、観音であった可能性が濃い。また『古今目録抄』や『天王寺秘決』以降では、随所にみえているので、今は具体的に数え上げない。

(151) この記事は、御物巻子本に存するのみで、顕真自筆稿本の帖子本にはなぜかみえない。

(152) 『大和古寺大観』第一巻法起寺・法輪寺・中宮寺参照。

(153) この二像については、前掲の『大和古寺大観』第一巻を参照した。

(154) 井上光貞「三経義疏成立の研究」(坂本太郎博士古稀記念会編『続日本古代史論集』中巻)。

(155) 家永三郎『上宮聖徳法王帝説の研究』四〇頁。

(156) 『大和古寺大観』第一巻参照。

(157) 石田茂作『総説飛鳥時代寺院址の研究』八〇頁以下で、法起寺式伽藍配置の説明がなされており、左右尊卑の問題、東西方位の問題、仏教教義の問題から、九四頁以下で、推論されるところがある。

(158) 『大和古寺大観』第一巻。

(159) 『日本書紀』大化元年八月条。

(160) 『扶桑略記』大化二年丙午条、『日本霊異記』上巻の十二。

(161) 注(159)参照。

(162) 以上、『日本書紀』推古十六年九月条・同舒明四年八月条・同十一年九月条・同十二年十月条による。

(163) 新羅経由のルートについては、注(133)前掲拙稿で触れておいたが、十師の場合、直接入唐した学問僧と、高句麗系の学問僧とに分類された佐久間竜氏の「古代僧官考」(『仏教史学』一三の一)がある。

(164) 『扶桑略記』天武二年三月条、『元亨釈書』巻一伝智一之一の智蔵伝、同巻十六力遊九の福亮伝、『僧綱補任』などは、すべからく「呉国人」もしくは「呉学生」とする。そして、『元亨釈書』福亮伝を除いて、すべて智蔵は福亮の「在俗」あるいは「俗」の時の子とみている。一方智蔵については、『懐風藻』に、「俗姓禾田氏、淡海帝世、遣学唐国」したとある。今もし、智蔵を福亮の子とみれば、福亮は決して「呉国人」ではなく、「禾田氏」ということになる。すると、福亮は日本人で、呉地方に留学したから、誤って、「呉国人」と伝えられるようになったのかもしれない。しかし、福亮の伝記は、その子と思われる智蔵伝に負うところがむしろ多くて、智蔵の呉地方留学という事実が、そのまま福亮の伝記形成に影響を及ぼした可能性もあって、福亮がたしかに呉地方に入ったものかどうかは判然としない。ただ、福亮が「禾田氏」で、智蔵と父子関係にあったことは、認めてよいように思う。

(165)　佐久間竜、前掲論文。ただ氏は、自分の師恵灌の国高句麗から、さらに呉地方に学んだものとされているが、果して呉地方にまで入ったかどうかは定かでない。

(166)　横田健一「『懐風藻』所載僧伝考」(『白鳳天平の世界』)。

(167)(168)　注(133)前掲拙稿。

(169)　坂本太郎『大化の改新』二九九頁以下、田村圓澄「十師考」(『続日本紀研究』五の九)、井上光貞「日本における仏教統制機関の確立過程」(『日本古代国家の研究』)など。なお唐初の十大徳制については、山崎宏『支那中世仏教の展開』六〇〇頁以下参照。

(170)　横田氏は前掲論文で、喜田貞吉「中天皇」(『万葉学論纂』)にみえるこの説を批判して、その帰朝年を、「太后天皇世」＝則天武后の世と解して、天武十二年頃とされた。しかし、井上光貞氏は注(154)前掲論文で、喜田貞吉「後淡海宮御宇天皇論」(下)(『歴史地理』七四)の「太后天皇世」＝「倭姫」の世という説を支持して、智蔵の入唐年を天智四年十二月と推定する一方、その帰朝年は旧説に従って、倭姫の治世時とされた。

(171)　『懐風藻』智蔵伝。

(172)　『僧綱補任』、『扶桑略記』天武二年三月条。

(173)　近時、山田英雄「日本書紀即位前紀について」(『日本歴史』三六八)で、やはり「岐嶷」用語の指摘がみえる。それに従って、仁徳即位前紀の「大王者風姿岐嶷」、允恭即位前紀の「天皇自岐嶷至於総角」の例を補うことができるし、類似の例に、安閑即位前紀の「是天皇為人、墻宇嶷岐」がある。

(174)　坂本太郎「纂記と日本書紀」(『日本古代史の基礎的研究』上　文献篇)。

第五章　補闕記と秦氏

一　秦川勝と物部守屋追討戦

補闕記の序文は、その引用した「古記」として、「調使膳臣等二家記」を紹介するに留まる。では補闕記の内容は、すべてこの二家記に由来しているのであろうか。どうもそうとは思われない記事が散見するのである。まえに指摘した、「太子生年云々」ではじまる特異な一群が、ここで注目されなければならない。まず、つぎの記事から検討しよう。

(イ)太子生年十四丁未年七月、物部弓削守屋大連与宗我大臣、縁仏興不之論、内忘姻親之義、外蔑君臣之道、発睚眦之怨、興忘(本(朱))逆之軍、率己党類、以稲為城、調練軍士、擬襲京城、朝庭震恐、事倉卒、大臣奉勧太子、興整軍士、真(本(朱))難波自後而襲、以平群臣神手為少軍、自志紀襲於渋川、賊勢二分、東西相戦、大連登榎木、与大(ママ)子軍為戦甚強、官軍中矢者衆矣、太子在殿、士率気衰、軍政秦川勝率軍、奉護太子、見官軍気衰、馳啓太子、太子立謀、即令川勝採白樛木、刻造四天王像、擎立鋒、太子自率壮士、而迫賊、賊与太子相去不遠、賦誓放物部府都大神之矢、中太子鐙、太子亦誓放四天王之矢、即中賊首大連胸、倒而堕樹、衆乱躁、川勝進斬大連之頭、少将軍撃平余党、係虜賊酋家口覆奏於玉造之（在東生郡東岸上、）即以営為四天王寺、始立垣基、大臣与太子還宮覆奏、平群臣神手・軍政人秦造川勝等三人、各有等差、後制新位之時、神手叙小徳、川勝等叙大仁、四天王寺後遷荒墓村、

最後の「三人」の授冠位については、いささか文章上の矛盾が認められるけれど、全体としてはもちろん、筋の通った内容である。内容上、『日本書紀』崇峻即位前条とよく似たところもあるが、『日本書紀』が「蘇我馬子宿禰大臣」「物部守屋大連」と記すのに対して、これは「宗我大臣」「物部弓削守屋大連」と書いて、その表記にちがいがある。その他、今は一つ一つ例を掲げないが、単純に一方が一方を踏襲したのではなかった。

この記事は、「調使膳臣等二家記」の内容にいずれもふさわしくない。「調使家記」の時代範囲に含まれないのはもちろん、内容的にも、調使氏の家記でなければならない理由はどこにもない。また「膳臣家記」としても、その内容上の関連を発見することは困難である。その上、編年表記も著しく特異で、独自の記事とみるべきだろう。

記事の特徴は、およそ二つある。一つは秦川勝の奮戦ぶりが強調され、平群臣神手の活動もあわせて伝えている。今一つは、四天王寺の記事である。さて前者の方からみていくと、平群臣神手の参戦を記しても、その活動に全く触れないのが『日本書紀』で、秦川勝に及んでは、その名さえ記さない。しかし補闕記では、『日本書紀』における迹見赤檮の奮戦ぶりが、あたかも秦川勝にとってかわられたかの感さえ与えるのである。今その内容を理解しようとすれば、やはり『日本書紀』と比較してみなければならない。それは、「調使膳臣等二家記」に対して、存外に『日本書紀』との類同がみられるからでもある。

『日本書紀』における迹見赤檮の登場と活躍は、逆に『日本書紀』の当該箇所の性格と成立を暗示しよう。彼の名は、『日本書紀』用明二年四月条に初見して、中臣勝海連を殺したとある。

中臣勝海連、於家集衆、随助大連、遂作太子彦人皇子像与竹田皇子像、厭之、俄而知事難済、帰付彦人皇子於水派宮（水派、此云美麻多）、舎人迹見赤檮、伺勝海連自彦人皇子所退、抜刀而殺、

ここに迹見赤檮を舎人とするが、彦人皇子の舎人と読める。これは単なる一つの読解ではなく、「太子彦人皇子」と「舎人迹見赤檮」とは、『日本書紀』撰修時もしくはその原史料成立期において、意識した上で書かれたものと思う。

その迹見赤檮が、崇峻即位前紀に再び登場する。物部守屋大連を射堕し殺して、その軍功により、田一万頃を賜ったという。ところが不可解なのは、彼が彦人皇子の舎人であったなら、彦人皇子の参軍と指揮のもとに、はじめてその活動が許されるはずである。にもかかわらず、彦人皇子の名は一切みえることがない。この矛盾は、いかに理解されるべきだろうか。まず、中臣勝海連殺害の記事と、物部守屋大連追討の記事とは、依って立つ史料が別系統であったらしいことを確認しなければなるまい。前者では「舎人迹見赤檮」と言い、後者では「迹見首赤檮」と言う。後者は単なる前者の簡略化、つまり「舎人」の語を省略したのではなかった。「首」の語が、また別に入っているのである。このちがいを文章のなかでとらえれば、前者は彦人皇子あっての舎人であることを強調し、後者はいかなる主従関係に制約されることもなく、単独の個人として登場し、破格の奮戦を果して、賞に預かる。

「太子彦人皇子」と「舎人迹見赤檮」の主従関係については、「太子」であり「舎人」であったかは別にしても、そう規定される根拠がやはりどこかにあったものであろう。迹見氏は、のちほとんど史上で問題にならない氏族であるから(1)、迹見氏自身の祖業伝承が、『日本書紀』にことさら盛り込まれたとは考えられない。必ずや何らかの原史料（迹見氏のものではない）に付随して、その名が登場したに過ぎまい。その原史料は、彦人皇子系のものではなかったか。彦人皇子を語るなかで、それに従う迹見赤檮の忠実な活躍が残ったものと思う。また、彦人皇子の子である茅渟王の名

が、もし茅渟という地名か、茅渟在住の豪族の乳母によって育てられたかに由来するとすれば、迹見（登美）首氏が珍県主と同族であったと伝えられるのも[2]、今は参考になる。

さて、物部守屋大連追討軍に、彦人皇子の名がみえないのは、やはり参加していなかったとみるべきだろう。もし参加する立場にあったのなら、その名を落す必然性に乏しい。すでに死んでいたのであれば、もちろん参軍したはずもない[3]。すると、「舎人迹見赤檮」の活躍は、宙に浮いた形になるのであるが、事実この時は、「迹見首赤檮」として登場する。田一万頃を賜ったというのも、尋常な書きぶりではなくて、乱後、四天王寺を造り、法興寺を建てたと、簡略な記事を羅列するところに、田一万頃賜与のことも出てきて、この時の事実（終戦処理）としては、極めて覚束ない。またこの時、厩戸皇子が白膠木で四天王像を造り、誓願したことといい、馬子の誓願といい、潤色の著しい点は免れ得ない。とにかく、守屋追討の実戦記事に関しては、根本的な再検討が必要となる。それは当然、迹見赤檮の奮戦にも疑われる余地があるということである。しかし、彼の名が登場する記事上の事実もまた無視できないが、すでに述べたように、彼自身の活躍する伝承が、迹見氏伝来の史料から採られたとは考えられない。今日知る結果はともあれ、迹見赤檮の活躍記事は、思わぬ副産物でなければならない。守屋追討の実戦記事は、原史料のたび重なる改造を経て仕上がったもので、その結果、迹見赤檮のことが残ったか、造られたか、編入されたかでなければなるまい。

もとより正確な経由は明らかにしがたい。ただ『新撰姓氏録』和泉皇別によると、登美首は佐代公の同祖で、豊城入彦命の男、倭日向建日向八綱田命の後という。八綱田については、『日本書紀』垂仁五年十月条に、以下のような伝承がみえる。上毛野君の遠祖八綱田をして、狭穂彦を撃たせた。時に狭穂彦は「興師距之、忽積稲作城」り、それは「稲城」と呼ばれた。この城は不落であったが、「将軍八綱田」によってついに落とされ、天皇は「美将軍八綱田之功」めて、倭日向武日向彦八綱田と名付けたという。この記事は、守屋が「築稲城而戦」ったという内容に類似したところがあって、狭穂彦を物部守屋大連に、八綱田を迹見赤檮に置き換えてみても、よく通ずる一面を持っている。また、『新撰姓氏録』和泉皇別には、登美首と同祖の佐代公について、「敏達天皇行幸吉野川瀬之時、依有勇事賜佐代公」うとある。以上のことから推して、迹見氏（登美首）とその同族に、「勇事」の伝承がつきまとい、またその「勇事」もある程度事実であったと考えられる。

それでは、迹見赤檮の奮戦と功賞も、迹見氏の伝承を採用したものかと再び問いたくなるが、その可能性は薄く、垂仁紀の記事を参照しながら、あるいはそれと同時に、迹見赤檮の奮戦・功賞記事を造り上げたのではないか。しかし、赤檮という特定名が出てくる以上、全くの虚構とも考えられない。中臣勝海連を殺害した「舎人迹見赤檮」の史料や、他の迹見赤檮軍功を含む何らかの原史料などを混合して、守屋殺害記事が生まれたのではなかろうか。いずれにせよ、垂仁紀との類似は、作為的なものを想像させる。

物部守屋大連追討の実戦記事には、とにかくのちの改造が著しい。むしろその原史料の痕跡を残さないほどに潤色された可能性さえあって、迹見赤檮の守屋殺害も、そのままでは受け取れないのである。

補闕記では、そこに秦川勝が登場し、平群臣神手が活躍する。まず、「軍政」もしくは「軍政人」としての川勝の参軍は、事実であったのだろうか。たしかに、この「軍政」・「軍政人」の呼称には、それなりの根拠があるように思える。しかし、大化前代はもちろん、その後においても、そのような官職名も私的な職名も見出すことはできない。「軍政」とは、たとえば『後漢書』列伝七十上黄香に、「又暁習辺事、均量軍政、皆得事宜、帝知其精勤、数加恩賞、疾病存問、賜醫薬」うとあり、しばしば中国の図書に「軍政」の語はみえている。(4) いつでも創作できる言葉であった。

一方、すでに指摘があるように[5]、『西琳寺縁起』には、「大政人蔵田長」や「少政人武生紀長(継イ)」のことが録されている。「軍政人」とは、たしかに「大・少政人」とよく似た呼称で、かつて「軍政人」も存在したかと思われるふしもある。しかし、「大・少政人」とは寺院の政所のような場所の役人であったらしく[6]、その言葉の共通性から、ただちに軍事の役人を設定するわけにはいかない。もっとも最近、「政人」と呼ばれる官人が大宝令官制以前に存在していたらしいことの指摘がなされた[7]。しかしそれはあくまで「政人」ということで、「軍政」・「軍政人」のことではない。いわんや大化前代に、「軍政」・「軍政人」の設定があったかは大いに疑わしい。

秦川勝が「軍政」・「軍政人」であったというのは、ほぼ創作に近いだろう。『日本書紀』にしても、彼が軍事に携った記事は一切ない。その限りで言うと、秦川勝の参軍は、事実としても疑われ、若干十四歳の、当時としてはさほど有力であったとも思えない厩戸皇子に、川勝が従っていたというのも不審と言えば言える。

一方、平群臣神手は、たしかに参軍していたようである。しかし補闕記は、彼を「少軍」と言い、「少将軍」と言う。律令官職制における大・中・少の差異はいざ知らず、「副将軍」は存在しても、「少(将)軍」の任命は全くない[8]。この呼称も、疑わしいと言わねばならぬ。『日本書紀』推古三十一年是歳条に、征新羅軍の編成記事が盛り込まれていて、小徳平群臣宇志の「副将軍」任命がみえる。平群臣神手が小徳に叙せられたという補闕記の記事には、平群臣宇志のことが混合されているのかもしれない。もとより、平群臣神手の叙位は、『日本書紀』にみえていない。

秦川勝や平群臣神手の記事に、大いに疑わしいところがあるからといって、事実と伝承はまた別の問題で、以上の伝承がいつ頃から伝えられたのかが、むしろ問われなければならない。そしてその伝えた主体はどこにあったのか、という問いにも迫られることになる。はじめに、補闕記と『日本書紀』との間には、単純な継承関係がみられないと述べておいた。たしかに、単純にそうではないが、逆に言えば、出来上がった『日本書紀』を、実によく読み込んで創作された感がある。まず、「縁仏興不之論」って生じた争いだと述べているが、これはまさしく『日本書紀』の叙述をまとめて要約したものにほかならない。さらに、「内忘姻親之義」れたというが、これもまた『日本書紀』の「時人相謂曰、蘇我大臣之妻、是物部守屋大連之妹也、大臣妄用妻計、而殺大連矣」という内容を、見事に整理したものであった。「外蔑君臣之道、発畦眦之怨」すというのも、『日本書紀』にみえる守屋の穴穂部皇子暗殺未遂かと思われる記事や、(9)「物部守屋大連、邪睨大怒」(10)るなどの叙述を、一方的に解釈したものだろう。「以稲為城」すというのも、『日本書紀』の「築稲城而戦」うによく似ている。

ではなぜ、数多い参戦者のなかで、平群臣神手が特筆されたのだろうか。この部分がもし、「膳臣家記」であったなら、当然「膳臣賀拕夫」(11)の活躍を誇張していたであろう。ここに平群臣神手が特出されたのは、平群臣氏の伝承であったからではあるまい。それほどまでに、また神手の活動は傑出しているわけではなく、秦川勝に准じて採用されているのである。あるいはのち、この時参軍した者のなかで、太子に近い存在になったうちの一人が平群臣神手であったからかもしれないが、(12)それなら膳臣傾子こそその最有力者であることになって、これは成り立ち得まい。やはり、『日本書紀』の解釈に起因しよう。

『日本書紀』の記事には、大伴連嚙・阿倍臣人・平群臣神手・坂本臣糠手・春日臣が、志紀郡から渋河の家に進軍したとある。このコースに最も近いのは、平群郡を本貫とする平群臣神手以外にない。事実としても、彼こそが、この進軍の先駆であったやもしれないが、補闕記はむしろ、『日本書紀』から解釈したのであろう。「自志紀襲於渋川」うというのも、「従志紀郡、到渋河家」るに類似する。もっとも、表記に相違があって、あるいは『日本書紀』とは別系統の史料にもとづく可能性もなくはないが、結果的には、出来上がっている『日本書紀』と同様の記事になっている。かくほどに『日本書紀』を巧妙に読み込んで書き上げられたらしい補闕記のこの部分にも、それを若干逸脱するところがあった。『日本書紀』では、守屋追討の軍は二編成であったと記す。一つは、すでにみた志紀→渋河コースの編軍である。今一つは、泊瀬部皇子をはじめとした本隊とでも呼べるもので、馬子や厩戸皇子もこれに入っている。果してこのような二編成軍をとったものかは疑わしい。これほど多数の、しかも皇子・有力臣をかかえた実戦部隊が、いかに相手が大連であろうと、必要であったのだろうか。もちろん、無意味に名前が掲げられたとも思えないから、大連を追討する意思の存した人々の主たる名前が掲げられたに過ぎぬかもしれない。何と言っても、志紀→渋河コースの一軍が、その主たる実戦力であったと思う。それに、本隊の進軍コースについては、全く語られることがないのも気になる。

しかし、二編成軍をとった記述に『日本書紀』がなっているのは、とにかく疑えない。そして補闕記は、その曖昧な本隊の進軍コースを、強引に措定してしまったのである。「真（本（朱））難波自後而襲」うとある。誤写のせいか、文意に不明なところがあるが、おそらくただちに難波に向かい、そこから渋川を後から襲ったと言いたいのだろう。まさしく志紀からの進軍とはさみ撃ちにしたことになって、事実、「賊勢二分、東西相戦」すとつづけている。しかし、本隊がいかに動いたとしても、難波からとって返って進軍した事実はおそらく考えられない。もしそのような事実があったなら、珍しい奇襲作戦であるから、『日本書紀』に記されているはずである。これは明らかに、あらたな創作で、しかも『日本書紀』の事実としても疑わしい二編成軍の叙述を発展させ、かつその進軍コースの曖昧な本隊の記述の盲点を突いたものと言える。

要するに補闕記のこの部分は、出来上がってしまった『日本書紀』の叙述を実によく読みこんで、巧妙に仕上げられたものであった。もちろんその成立は、『日本書紀』撰上以後となる。ただ「物部弓削守屋大連」とか「宗我大臣」に、『日本書紀』とは異なる表記がうかがえるが、これは他の家記などを参照引用する過程で、その表記に統一しようとしたためであろうか。すると、補闕記のこの部分は、序文を書き、「調使膳臣等二家記」を引用した当の主体者によって書かれたか、あるいはその主体者側の史料をもとに書かれた可能性も出てくるのである。

ところで、ここには四天王寺のことがとりわけ書かれている。難波からわざわざ進軍し、乱後まず、玉造（東生郡の東岸上）に覆奏したと言い、のち四天王寺をそこに建て、さらに移建したと伝えるのである。ただ四天王寺の創建については、『日本書紀』も述べるところだが、補闕記はこれとかなり異なる。本隊の曖昧な進軍コースを、ただ解釈発展させたのではなく、その前提には、難波の四天王寺の存在がすでに大きく横たわっていたものとみなければならない。すでにある四天王寺をして、本隊の進軍コースを解釈したとも言い換えることができる。「物部府都大神之矢」に対して、「四天王之矢」を登場させたのも、四天王寺の強調の一表現であったろう。

そこで当然、この記事は四天王寺でその関係者が書いたのではないかと問いたくなる。たしかに、四天王寺が何らかの形で介入していることは疑えまい。「暦録」といい、「四天王寺聖徳王伝」といい、いずれも否定的に紹介されているとはいえ、それが四天王寺の有したものであったことを思えば、補闕記の撰者自身、逆に四天王寺とある種の関係を持っていたものと想定され、しかも今問題にしている記事に四天王寺の影響があることから、この記事は、補闕記撰者自体に伝えられたものか、撰者自身が書き上げたか、とまれいずれかの可能性が極めて濃いことになる。

しかし翻って考えるに、四天王寺の特筆と強調は、『日本書紀』の当該記事を一挙に飛躍するほどのものではなく、その点、秦川勝の登場こそ、『日本書紀』の無から有を生むほどの飛躍であったと言わなければならない。決して四天王寺の存在と、この記事に及ぼした影響は無視できないが、秦川勝の存在、つまり秦氏の影響をさらに優先させるべきである。その限りにおいて、四天王寺の影響を考慮すべきだろう。

二　秦氏と四天王寺

物部守屋大連追討記事を創作（『日本書紀』の精密な解釈と改造）した主体が、秦氏の周辺に求められるともしすれば、四天王寺のことをかくほどまでに意識する理由はどこにあったのだろうか。

秦氏と四天王寺に密接な関係があったことを物語るたしかな史料は、ほぼ今のところ皆無に近い。ただかつて、芸能を通じた関係については、指摘されたことがある。(13)しかし今問われるのは、補闕記の記事を介したそのかかわり方である。そこでまず、四天王寺の移建を語る独自な記事の由来からはじめよう。

秦氏の従事した職能は、多岐にわたる。(14)しかしそのなかでも、奈良朝以後の建築技術には著しいものがあった。『続日本紀』天平十四年八月丁丑条は、つぎのように録している。

詔授造宮録正八位下秦下嶋麻呂従四位下、賜太秦公之姓、并銭一百貫・絁一百疋・布二百端・綿二百屯、以築大宮垣也、

この秦下嶋麻呂は、恭仁宮の造宮録で、造宮官人としては最下級に属するが、逆にそれだからこそ、実際の建築技術を指揮監督する立場にあったろう。正八位下から従四位下への破格の昇位は、いかにその技術（指導）がすぐれ、か

つ重用されたかを物語っていた。あるいは、設計のようなこともし得たかもしれぬ。やがて彼は、造宮輔に昇格したようで、『続日本紀』天平十七年五月庚申条には、「遣造宮輔従四位下秦公嶋麻呂、令掃除恭仁宮」しめたとある。「秦公嶋麻呂」は、さきの「秦下嶋麻呂」と同一人物とみて大過ない。[15]

その彼は、天平十九年六月に卒去した。時に長門国守従四位下であった。[16]その翌年の五月になって、右大史正六位上秦老ら千二百余烟に伊美吉姓が与えられた。[17]この多量賜姓は、すでに指摘されているように、[18]秦忌寸嶋麻呂の恭仁宮造営の功を称え、彼の死を契機としたものであったと思われる。嶋麻呂の「太秦公之性」といい、『新撰姓氏録』山城国諸蕃の秦忌寸項で、「天平廿年在京畿者、咸改賜伊美吉姓也」と言うこととといい、嶋麻呂・老らの秦氏は、山城国在住の者達であった。嶋麻呂のもとで、同国内の造宮であってみれば、多量賜姓に預かった秦氏から多くの技術労働者が参加していたものに相違ない。秦氏の一大建築集団と言えよう。

秦氏の造宮は、嶋麻呂一人に限らない。神護景雲三年十一月に秦忌寸を賜った正七位下秦倉人呰主は、時に造宮長上であった。[19]いわゆる造宮省の長上工である。ついで延暦三年十二月には、「築宮城」くをもって、山背国葛野郡人外正八位下の秦忌寸足長が、格別に従五位上を授けられた。[20]長岡宮の造営に同国内から携ったとみえる。すると、平安宮の造営に、秦氏の参加しないはずはない。事実延暦十五年七月には、外従五位下の秦忌寸都岐麻呂が造宮少工になっている。[21]延暦十五年七月と言えば、一応平安遷都（延暦十三年）ののちに当たるが、平安宮はまだ継続造営中か、今後の平安宮の維持にかかわるものであったろう。いずれにせよ、平安宮の少工であることにかわりはないが、あらたな造宮職の少工に任ぜられた可能性もある。平城宮の造営に際して、これまでの造宮職（藤原宮の造営にあたったらしい造宮官が、大宝元年七月二十七日に昇格したもの）[22][23]は、省に昇格した。[24]しかしその造宮省も、延暦元年（天応二年）四月十一日には廃止された[25]。多くの工人は、木工寮に移されたようだが、長岡宮の造営によって、旧造宮省の工人たちは、造長岡宮使[26]のもとに組織されたと言われる[27]。その後、平安宮の造営を契機として、造宮使は造宮職に改められることになる[28]。その造宮職の少工に、秦忌寸都岐麻呂が任命された可能性があって、それ以前の造宮使段階から、すでに少工をつとめていたやもしれない。つまり、長岡宮・平安宮の造営開始時点から、すでにその仕事に携っており、造宮職への改組にあわせて、再びあらためて少工に任命された可能性もあろう。

実は彼について、少工に任ぜられた記事が、今一度みえている。『日本後紀』大同元年二月丙申条がそれである。これは単なる記事の重複ではない。前年の延暦二十四年十二月十日をもって、造宮職はすでに廃され[29]、大同元年（延暦二十五年）二月に入って、旧造宮職は木工寮に併合された[30]。都岐麻呂の二度目の任少工記事は、この木工寮に併合されたことで、またあらためて少工に任命されたことを物語るものだろう。そうすると、はじめの任少工記事も、この時はじめて任命されたというのではなく、造宮使時点での少工を、造宮職への改組によって、あらためて認めたことになるであろう。つまり、平安宮の造営着手時からその任に当たり、造長岡宮にも参加した可能性が極めて濃い。

では、秦氏が造宮に携るようになったのはいつ頃からであろうか。『日本書紀』に、それを物語る記事はない。『続日本紀』大宝二年正月丙子条に、「造宮職献杠谷樹長八尋（俗曰比比良木）」じたと記す。『古事記』景行段には、「比比羅木之八尋矛」をもって、東方十二道の「荒夫琉神、及摩都楼波奴人等」を従わせるよう記されている。ある種の邪鬼を伏せしめ、従服させる呪力を持つものと信じられていたようである。しかしこれからほどない四月に、今度は従七位下秦忌寸広庭が「杠谷樹八尋桙根」を献じた。それは伊勢大神宮に奉納されたという[31]。

造宮官から昇格してほどない造宮職が、「杠谷樹長八尋」なるものを献じたのは、職となったのを契機に、あらたにそれを献じたものか、旧来の造宮官所有のそれを返還したものか、その意味は定かでない。しかしいずれにせよ、造宮に必須のものが「杠谷樹長八尋」なるものであったことはたしかで、造宮職改組で、それが失効になったことはあり得ても、造宮官の時から用いられていたことはまちがいあるまい。藤原宮の造宮と維持に、その効力を発揮したものと思われる。しかし、それと同様のものを、しかもほぼ同時期に秦氏が献じたとは、どういうことなのか。伊勢神宮の造営のためとも考えられなくて、造宮職からの献上と密接なかかわりのあったことが推測される。おそらく、造宮職からの献上（あらためての献上か、旧来のものの返還）と同時に、旧来秦氏が私的に保有していた「杠谷樹八尋桙根」を、国家に返上したものであろう。すると当然、この時以前から、秦氏は何らかの造営をよくしていたことになって、それが藤原宮のことであったかどうかは明らかでない。神社建築の方面であった可能性もあるが、実際上、神社も宮都城も寺院も、その技術は混用されていたであろう。

しかし、秦氏の建築技術とその集団が、史上に歴然としはじめるのは、恭仁宮の造営からであった。それが山城国であったことも、無縁であるまい。のち山城国内に営まれた長岡・平安両宮にも、たしかに秦氏の技術集団は重用されている。

補闕記が、四天王寺の移建説を述べているのも、秦氏の建築技術とその集団に伝えられたからではなかろうか。あるいは秦氏自身、四天王寺のある時期の造営改造に関係することがあったか、難波宮の造営にかかわったことがあったのかもしれない。「始立垣基」てたという表現にしても、いかにも建築用語にふさわしい。また白膠（樛）木を、わざわざ秦川勝に採らせたというのも、『釈日本紀』述義十に「甚有霊木也」と言い、「修法之壇、取此木乳而塗用」いると言われるように、秦氏のかつて私有した「杠谷樹」に共通するばかりか、寺院建築物にも一部使用されたようで、それがために創造された記事ともみることができる。

秦氏は、造宮のみならず、寺院建築にも従事した。平安宮造営の少工であったさきの都岐麻呂は、その後造西寺次官になっている。[32]また、天平十五年の「弘福寺田数帳」によると、造弘福寺主典に「秦公」の名がみえる。[33]神護景雲二年七月には、秦忌寸真成が造法華寺判官となり、[34]同三年十一月に入って、造東大寺工手の秦姓綱麻呂は、秦忌寸の賜姓に預かったのである。[35]その他、石山寺の造営にはたらいた秦九月・秦広津などの木工も知られている。すでに多[36]くの指摘がみられる秦氏の鋳工群も、[37]当然造寺造仏等に携ったのである。

また、『新撰姓氏録』摂津国諸蕃の秦忌寸・秦人の項からもわかるように、秦氏は摂津国にも居住した。知られる限りでは、川辺郡坂合郷の秦乙万呂や秦美止保利、[38]豊島郡の秦忌寸豊穂、[39]島上郡高於郷の秦伊美吉継手が奈良時代に[40]居り、天平勝宝七年の「班田司歴名」には、摂津国算師として、秦人足の名が、同史生として、秦大海の名が記載されている。[41]山背国班田算師に秦広山が起用されていることからすると、[42]秦人足・大海は摂津国にかかわり深い秦氏であったろう。さらに注目されるのは、『続日本紀』神護景雲三年五月己丑条に、豊島郡人の井手小足ら十五人に秦井手忌寸を賜い、西成郡人の秦神嶋・秦人広立ら九人に同じく秦忌寸を賜ったとある。これからほどない十一月にも、すでに一部触れたが、弾正史生の秦長田三山、造宮長上の秦倉人呰主、造東大寺工手の秦姓綱麻呂が、それぞれ秦忌寸を賜っている。この二度にわたる集中した賜姓は、本来一貫したものであったろう。後者の一群も、摂津国を本拠とする秦氏であったのか、この時期、摂津国に何らかの形で関与していたかの理由による賜姓であったと考えられる。建築技術者が三人中の二人を占めていることは、何か根拠のあることとなのだろうか。たしかにこの年の七月には、四天王寺に周防国戸五十烟が寄せられ、[43]同年、大和・山背・摂津・越中・播磨・美作等の乗田・没官田も捨入された。[44]

あたかも四天王寺の改建を思わせるものがあるけれど、直接には、前年、播磨国餝磨郡にある四天王寺の墾田二百五十五町を百姓口分田に班給したため、そのかわりとして施入されたのであった。[45] 従って、この時、四天王寺の伽藍そのものに何らかの造作があったというわけではあるまい。

神護景雲三年の、摂津国居住の建築技術者を含む秦氏の改姓は、その理由が不明である。しかし、摂津国の秦氏も、建築技術とのかかわりを持っていたことだけは認めてよかろう。山城国の秦氏が、国内の建築にその実力を発揮したのであれば、摂津国の秦氏も、難波宮や四天王寺の造営・改建に関与したとして不思議はあるまい。もちろん、双方は同族であり、今秦氏の摂津国における分布をみると、山城国から難波にかけて、淀川右岸に沿って連らなって居住していたことがわかる。両国の秦氏は、決して分離したものではなかったのである。『日本書紀』推古三十一年七月条に、新羅を経由して送られてきた仏像や仏具類が、葛野の秦寺と四天王寺に配置されたと伝える。これが事実であったかどうかは別にしても、少くとも『日本書紀』撰上以前から、広隆寺と四天王寺の間にある種の関係が知られていたことになる。それは山城・摂津両国の秦氏にかかわり、また造寺等の技術的側面に相通ずるところがあったためかもしれない。しかし、四天王寺の移建（技術的側面）について、その当初から秦氏の伝えるところであったのか、かなりのち奈良朝以後、秦氏の知るところとなったのかは、今のところ詳らかでない。

さて、秦川勝が太子を護って奮戦することの強調について、今一度秦氏との関係からみておく必要がある。秦氏のうち、個人として特に軍功をたてたと伝えられるのは、壬申の乱における秦造綱手・熊ぐらいのものである。[46] のち藤原仲麻呂追討軍に加わった秦忌寸智麻呂・伊波太気も、[47] その一群に加えてよかろうが、他氏族にくらべて、軍事氏族であったとは一応呼べないのである。

しかし、天平十二年十月の伊勢行幸に当たり、騎兵の徴発がおこなわれたが、その騎兵は「東西史部、秦忌寸等惣四百人」であったという。[48] 秦氏からまとまって、相当数の騎兵が編成されたのである。また天平神護元年二月四日には、「賜与賊相戦、及宿衛内裏檜前忌寸二百卅六人、守衛北門秦忌寸卅一人、爵人一級」[49]った。仲麻呂の乱の時のことであった。おそらく秦忌寸智麻呂・伊波太気らに多くの秦氏が率いられていたのだろう。秦氏を軍事氏族と命名するわけにはいかないが、軍事の現場にあって、かなりまとまった氏族構成をもって臨戦していたことがわかる。

これは、造宮技術集団であった秦氏の一面を示すものであろう。造宮にいつも軍事的側面がつきまとっていたのは、まえから指摘されていることである。[50] さきの伊勢行幸にしても、広嗣の乱を契機として、やがてくるめまぐるしい造宮遷都の前兆であった。仲麻呂の乱では、まさしく宮門を秦氏は護ったのである。造宮とその守護は、表裏一体であったと言えよう。

補闕記には、「調練軍士」するとか、「興整軍士」えるとか、「士率気衰」えるなどのいわば調練関係の用語が散見する。これは上級の長官を出すような氏族の語とみるよりも、実際臨戦場で、隊列を組んだまとまりを経験した氏族の用語に一番似つかわしい。

ここで最後に、「四天王寺聖徳王伝」と秦氏との間にも、何か関係があったのではないかと思いたくなる。その成立時期については、なお疑問があるが、もしこの伝に、何らかの形で絵が付随していたとすれば、秦氏によって描かれた可能性もある。延久元年に描かれたいわゆる法隆寺の太子絵伝は、『嘉元記』や「法隆寺別当次第」などから、摂津国大波郷の絵師秦致真によって仕上げられたことがよく知られている。大波郷がどこなのかは明らかでないが、摂津国の秦氏から絵師が選ばれたのは、「四天王寺聖徳王伝」の絵が、かつて同国の秦氏によって図され、その図様が秦致真の家に伝えられていたからであろうか。

秦氏に、多くの画師が存在したことは、今さらくり返すまでもない。今、『日本古代人名辞典』第五巻で検索してみても、秦朝万呂（東大寺大仏殿の天井板・須理板の彩色など）、秦連稲村（東大寺写書所の花厳・法性・成実各宗厨子の彩色）、秦稲守（東大寺大仏殿の天井板・須理板の彩色）、秦堅魚（東大寺三論宗厨子の彩色）、秦龍万呂（同上）、秦広浜（東大寺大仏殿の廂絵・須理板の彩色など）、秦虫足（東大寺大仏殿天井の彩色など）を数えることができる。

しかしもし、「四天王寺聖徳王伝」の絵が秦氏によって描かれたとし、なお補闕記そのものも秦氏の周辺で書き上げられたとすれば、みずからの氏族が描いたものを、自己批判する矛盾を犯すのではないかと、考えられるかもしれない。しかしこれは逆なのであって、画師は依頼をうけて描くに過ぎない。描いた以上、太子伝に精通すること大であろうが、だからこそ、その太子伝に対する不満も自覚されてよい。また、絵を描くからには、建物にも何らかの手が加えられたかもしれない。秦氏の画師集団と建築技術集団によって、「四天王寺聖徳王伝」の壁画は仕上げられた可能性も出てくるのである。

たしかに、以上のような推測をもってすれば、何故補闕記が、かくも四天王寺系の諸伝を引き合いに出したのかという理由も、その一端が明かされるであろう。しかしその場合でも、補闕記の「発生状態」における一つの契機を物語っているに過ぎなくて、何よりも補闕記自体の記事のうちから、その必須条件を見出さねばならない。「四天王寺聖徳王伝」の技術的側面を秦氏が請負ったからといって、その担当の秦某によって補闕記が書かれたという単純な問題ではない。これまでみたように、物部守屋大連の追討記事には、秦氏の建築技術を含めた、氏族としての存在形態がよく反映されているのであって、そのような内容から補闕記の成立条件を総体的に知る必要があるのである。しかしそのためには、さらに別の記事をも検討しておかねばならない。

三　秦氏の所伝記事

「太子生年云々」ではじまる文章が、今一箇所ある。それは、つぎの記事である。

(ロ)太子生年卅六己巳四月八日、始製勝鬘経疏、辛未年(卅八)正月廿五日了、壬申年(卅九)正月十五日、始製維摩経疏、癸酉(四十)九月十五日了、甲戌年(四十一)正月八日、始製法華経疏、乙亥年(四十二)四月十五日了、制諸経疏、義儻不達、太子毎夜夢見金人来授不解之義、太子乃解之、以問於恵慈法師、法師亦領悟、発不思歎未曾有、皆称上宮疏、謂弟子曰、是義非凡、持還本国、欲伝聖趣、庚辰年(四十七)四月、持渡本、講演彼土、

(ハ)丙子年(四十三)五月三日、天皇。(不)余、太(マヽ)立願延天皇命、立諸寺家、即以平復、諸国国造伴造亦各始誓立寺、

(ニ)先是、太子巡国、至于山代楓野村、謂群臣曰、此地。(為)體南弊((朱)本敝歟)北塞、河注其前、龍常守護、後世必有帝王建都、吾故時遊賞、即於蜂岳南下、立宮、秦川勝率己親族、祠奉不怠、太子大喜、即叙小徳、遂以宮預之、又賜新羅国所献仏像、故以宮為寺、施入宮南水田数十町并山野地等、

以上(ロ)(ハ)(ニ)のうち、(ロ)と(ハ)は、一応原史料が異なると言わざるを得ない。なぜなら、(ロ)の末尾は庚辰年（太子四十七歳）であるが、(ハ)は丙子年（太子四十三歳）ではじまり、編年に断絶がみられるからである。一方、(ロ)のなかは、格別途中で分けて考える必要はあるまい。この(ロ)の引用は、あたかも「膳臣家記」の(ホ)の引用形態に等しいのである。

その「膳臣家記」の(ホ)につづくのが、この(ロ)になるわけだが、ともに恵慈のことを記し、『法華経』などの研究も、

そのジャンルとしては一致する。しかし両記事が異なる史料から採られたことはたしかで、前者が「法師」で通用していたものを、後者では再び「恵慈法師」の用語からはじめているのも、その系統のちがいを物語っていた。類似のジャンルであればこそ、補闕記撰者は、それぞれの史料をならべて引用したのだろう。ただ後者に関しては、(イ)の場合と同じく、補闕記そのものと同時に、あるいはそれに近い前に書かれた可能性もある。

この(ロ)には、法王帝説に酷似したところが見出せる。その当該箇所を抄出してみよう。

> 即造法花等経疏七巻、号曰上宮御製疏、太子所問之義、師有所不通、太子夜夢見金人来教不解之義、太子寤後即解之、乃以伝於師、々亦領解、如是之事、非一二耳、(中略)恵慈法師賷上宮御製疏、還帰本国、流伝之間、(後略)

。印の箇所は、補闕記と字句に及ぶまで等しいところであるが、その筋通自体も、実は双方ともによく似ている。当然どちらかが、直接にあるいは間接に、模倣したものであろう。おそらく、補闕記の方が模倣文である。[51]しかし、弟子に太子の非凡を語り、庚辰年(推古二十八年)に本国へ帰還した恵慈のことは、法王帝説にみられない。だが何と言っても、いわゆる三経義疏の著述を詳細に記すところが、この補闕記の特徴をなす。今それを、わかりやすく書き改めてみよう。

(a)勝鬘経疏　己巳(推古十七年)四月八日開始→辛未(推古十九年)一月二十五日終了
(b)維摩経疏　壬申(推古二十年)一月十五日開始→癸酉(推古二十一年)九月十五日終了
(c)法華経疏　甲戌(推古二十二年)一月八日開始→乙亥(推古二十三年)四月十五日終了

このような順序と期間をもって、三経義疏は著述されたというのである。当然ながらこの説は、ある時期、何らかの根拠にもとづいて創作されたものにほかならない。この順序と期間に、いかなる意味があるのか、いささか覚束ないが、著述にかけた日数も、(a)→(b)→(c)の順に減少している。(a)がほぼ一年九ヵ月余、(b)が丁度一年八ヵ月、(c)がほぼ一年三ヵ月余である。このうち、(b)がともに十五日をもって開始・終了されているのは、いかにも機械的な設定と言えるし、(a)(b)(c)いずれもが、開始終了の日付に「五」もしくは「八」の数字を当てることも、この説全体が、極めて画一的な虚構であったらしいことをうかがわせる。

しかし、その「五」や「八」の数字が、任意に選択されたとも思えない。すでに紹介したように、法王帝説は、『勝鬘経』講説をつぎのように記す。

戊午年四月十五日、少治田天皇請上宮王、令講勝鬘経、其儀如僧也、諸王公主及臣連公民、信受無不嘉也、三箇日之内講説訖也、天皇布施聖王物（ママ）播磨国揖保郡佐勢地五十万代、聖王即以此地、為法隆寺地也、（今在播磨田三百余町者）

ここで、『勝鬘経』の講説が戊午年（推古六年）の四月十五日にはじまったという。一方、『法隆寺伽藍縁起幷流記資財帳』も、以下のように説く。

又戊午年四月十五日、請上宮聖徳法王、令講法華勝鬘等経岐、其儀如僧、請王公主及臣連公民、信受無不喜也、（中略）播磨国佐西地五十万代布施奉、

つまり法隆寺では、『勝鬘経』（『法華経』も付随される）講説が、推古六年四月十五日にはじまったと伝えていたのである。一方補闕記は、この四月十五日を『法華経疏』著述終了の月日としている。これは明らかに、法隆寺側の一説を採用して当てはめたものと思われる。すでに(ロ)の後段が、法王帝説によく似ていることを示しておいたけれど、その現象とも矛盾しない。

ところが、補闕記そのもののなかに、またつぎのような記事が入っている。

㈭四十四 丁丑年四月八日、太子講説勝鬘経、三日而畢、其儀如僧、天皇大悦、王子群臣大夫已下、莫不信受、天皇以針間国佐勢田地五十万束代奉施、即頒入斑鳩寺・中宮寺等、

この㈭は、秦川勝のことを記した㈡につづけて書かれたものである。この部分も、さきの法隆寺系の所伝を採用したらしいことは、「其儀如僧」しをはじめとした文言の共通性からもうかがえる。しかし「天皇大悦」ぶなどのところは、『日本書紀』推古十四年七月・是歳両条をも参照したのではないかと思わせるふしがある。それには「天皇大喜之」ぶとあった。従ってこの㈭には、かなり多様な参照関係が想定されるけど、今注目すべきは、『勝鬘経』の開講月日を、四月八日としていることである。この月日は、同じ補闕記が『勝鬘経疏』著述開始とした月日に、奇しくも一致する。この四月八日というのは、おそらく仏誕日にあわせたものだろうが、その原因はともかく、㈭にみえる月日が㈺のそれと一致するということは、㈭と㈺の記事自体の関連を問うことになる。つまり、㈭と㈺は、本来同一の史料の引用か、同時に書かれたものか、はたまた、どちらかが参照したという関係にあるのか、いずれかであろう。

この関係の疑問にあわせて、今一つ月日の問題が、補闕記自体のなかに隠されている。それはかつて、「膳臣家記」と推定したその㈭のなかに、「九月十五日、閇大殿戸、七日七夜、不召群臣」以下の太子三昧定（『法華経』現前）の記事があることである。この九月十五日は、『維摩経疏』著述終了月日によく符合している。参照関係を予想してよいであろう。

このようにみてくると、三経義疏の著述開始終了月日のうち、各義疏の著述開始もしくは終了月日が、必ず一つずつ他の引用史料あるいは他の史料の某月日に一致していることが明らかになる。ただ四月八日については、今少し問題が残る。まったく手掛りのない月日は、(a)の一月二十五日、(b)の一月十五日、(c)の一月八日である。しかしいずれ

も一月とし、四月・九月の十五日や、四月の八日を、それぞれの日付に当てていることなどからみて、ほかの史料を参照して創作した月日の残りについては、適当な類推をもって配当していったのではないかと思われる。その意味から言うと、三経義疏の著述に関する月日は、たしかに適当に造り上げられたものであった。その年にしても、間断なく続けられていて、これまた機械的な操作の域を出ない。ではその順序はどうかというに、これもさしたる根拠を持つとも思えない。

とにかく、たとえのちの創作としても、三経義疏の記事は、さして伝承的にも根拠のない、にわかづくりの虚構であった可能性が濃い。先行史料の太子講経記事（もしくはそれに准ずるもの）から、ただ点と点による、寄せ集めを巧妙な形でしたに過ぎまい。するとこの(ロ)の記事は、「膳臣家記」や法隆寺系の史料（たとえば法王帝説）を参照する立場から書かれたものということになって、補闕記としてまとめ上げられる時に、「膳臣家記」などを引用熟読しながら書き上げられた箇所であるのかもしれない。つまり、補闕記撰述者あるいは少くともその主体者側の記事ではないかということである。すでに同じ書き出しを持つ、(イ)の記事で予想したこととも矛盾すまい。

もしそうみることができるなら、この(ロ)も秦氏としての介入が想定されるわけだが、事実これにつづく(ハ)と(ニ)に秦川勝が特筆されている。しかし最大の問題は、(ロ)と(ハ)との間に、史料上の断絶があるのではないかということである。そこでまず(ハ)の記事からみてみよう。これは、つぎの『日本書紀』推古二年二月条と、その内容に似たところがある。

二年春二月丙寅朔、詔皇太子及大臣、令興隆三宝、是時、諸臣連等、各為君親之恩、競造仏舎、即是謂寺焉、

けれども、『日本書紀』からそのまま採ったのでないことも、また明瞭である。従ってこの記事の原由は不明と言うほかないが、つぎの(ニ)の伏線を果している。「先是」ではじまる(ニ)と、この(ハ)が本来一貫した史料から採られたの

か、あるいは書かれたのかという点には、なお疑問が残る。しかし内容上、接続しているか、させようとしているかはたしかである。

さて、㈡の記事は、「後世必有帝王建都」りというところから、補闕記の成立時期が知れる箇所としてこれまで著名である。たしかにこの部分は、平安遷都よりのちに書かれたものとみてさしつかえない。その限りで、補闕記としての成立の上限を平安遷都に求めることも、正しい理解と言える。しかし、これまで個別的に検討したように、補闕記に載せられている記事が、すべて平安遷都後にまとめられたということではないのである。

しかしここで問題なのは、物部守屋大連追討記事と同史料であるのかということである。まず㈡では、宮をもって寺としたことがみえ、言うまでもなく、それは広隆寺を示すはずであるから、広隆寺に直接かかわる者、あるいはその檀越としての秦氏によって書かれたものかが問われなければならない。すると、蜂岳寺とか広隆寺の名が明記されていないのに気付く。内容上は疑いなく広隆寺そのものにかかわっているが、その寺名が明言されていないのは、いささか不審である。そこで、承和五年（八三八）の『広隆寺縁起』を、その冒頭文から引いてみよう。

謹検日本書紀云、推古天皇十一年、冬十一月己亥朔、皇太子上宮王請諸大夫曰、我有尊仏像、誰得此像、将以恭敬、秦造河勝進曰、臣拝之、便受仏像、因以造蜂岡寺者、謹検案内、十一年冬、受仏像、小墾田宮御宇、推古天皇即位壬午之歳、奉為聖徳太子、大花上秦造河勝所建立広隆寺者、[52]

この縁起は、前段が『日本書紀』推古十一年十一月条をほぼ忠実に引用したものになっており、後段が、いわば広隆寺側の寺伝であった。推古三十年に、太子のため、「大花上秦造河勝」が広隆寺を建立したという。この後段の説は、仁安三年（一一六八）のものと思われる『広隆寺資財交替実録帳』にも継承されていて、少くとも承和五年以降、同寺創建の正統な説として通用したらしいことが知れる。従って(ニ)の記事が、承和五年以降に広隆寺の関係者によって書かれた可能性は、まず考えられない。たとえば秦川勝を「秦造河勝」と記すのはよいとしても、縁起の方は「大花上」と伝えており、補闕記の「小徳」と異なっていた。

では全く、広隆寺や秦氏とは無縁の所伝なのであろうか。「山代楓野村」を具体的に称讃し、「秦川勝率己親族祠奉不怠」と述べ、広隆寺田の施入まで記しているこの記事を、そのようにみることはやはり穏当であるまい。「膳臣家記」や「調使家記」の内容にもそぐわないことは言うまでもない。むしろ問題は、『広隆寺縁起』の方にあるであろう。この縁起は、全く机上の産物に近い。『日本書紀』を引用するのは、その書契としての価値に頼ったものとみても、後段では、ことさらに太子の没年（あるいはその翌年と理解されていたかもしれない）を基準として、その創建を説明する。いわんや「大花上」は、大化五年の冠位制である。時代的に、自己矛盾を犯しているのである。

もっとも古来、推古三十年創建説と、秦川勝がその後「大花上」に叙せられていたという説とが、寺内に伝わっていたとも考えられる。しかしそうだとしても、縁起にみえる通りの文章が長く伝えられていたとは考えられなくて、それぞれの説を結び付けて、文章に仕上げた感が強い。実に簡略すぎる文章でもあった。

これには理由がある。縁起自体、つぎのように吐露していたのである。

又去延暦年中、別当法師泰鳳、竊取流記資財帳等、逃亡、又去弘仁九年、逢非常之火災、堂塔歩廊、縁起雑公文等悉焼亡、然則此寺縁起資財帳等共焼亡、或散失、

このうち延暦年中のことについては、『広隆寺別当補任次第』に、こうある。

延暦十四年乙亥、別当相論、闘乱出来、恒例仏事悉退転、往古之寺役、皆闕怠云々、

延暦十四年と言えば、平安遷都の直後であるから、遷都にも関係があるのであろうか、広隆寺内のはげしい混乱ぶりがうかがえる。そしてこの時、寺の縁起類は失われ、また弘仁九年（八一八）にも焼失した。平安遷都直後から、承和五年の直前まで、広隆寺の縁起は空白の時期を迎えたと言えよう。従って、承和五年の『広隆寺縁起』をもって、延暦十四年以前の寺伝、あるいはその後の空白期の諸説を、ただちに類推することはできないのである。

するともし、(ニ)の記事が広隆寺の関係者によって書かれたとすれば、延暦十四年以降の承和五年以前であった可能性がある。しかし、たとえ広隆寺に直接かかわらないにしても、山城国の秦氏の所伝記事であったことは、ほぼ認められてよいものと思う。ただその際問題なのは、平安遷都後に、まったくあらたに書かれたものか、それ以前の所伝をもとに書き改めたものかということである。そこで一つの参考になるのは、「謂群臣曰、（中略）後世必有帝王建都」りという箇所が、すでに「膳臣家記」と推定したいわば「壬生事」の「勅群臣曰、此児必後有異於世」りという箇所に、よく似たフレーズをとっていることである。双方が同じ史料に原由するとは考えられないので、(ニ)の記事の書き手（あるいは補闕記撰者）が、「膳臣家記」の一文を参照して、現実認識を重ね合わせながら、類似の文章を旧来の所伝に挿入したことも考えられる。

また、秦川勝が小徳に叙せられたというのも、あるいは平安遷都以前からの所伝であったやもしれない。すると(ニ)の記事は、たしかに平安遷都後にまとめられたものとしても、それ以前からの山城国の秦氏の所伝をもとにするところがあったことになる。しかしここで依然、最大の問題は、この記事と、物部守屋大連追討の記事とが同一史料もしくは補闕記撰述者自体の手になるものかどうかという一点である。すでに述べたように、両記事には、編年表記上の差異がみられる。むしろ、(ロ)と(イ)が同一で、(ハ)・(ニ)との間に断絶がうかがえるのである。それに、(イ)では秦川勝が大仁に叙せられたと言い、(ニ)では小徳に叙せられたとある。もちろん、大仁から小徳への昇叙であったとも考えられるが、それぞれ別個に、大仁に叙せられた所伝と、小徳に叙せられた所伝とが存在していたとみることもできる。しかし、編年表記上の差異を重視すれば、(イ)と(ロ)の記事と、(ハ)と(ニ)の記事とは、一応別系統であったと思われる。にもかかわらず、(イ)と(ニ)の双方に、秦氏の介入が共通して濃厚に反映しているのはどういうわけか。

それは、(イ)が摂津国あるいは四天王寺にかかわりを持つ秦氏の所伝記事であり、(ニ)が山城国あるいは広隆寺にかかわりを持つ秦氏の所伝記事であったということで説明が付くだろう。しかし、いずれも秦氏の所伝記事であるということ自体の意味は、補闕記の「発生状態」の重要な要素をなすものである。

四　上宮王家滅亡

ここで、補闕記の最後にまとまった記事のみえる上宮王家滅亡の所伝について考える時がきた。少し長いが、とにかく紹介しよう。

癸卯年十一月十一日丙戌亥時、宗我大臣并林臣入鹿・致奴王子児名軽王・巨勢徳太古臣・大臣大伴馬其(本甘瞰(朱))連公・中臣塩屋枚夫等六人、発悪逆、討太子子孫男女廿三王、無罪被害、今見計名有廿□王、

山代大兄蘇(朱)　殖栗王　茨田王
卒末呂王　菅手古王　舂米女王膳(朱)
近代王　桑田女王　礒部女王

三枝末呂古王膳(朱)　財王蘇(朱)　日置王蘇(朱)
片岳女王蘇(朱)　白髪部王橘(朱)　手嶋女王橘(朱)
孫(マゴ(朱))難(波(朱))支王　末呂古王(女(朱))膳(朱)　弓削王
佐保女王　佐佐王　三嶋女王
甲可王　尾張王

于時、王等皆入山中、経六箇日、辛卯辰時、弓削王在斑鳩寺、大狛法師手殺此王、山代大兄王子[a]率諸王子、出自山中、入斑鳩寺塔内、立大誓願曰、吾暗三明之智、未識因果之理、然以仏言推之、吾等宿業、于今可賽、吾[b]捨五濁之身、施八逆之臣、願魂遊蒼旻之上、(本旻歟(朱))陰入浄土之蓮、擎香気郁(本(朱))烈、上(本(朱))通雲天上、三[c]道現種種仙人之形、種種伎楽之形、種種天女之形、種種六畜之形、向西飛去、光明炫燿、天華雰散、音楽妙響、時人仰看、遙加敬礼、当此時、諸王共絶、諸人皆歎未曽有曰、王等霊魂天人迎去而滅、賊臣等曰、唯[d]看黒雲微雷撩于等上、(寺歟(朱))賊臣滅太子子孫、後乃告於大臣、大[e]臣大驚曰、聖徳太子子孫無罪、奴等専輙奉除、我族滅亡其期非遠、未幾大臣合門被誅、亦如其言、可何(本(朱))可奇、壬辰年三月八日、東方種種雲気飛来覆斑鳩宮、上連於天、良久而消、又有種種奇鳥、自上下自四方飛来悲鳴、或上天、或居地、良久即指東方去、又[f]池溝瀆川魚鼈咸自死也、天下生民皆悉哭愴、又池水皆変色、水大臭矣、又同年六月、海鳥飛来居上宮門、又十一月、飽波村有虹終日不移、人皆異之、又王宮有不知草忽開青蓮、須臾而萎、又有二蟇如人立行、有二赤牛如人立行、又無量蛙蒲伏王門、有小子造弓射蛙為楽、有童子相聚謡曰、磐[g]上爾子猿居面(二字以音)焼居面太邇毛多(已上八字以音)今核鎌宍乃伯父、又曰、山代乃苑手乃水金爾相見己世爾苑手支、此二謡皆有険(験歟(朱))、預言太子子孫滅亡之讖、

この記事は、かなり独自な内容を持つが、『日本書紀』とも共通する側面があるので、とりあえずそれを指摘することからはじめたい。aは、皇極紀二年十一月条の「於是、山背大兄王等、自山還、入斑鳩寺」るに、bは、同条の「是以、吾之一身、賜於入鹿」ふに、cは、同条の「于時、五色幡蓋、種々伎楽、照灼於空、臨垂於寺、衆人仰観称嘆、遂指示於入鹿」すによく似た字句と内容を持つ。またdも、同条の「其幡蓋等、変為黒雲、由是、入鹿不能得見」というところに、eは、同条の「蘇我大臣蝦夷、聞山背大兄王等、総被亡於入鹿、而嗔罵曰、噫、入鹿、極甚愚癡、専行暴悪、儞之身命、不亦殆乎」というところにその内容がよく似ている。さらにfは、皇極紀二年七月是月・八月・九月是月の各条にみえる「茨田池水大臭、小虫覆水、其虫口黒而身白」しや、「茨田池水、変如藍汁、死虫覆水、溝瀆之流、亦復凝結」れり、はたまた、「茨田池水、漸々変成白色、亦無臭気」しのフレーズに共通するところがあろう。ついでgは、皇極紀二年十月・十一月両条にみえる歌謡に同じである。

以上、大半が『日本書紀』に類似するが、なお一字一句に及ぶまでの参照引用となると、存外に少い。『日本書紀』に残されることのない所伝も多々あって、単純に『日本書紀』を改造したとも言い切れないのである。と言うのも、まず全体の構成をみるに、「癸卯年十一月十一日丙戌亥時」からはじまって、「辛卯辰時」に到り、「壬辰年三月八日」となって、「同年六月」から「又十一月」へと及んでいる。「癸卯年十一月十一日」というのは、皇極二年十一月十一日で『日本書紀』年月と符合するが、さらに詳細な日と時をつづけて記す。ところが「壬辰年」は、舒明四年のことと考えられる。しかし『日本書紀』当該年条に、それに相応すべき記事はない。すると、上宮王家滅亡の記事の原史料には二つあって、「壬辰年三月八日」以降とそれ以前とでは、依るところがちがうのであろうか。だが、そこまで考える必要はあるまい。たしかにその原典に遡れば、異なるところもあるかもしれないが、補闕記撰述の段階ではすでに少くとも、一まとまりの記事であったと思われ、後段は、『日本書紀』にも用いられた手法の前兆記事とみてよかろう。しかしその限りで言うと逆に、この記事全体は、『日本書紀』の叙述構成に大枠のところ准じていることになる。つまり、出来上がってある『日本書紀』の叙述構成を、基本的には前提として成り立っていたと言えよう。しかしそうだからと言って、すべての記事が、『日本書紀』以後に書かれたとも限らない。最終的にまとめられたのは、たしかに『日本書紀』撰上以後だとしても、それ以前からの所伝が存在しなかったとは断言できないのである。

この記事には、全く独自のものがいくつか入っている。第一に、太子子孫二十三王の殺害、第二に、軽王（孝徳）と大伴馬甘連や中臣塩屋枚夫が、上宮王家滅亡の軍に加わっていること、第三に、大狛法師が弓削王を殺害したこと、第四に、「山代乃、菟手乃水金爾」以下の歌謡が挿入されていることである。

まず二十三王の殺害であるが、法王帝説には「十五王子」とあって、法隆寺系の所伝とは異なる。しかしすでに示した割注は、「今見計名有廿□王」りと記す。おそらく、補闕記撰述者が、この所伝記事を引用する時、あらためて数えた結果を記したものか、さらにのち伝来の途中で、何人かが記したものであろう。遺憾ながら欠字があるので、その検索した実数が何名であったのかはわからない。従って今日では何とも言えないが、実際に数えてみたら、二十三王に増減があったための割注ではなかろうか。もちろん今日一読する限りは、二十三王の数に増減はない。では、本来増減の存する王名が列挙してあって、伝来の過程で、本文にあわせて何人かが調整してしまったのだろうか。そこで今一度王名を検索するに、「三枝末呂古王」とは不審である。これは、「三枝王」と「末呂古王」の二人であるとみるべきだろう。「三枝王」は、太子と膳大郎女夫人との生子であり、「末呂古王」は、「末里古王」とも言い、二名存在する。一人は、「三枝王」の同母弟、もう一人は、山背大兄王と舂米王との生子である。(53) 事実補闕記は、今一人の「末呂古王女(朱)膳(朱)」も掲げている。以上のことからして、「三枝末呂古王」は、元来二人にわけられるはずである。
これで、わざわざ割注がみえるのもうなずけて、数えてみたら二十四王でなければならないと言いたかったようである。ではこの矛盾を、いかに解すべきだろうか。一つの理解は、伝来の過程でこの矛盾を発見した何人かが、本文の二十三王説に従って、実名の調整をはかったということである。しかしこれでは、本来的に存在していた矛盾の説明にはならない。本文では二十三王と言い、実名では二十四王をすでに掲げていた矛盾が、はじめから生じていた点を見落してはならない。解決法は、一つしか残されていないだろう。本来、矛盾はなかったとみることである。つまり、この記事の編述者は、王子の実数を数えた上で、二十三王と本文に書いたのであり、「三枝末呂古王」を、すでに一人の王子と誤って数えたということである。言い換えれば、二十三(四)王の列挙してある何らかの史料をあらかじめ見て、その数を前提に、本文を造ったとみられる。そして、その何らかの史料も、そのまま導入したのである。おそらくその原史料は、上宮王家滅亡記事とは関係ない、上宮王家の系図のようなものであり、その系図にはすでに、「三枝末呂古王」として誤った所伝を載せていたのだろう。それをそのまま、引用してしまったらしい。その系図のようなものが、法王帝説でも、「上宮記」でもなかったことは、比較して明らかである。

二十三王の殺害には、全く根拠がなく、しかも直接関係のない系図のようなものから誤ったままの孫引きさえしている。すると、割注でその誤りを指摘したのは、よほど太子伝関係に通暁した者でなければ果せないことで、補闕記撰述者自身のおこなったことではないかと思う。もしそうであれば、上宮王家滅亡記事は、補闕記撰述者自身の書いたものではなく、引用したものとなる。

つぎに、軽王と中臣塩屋枚夫や大伴馬甘連が、上宮王家の焼火に参加したという所伝も独自のものである。『日本書紀』皇極二年十一月条は、蘇我臣入鹿・小徳巨勢徳太臣・大仁土師娑婆連が、斑鳩を襲撃したと述べ、「或本云」くとして、巨勢徳太臣と倭馬飼首がその将軍であったともいう。『日本書紀』撰修段階で、すでに別伝が存していたらしく、その意味からすれば、補闕記の所伝も、『日本書紀』撰上以前からのものであってさしつかえなく、軽王のことがのち、わざわざ造作されるのも解せないことで、かなり早くからの所伝であったとみて大過あるまい。

当面、大化改新前後の事実を明らかにするのが本意ではないので、この所伝の来由について一つの可能性を提示するに留めざるを得ない。この斑鳩襲撃に、大狛法師も加わっていたことは注目されて、それが誰であろうと、十師の主席であった。軽王（孝徳）といい、大狛法師といい、大化新政権の重要人物にほかならない。巨勢徳太臣にしても、大伴馬甘（長徳）連にしても、大化五年にそれぞれ左・右大臣に任命されている。(54) 補闕記に言うこれらの人々が、斑鳩を実際に襲撃したものかどうかは別としても、少くとも孝徳朝のある種の事態を投影していたらしいことがうかがえるのである。

そこでまず、この所伝が法隆寺系のものでないことはすでに述べたが、今あらためて確認してよかろう。なぜなら、『法隆寺伽藍縁起并流記資財帳』は、大化三年九月十一日に、「許世徳陁高臣」をして同寺に食封三百烟が施入されたと伝えている。法隆寺最初の食封を伝えるもので、巨勢徳太臣が、法隆寺で否定的に取り扱われるはずはない。では「膳臣家記」の引用かというに、これまたすでに指摘しておいたように、大狛法師をかくも否定的に伝えたとは考えられない。すると残るのは、「調使家記」かそれ以外の所伝かということになる。「調使家記」でないことを立証すべきものは当面見出せないが、山背大兄王の舎人に、調使麻呂もしくはその子孫がなったという伝えは皆無であり、記事の内容からしても、孝徳朝に否定的な立場をとり、かつその政権にある程度介入し得る位置にあったものの所伝とみるのが妥当であろう。

そこで再び想起されるのが、秦氏のことである。秦氏は、孝徳朝において、二度にわたって失墜した。一度は、いわゆる古人皇子の乱に坐せられて、朴市秦造田来津が失脚する。[55]二度目は、蘇我倉山田石川麻呂の事件で、秦吾寺が処刑された。[56]大化新政権に、秦氏は抗するところがあったとみてよいであろう。しかしこの所伝来由の問題は、記事自体のなかから、さらに見出されなければならない。

上宮王家の滅亡を、山城国に有力な本貫を持つ秦氏が伝えたとしても、そのこと自体まず充分あり得ることである。すでに述べたように、秦氏の有力根拠地であった深草屯倉と、上宮王家とは緊密な結び付きを持っていた。また、この記事の最後にみえる歌謡も、『日本書紀』には載せられていないが、「山代乃苑手乃水金爾相見己世禰苑手支」との意味は判然としないものの、山城国にかかわる歌のように思える。

しかしさらに注目すべきは、予兆のなかに蟇(蛙)や牛が登場することである。『三国史記』新羅本紀善徳王五年条は、蝦蟇について述べている。

夏五月、蝦蟇大集宮西玉門池、王聞之、謂左右曰、蝦蟇怒目、兵士之相也、

善徳王は、この蝦蟇の行為によって、百済軍侵攻の危機を予知し得たという。わが国でも、『続日本紀』延暦三年五月癸未条によると、摂津職からつぎのような報告のあったことがわかる。

今月七日卯時、蝦蟇二万許、長可四分、其色黒斑、従難波市南道、南行池列可三町、随道南行、入四天王寺内、至於午時、皆悉散去、

これにいかなる意味が含まれていたのか不明だが、『水鏡』はのち、「此事都ウツリノアルベキ相ナリト申アヘリシ」

と説いている。もしそうであれば、長岡宮遷都の予兆であったことになる。新羅といい、日本といい、蝦蟇の異常な予知力、呪力が信じられていたのである。補闕記の記事も、そのような一例とみてよい。

さて、『天王寺秘決』のなかに、以下のような記載がみえる。

蝦蟆寺
秦川勝建立堂也、正面幡二流懸之、供養日放タル蟹来、成二流幡種々取合、成微妙荘厳見、其堂有川勝金銅等身像云云、

もとより伝承であろうが、秦氏がカエル、さらにカニとの信仰に、本来かかわる要素を持っていたことを暗示するであろう。冬眠や脱皮性などによる、異常な呪力を時として人間から期待されたのがカエルであり、カニであった。いわんや、新羅系の秦氏としては、新羅に存したそのような呪術信仰を受け容れていたとしても不思議はあるまい。

この蝦蟆寺と、『日本書紀』大化二年九月是月条にみえる「蝦蟇行宮」とに、何らかの関係、たとえば行宮が寺になったというようなことがあったものかどうか、今はわからない。この行宮がもし、摂津国にあったのであれば、『天王寺秘決』がことさら蝦蟆寺の名を掲げたこととも関係するかもしれない。

一方、牛についてはどうか。かなりのちになるが、元禄十四年の『京太秦広隆寺大略縁起』によると、毎年九月十一日から三日間、声明念仏が唱えられ、仏法守護の摩多羅神を祭ることが同十二日の夜におこなわれるという。

祭文一巻恵心の自筆して、祭礼無双の儀式也、神主牛に乗出るによつて、世に牛祭と云、其祭文の意趣は、神明の威風により、年中の災禍をはらひ、天下太平にして、君は長寿を得給ひ、民も安穏ならんと云々、

これは、近世の広隆寺でおこなわれた牛祭である。神主が牛に乗って出てくるから、牛祭と呼んだとあるが、その

来由は詳らかでない。祭文を恵心（信）の自筆と伝えるが、どう遡ってみても、平安中・後期に上るものではあるまい。今日伝えられる「太秦広隆寺牛祭祭文」自体、到底恵心（信）の自筆でもなければ、文章でもない。それによると、「摩吒羅神を敬奉る事、ひとへに天下安穏、寺家安泰のためなり」と述べている。しかしその特徴は、何と言っても、「因て、永く遠く、払ひ退くべきもの也」であり、「永く遠く、根の国そこの国まで、はらひしりぞくべきものなり」であった。つまり、「はらひ」にあったと言えよう。

明応八年（一四九九）の『広隆寺来由記』には、「摩多羅神像為念仏守護神安置于後戸也」とある。この神像は、常行三昧堂に安置されていた。従って牛祭は、広隆寺念仏ともかかわるようで、明応八年にはすでにおこなわれていたらしい。しかし、貞観十五年（八七三）の『広隆寺資財帳』や、仁和三年の『広隆寺資財交替実録帳』に、この神像のことはみえていないから、少くともこれよりのちのことでなければならない。

しかし、摩多羅神の安置と牛の信仰とは、本来区別されるべきで、今あらためて、補闕記の「又有二赤牛如人立行」りと書かれていることを吟味すべきだろう。『続日本紀』宝亀三年十二月乙亥条は、「有狂馬、喫破的門土牛偶人、及弁官曹司南門限」ると録している。この「的門土牛偶人」というのは、内匠寮に請じて、大寒の日の前夜半時に、宮城の的門に立てたもので、立春の前夜半には、再びとり除かれるのを常としていた。[57] そのはじまりについて『続日本紀』慶雲三年是歳条は、「天下諸国疫疾、百姓多死、始作土牛、大儺」すと伝える。いわば疫疾などの災いを、祓い退けるためのもので、外来の習俗と言ってよい。

「土牛偶人」は、「土牛童子像」とも呼ばれて、宮城十二門に、五色（青・赤・黄・白・黒）にわけて立てられた。赤色の「土牛童子像」は、壬生門（のちの美福門）と大伴門（のちの朱雀門）に立てられることになっている。[58]「二赤牛」とは、このような赤色の「土牛童子像」二体に果して無縁であり得ようか。慶雲三年にはじめて造られたという土牛が、ただちに平城宮十二門に立てられる慣例のはじまりであったかどうかは詳らかでない。しかし、宝亀三年の平城宮十二門(史料では的門の例)には、すでに土牛と童子の像が立てられており、「土牛童子像」は、少くとも慶雲三年以降の平城宮から平安宮にかけて、その十二門に立てられたことはまちがいない。

災いを祓う効力を持つとされた土牛から、補闕記の「二赤牛」を類推することができるなら、その牛の行為は、斑鳩宮を見放したことになって、上宮王家滅亡の「預言」としてもふさわしい。その上、「土牛童子像」を立てるべき宮門を実質的に造ったり、また守衛したりしたのが秦氏であったことも、あらためて想起されるのである。また、「二赤牛」の偶像が、壬生門と大伴門に立てられていたこととも、何らかの関係が認められるかもしれない。大伴門は、その門号について諸説あるものの、[59]大伴氏のかつて守っていた門であったとすれば、大伴馬甘連が上宮王家滅亡の襲撃に加わっていたという古伝承をも念頭に置いた上で、「赤牛」が類推された可能性もある。さらに壬生門も、同様な考え方をすれば、上宮王家の乳部の民から類推されるかもしれない。

以上のような推定が可能となれば、上宮王家滅亡の記事の最終的な仕上がりは、何としても慶雲三年以前に遡るものではないが、秦氏の介入した所伝記事であったとみてよいように思う。

注

(1) 『日本古代人名辞典』第五巻「と」項で今検索するに、止美首夷女(『大日本古文書』二十四の五五五)の一名がみえるのみである。また、いわゆるトミ氏としては、等美(登美)加(賀)是(『大日本古文書』七の一〇七・一四一・一八八、二十四の五五・六六など)、登美史久御売(『大日本古文書』二の三二七)、登美史乳主(『大日本古文書』二十四の八五・八六)

がいる。

(2)『新撰姓氏録』和泉国皇別。

(3)山尾幸久氏は、「大化改新論序説」(上)(『思想』五二九)で、この時彦人皇子は馬子軍の攻撃目標となり、暗殺されたものとみておられるが、これは疑わしい。

(4)諸橋轍次『大漢和辞典』巻十「軍」項は、たとえば『春秋左氏伝』宣・十二、同襄・二十四における事例なども掲げている。

(5)平野邦雄氏は、「秦氏の研究」(一)(二)(『史学雑誌』七十の三・四)において、「大政人」や「小政人」とともに「軍政人」も、特定の古い職制を現わす語であることは確かだと断言されている。

(6)井上光貞「王仁の後裔氏族と其の仏教」(『史学雑誌』五四の九、論集日本歴史1『大和王権』)。

(7)直木孝次郎「大宝令前官制についての二、三の考察」(井上光貞博士還暦記念会編『古代史論叢』中巻)。

(8)たとえば『日本書紀』崇峻四年十一月条は、「大将軍」と「裨将」を記し、同推古八年是歳条は、「大将軍」と「副将軍」と言い、同三十一年是歳条も、「大将軍」と「副将軍」に分け、同天智即位前紀や同二年三月条は、「前将軍」と「後将軍」それに「中将軍」を記し、同天武元年六月条は、「別将及軍監」と言い、同年七月条は、また「別将」と書く。以上の例に、「大将軍」があるから、「少将軍」の表記もみられそうなものだが、見当たらない。

(9)『日本書紀』崇峻即位前紀五月条。

(10)『日本書紀』用明二年四月条。

(11)『日本書紀』崇峻即位前紀七月条に、彼の参軍が明記されている。

(12)斑鳩宮が平群郡に存することから、平群氏と上宮王家との接近が考えられないことはない。

(13)林屋辰三郎『中世芸能史の研究』一九四頁・二七〇頁以下。

(14)秦氏の職能については、平野邦雄、前掲論文、同『大化前代社会組織の研究』一五〇頁以下で、一つの整理がなされている。

(15)井上薫「造宮省と造京司」(『日本古代の政治と宗教』)。

(16)『続日本紀』天平十九年六月戊申条。

(17)『続日本紀』天平二十年五月己丑条。
(18) 平野邦雄「八世紀〝帰化氏族〟の族的構成」(竹内理三博士古稀記念会編『続律令国家と貴族社会』)。
(19)『続日本紀』神護景雲三年十一月壬午条。
(20)『続日本紀』延暦三年十二月乙酉条。
(21)『日本後紀』延暦十五年七月戊戌条。
(22) 井上薫、前掲論文、長山泰孝「木工寮の一考察」(大阪歴史学会編『古代国家の形成と展開』)。
(23)『続日本紀』大宝元年七月戊戌条。
(24) 職から省への昇格を明示する記録はないが、やはり井上薫・長山泰孝両氏の前掲論文に従って、『続日本紀』和銅元年三月丙午条にみえる「造宮卿」任官初見記事を、ほぼ省としての発足とみてよかろう。
(25)『続日本紀』延暦元年四月癸亥条。
(26)『続日本紀』延暦三年六月己酉条。
(27) 長山泰孝、前掲論文。
(28) 長山泰孝氏は前掲論文で、平安遷都の宣命が出された延暦十三年の翌年の五月十三日にはまだ造宮使の名称がみられるが(『日本紀略』)、『日本後紀』延暦十五年七月癸丑条には「造宮職官位准中宮職」という記事がみえるので、この間に、造宮使は職に改められたものだろうと推定されている。
(29)『日本後紀』延暦二十四年十二月乙巳条。
(30)『日本後紀』大同元年二月丁酉条。
(31)『続日本紀』大宝二年四月丁未条。
(32)『日本後紀』弘仁二年四月戊辰条。
(33)『大日本古文書』二の三三七。
(34)『続日本紀』神護景雲二年七月壬申朔条。
(35) 注(19)参照。

(36)『日本古代人名辞典』第五巻「は」項参照。
(37)平野邦雄注(14)前掲論文、浅香年木『日本古代手工業史の研究』五九頁・六七頁以下。
(38)天平勝宝三年三月三日付の「東大寺奴婢帳」(『寧楽遺文』下巻所収)。
(39)『大日本古文書』七の五、十七の五一七。
(40)『大日本古文書』十三の二二〇。
(41)『大日本古文書』四の八二。
(42)注(41)参照。
(43)『続日本紀』神護景雲三年七月丁亥条。
(44)『続日本紀』神護景雲元年十一月壬寅条は、「四天王寺墾田二百五十五町、在播磨国餝磨郡、去戊申年収、班給百姓口分田、而未入其代、至是、以大和・山背・摂津・越中・播磨・美作等国乗田及没官田捨入」と記す。しかし、すでに横田健一『道鏡』一六〇頁で指摘されたように、「去戊申年」は神護景雲二年でなければならず、従前の「乗田及没官田捨入」は、翌三年と訂正すべきである。
(45)注(44)参照。
(46)『日本書紀』天武元年六月条・同九年五月条。
(47)『続日本紀』天平宝字八年十月庚午条。
(48)『続日本紀』天平十二年十月丙子条。
(49)『続日本紀』天平神護元年二月乙丑条。
(50)井上薫、前掲論文。
(51)家永三郎『上宮聖徳法王帝説の研究』三四頁。
(52)『朝野群載』巻二文筆中。
(53)『上宮聖徳法王帝説』、『平氏伝雑勘文』下三所収「上宮記下巻注」。
(54)『日本書紀』大化五年四月条。

(55)『日本書紀』大化元年九月条。
(56)『日本書紀』大化五年三月条。
(57)『年中行事秘抄』所引「弘仁陰陽式」、『延喜式』巻十六陰陽寮。
(58) 注(57)参照。なお宮城十二門と、「土牛童子像」の色を基準とした十二門の色わけ表示に関する史料、つまり内閣文庫本『撰集秘記』巻第二十にみえる「弘仁式」および「貞観式」逸文が、すでに佐伯有清「宮城十二門号と古代天皇近侍氏族」(『新撰姓氏録の研究』研究編)で紹介されているが、これによって、弘仁・貞観・延喜式ともに、壬生門と大伴門が赤色とされていたことは明らかである。ただ赤色と表記された壬生門と大伴門には、その門号に若干の推移があって、壬生門(弘仁・貞観式)→美福門(延喜式)という変化と、大伴門(弘仁・貞観式)→朱雀門(延喜式)という変化がみえる。壬生門→美福門の変化は、『日本紀略』弘仁九年四月庚辰条の「有制、改殿閣及諸門之号、皆題額之」に従って、一応唐風に改めたものと思われ、門自体に変化を認めることはできない。一方、大伴門→朱雀門という変化は、単純に唐風に改めたというものではない。この変化について井上薫氏は、「宮城十二門の門号と乙巳の変」(『日本古代の政治と宗教』)のなかで、弘仁九年門号改正の時、大伴という氏族名の音に類似する新しい唐風門号に改めることなく、朱雀門という旧名(『日本書紀』大化五年三月条、『続日本紀』天平六年二月癸巳朔条、同十六年三月丁丑条)を用いたものと推論されている。一応妥当と思うが、あるいは大伴という氏族名を、故意に門号から抹殺しようとしたのかもしれない。とまれ、朱雀門も大伴門の後身とみてよかろう。
(59) 宮城十二門号の由来は、近時、佐伯有清・井上薫前掲論文などによって、門を造った氏族名ではなく、門を守った氏族名に負うという説が定着化している。ただそのような門号の起源に及ぶと、諸説分かれる。井上氏は、皇極四年の入鹿打倒の時、門を守り、入鹿を殺した氏族の名を記念して呼ばれた可能性を示唆し、佐伯氏は、六世紀前半から大伴・佐伯両氏をはじめとして、順次門号が成立していったのではないかと推論されている。

第六章　補闕記の「発生状態」

一　秦氏と二家記

補闕記は、少くとも三種類の所伝記事から出来上がっている。そのうちの二つが、「調使家記」と「膳臣家記」とであることは言うまでもない。そして今一つは、秦氏の所伝としか考えようのないものがある。だがここで問われるのは、ではなぜ秦氏の所伝ならその旨序文に書かれていないのか、ということだろう。しかしこの問いに対して、つぎのように答えることができるし、またそれが唯一の解答であろう。秦氏が、この補闕記を撰述した主体者であったればこそ、みずからの所伝を、「調使膳臣等二家記」のように、引用して記すなどとは言えないし、言うべきではない立場にあったからだと。

しかし一口に、補闕記の撰述主体が秦氏だからと言って、その相当記事から知られる限り、これまたそう簡単な問題でないことがわかる。補闕記は、たしかに伝来上、広隆寺の存在なくしては今日語れないものとなっている。事実、広隆寺関係の記事がみえる。だがそれをもってただちに、本書が広隆寺僧によって編修されたとは言い切れないのである。それが、山城国の秦氏の所伝であること自体はよいとしても、同時に四天王寺にかかわる、あるいは摂津国に住する秦氏の記事も推定されるところがある。同じ秦氏と言っても、秦氏の所伝と、補闕記の撰修者としての秦氏とは、一応区別しておかねばなるまい。

秦氏の所伝記事と推定されるところは、およそ四箇所あった。物部守屋大連追討戦、三経義疏著述と恵慈法師、広隆寺草創、そして上宮王家滅亡の各記事である。しかしこのうち、守屋追討戦と三経義疏著述等の部分に、編年表記上の共通性がみられ、かつ内容全体も、もっとも新しい時期のものに属する。先行史料を精読し、かつ一部引用しつつ、実に巧みに仕上げられており、むしろ補闕記の地の文を構成するのではないかとさえ思われ、その限りにおいて、補闕記撰修者の筆が最も多く加わっているところと言えよう。これに対して、広隆寺創建や上宮王家滅亡の記事にはかなり古くからの秦氏の所伝がもとになって、ある時期まとめられ、かつ最終的にはやはり、補闕記撰修者の筆が入っているように思われる。どちらかと言えば、前者が四天王寺・摂津国系の秦氏=補闕記撰修主体によるもので、後者が山城国(広隆寺を含む)系の秦氏の古伝承をもとにしたものではなかろうか。このように解すれば、「暦録」や「四天王寺聖徳王伝」という四天王寺系の諸伝を、ことさら序文でとりあげているのも、うなずけようというものである。あるいは、「四天王寺聖徳王伝」に何らかの形で存在したらしい図絵自体、依頼をうけた秦氏の画師によって描かれていた可能性もある。

補闕記は、任意に各所伝と記事を寄せ集めたものではない。その出発点は、序文にも言う通り、『日本書紀』・「暦録」・「四天王寺聖徳王伝」へのかねがねからの不満にあって、おそらく補闕記の撰修者自身、あらためて太子伝の記述をはじめていたらしい。そこにはまず、自己自身の属する秦氏の所伝が集められたであろう。そんな時、たまたま「調使膳臣等二家記」が見出されたわけだが、その発見はよしや偶然であったとしても、それを採用するか否かは、むしろ撰修者の意思にある。逆に言えば、結果として採用されたその必然性が問題なのであって、撰修者の意思は、秦氏の古伝承や新記述に反映されていると同時に、「調使膳臣等二家記」を借りても表明されていたはずである。「調使家記」と思われるところは、片岡山飢人伝承と、末尾の調使麻呂家の系譜・事跡記事以外に、今のところ推定できない。「膳臣家記」と推測されるところは、太子幼年、『法華経』と恵慈法師（太子三昧定を含む）、膳大郎女と馬、それに鹿と犬の宿業談のそれぞれの記事が該当する。

まず、補闕記撰修の主体者側から、秦川勝の存在が強調されたことは明らかである。それが古伝承であろうと、新記述であろうと、今は問題でない。たとえば広隆寺草創のところで、「秦川勝率己親族、祠奉不怠」と言うが、寺よりもそれが宮であったことは注目される。造宮技術集団であり、かつ宮門守衛の集団でもあった秦氏の存在を欠いては理解できまい。かつて指摘された「秦氏の持つ根強い集団性」(1)が、宮を媒介にしてよく表現されているのである。

しかしなぜ、ことさら秦川勝のことが主張されなければならなかったのか。補闕記が、ほかならぬ太子伝であったからだと言えば、事は簡単であるが、それでは、守屋軍との戦いにおける秦川勝の説明が付くまい。本来、秦川勝の奮戦記事は、先行の史料にはなく、ことさら創作されたものと考えられるからである。ここにあるのは、秦氏族そのものの問題であって、いわゆる秦氏の「祖業」が川勝に求められたとみられる。また、「率己親族」いるべき秦氏のある種の団結力と統率力が望まれたと言えよう。

いわゆる反乱を契機に、秦氏は集団としてその兵力をよく用いられた。すでに述べたように、天平十二年の伊勢行幸の時の騎兵編成は、藤原朝臣広嗣の乱にかかわるものであったし、天平宝字八年の恵美押勝の乱では、宮門を守った。ところが、天平宝字元年（天平勝宝九年）の橘宿禰奈良麻呂の事件では、逆に汚名を帯びることになる。

詔曰、今宣久、奈良麿我兵起尓被雇多利志秦乎波遠流賜都、今遺秦等者、悪心無而清明心乎持而仕奉止宣、(2)

ここに言う「今遺秦等」にとって、物部守屋大連のいわゆる乱における、「悪心無而清明心乎持而仕奉」るべき秦川勝が、何よりも求められたかもしれない。(3) しかし今、少くとも平安遷都以後に編修された補闕記の主体者に、このような意識がどの程度生々しく残存していたかは覚束ない。もちろんその意識の継続を、全く否定するつもりはないが、さらに、『古語拾遺』にとって中臣氏がそうであったように、秦氏に対するある特定の氏族集団が想定されていたのではないかと問いたくなる。奈良朝における秦氏の軍事集団に対応するのは、東西史部であり、檜前忌寸であった。だが、中臣・忌部両氏の間にみられたような、秦氏と他氏との顕著な相争は知られていない。

むしろ、秦氏族内部に問題があろう。たしかに、「秦氏の持つ根強い集団性」は認められねばならない。しかし、平安遷都直後の広隆寺内紛が暗示するように、それは必ずしも不動のものではなかったように思われる。すでに指摘されているように、(4) 宝亀七年頃を境にして、秦氏族の改姓傾向に著しい変化がみられるのである。それ以前の改姓では、たとえば「秦」→「秦忌寸」とか、「秦勝」→「秦忌寸」のように、必ず「秦」のウジを遵守したままで改姓がおこなわれるか、天平二十年十月の「広幡」→「秦」のように、(5) むしろ「秦姓」の拡大と包摂が一般的な傾向であった。ところが、宝亀七年十二月における、左京の秦忌寸長野ら二十二人の奈良忌寸への改姓、そして山背国葛野郡の秦忌寸箕造ら九十七人の朝原忌寸への改姓から、(6) 「秦姓」放棄が著しくなるのである。

延暦二年七月には、越前国の秦人部武志麻呂が本姓の復帰を請い、車持姓に改まる。(7) ついで同十年正月になると、大秦公忌寸浜刀自女が、賀美能親王の乳母であったということにより、賀美能宿禰に改姓する。(8) さらに、弘仁二年七月には、右京の朝原忌寸諸坂、山城国の朝原忌寸三上が宿禰の姓を賜っている。(9) 奈良朝末期から平安朝初頭にかけて、

「秦忌寸」→「朝原忌寸」→「朝原宿禰」という改姓が一部で顕著となるのは注目される。これは朝原なる地名によったもので、(10)土師氏などの「祖業」放棄による旧姓解体と、一脈通ずるものがある。承和五年の『広隆寺縁起』に檀越として大秦宿禰永道が、法頭として朝原宿禰明吉がそれぞれ署名しているのも、もちろん広隆寺を介した両氏の集団力を物語りもしようが、広隆寺が両氏の均衡のもとにはじめて存在していたことも忘れるべきであるまい。

奈良朝末期から平安朝初頭にかけて、「秦氏の持つ根強い集団性」にはじめて変化のきざしがみえてきたようである。このような時期にこそ、秦川勝の「祖業」を仰ぎ、秦氏族のあらためての集団力と統率性が求められてよいであろう。しかしそのためにはさらに、「祖業」の位置付けがなされなければ、充分な説得力を持つわけにはいくまい。第一に、「奉護太子」るべきその太子、また「太子大喜、即叙小徳」すところの太子が、川勝の「祖業」に似つかわしい意味を持って現前化されなければならないのである。そこにまず、「調使膳臣等二家記」の採用された必然があるだろう。

もちろん、「日本書紀、暦録、并四天王寺聖徳王伝」にも、充分すぎるほど太子の事跡は語られていたし、語られていたはずである。今は、その全容が知れる『日本書紀』と対照するに、たとえば「調使家記」の片岡山飢人説話がある。『日本書紀』のその部分は、太子記事のうちでも、太子の事跡を唯一生々しく述べたところではあるが、何よりも第一に、身体としての太子の表現が欠落している。「調使家記」では、「太子之馬至此不進、雖鞭猶駐、太子自言哀哀用音、即下馬」すと言い、「可下怜。(可)怜、何為人耶、如此而臥」すと言い、「太子大悲」しむと言うなど、太子は生きている。第二に、単なる「近習者」としか書かれていない『日本書紀』だが、「調使家記」には、「舎人調使麻呂」としての個人が登場する。そしてこの個人は、「握取御杖」る具体的な太子供奉者として語られるとともに、「汝者寿可延長」きと太子その人によって祝福される存在でもある。第三に、当初太子の行為を批難した「七大夫」が、ついに「大奇嘆聖徳」じたという「調使家記」に対して、『日本書紀』は「時人大異之曰、聖之知聖、其実哉、逾惶」ると記している。

以上のちがいは、「調使家記」の方がただ、太子の行為を詳細に伝え、太子をより深く多く称讃しているという点にだけあるのではない。秦川勝と共通の条件を分かち持つ一人の人間＝舎人調使麻呂を通して太子が語られ、また太子を通してその人間が語られているということで、言い換えれば、秦川勝なる存在を充分許容し得る太子その人、あるいは太子の条件や世界が開陳されているのであって、『日本書紀』の記事はもはや何人も寄せつけはしない。秦川勝の「祖業」は、「調使家記」によって、より現実的なものに仕立て上げられるのである。また「七大夫」のことは、中級、下級官人がせいぜいである秦氏に、(11)やはり何程かの影響を与えたであろう。「七大夫」でさえ、「嘆聖徳」じざるを得なかったという点に、太子の存在をより強く認識するとともに、時の上級貴族にも皮肉な感情を抱きはしなかったろうか。

一方、「膳臣家記」に対しても、基本的には同様のことが言える。この家記は、内容的にみても、太子誕生のごく一部の記事を除いて、『日本書紀』に共通するところは全くない。とりわけ太子が夫人膳大郎女に語るところは、太子に供奉する秦川勝の現実感を、一層補う結果になるであろう。しかし「調使家記」とちがうところは、太子の幼年といい、三昧定のことといい、他の人間に比肩すべくもない太子が強調されていることで、「此児必後有異於世」りという一句に、よくそれが集約されている。それは自ずと、秦川勝の存在を高めることになる。

はじめに『古語拾遺』が、忌部氏の「神代之職」にもとづく「職」の体系を表明していることについて述べた。今、それに類似した秦氏の論理をみることができる。太子に供奉し、太子によって祝福された三名（膳大郎女・調使麻呂・秦川勝）は、ともに共通の「祖業」を分かち合うのであって、その限りにおいて、川勝の「祖業」、そして秦氏における「祖業」は、その現実性と説得力を得るのである。もちろん、忌部氏の『古語拾遺』とちがって、調使氏や膳臣氏とともに、秦氏をして何か実際上の「職」を回復せしめようとしているわけではない。しかし、「祖業」を積極的に放棄し、本姓の解体を促進する氏族の論理とは異なり、本姓を遵守し、氏族としての統括的な形態を基本的には求めようとしているその自己証明の論理は、忌部氏の『古語拾遺』によく似たところがあるのである。

二　「補闕」再考

ここで最後に、「補闕」の再考をしなければならない。まず、「暦録」も「四天王寺聖徳王伝」も、基本的と言うか大枠では、ほぼ『日本書紀』の一字一句を踏襲するところが多い。『日本書紀』の書契としての価値は、益々追認されていたと言い換えることもできる。

『日本書紀』の太子記事（「暦録」や「四天王寺聖徳王伝」も、それを踏襲する限りにおいて、これに准ずる）自体は、すでにいかなる個人も氏族も寄せつけない叙述をとっている。もちろん、その父母や、大臣馬子とのかかわりはみえる。しかしそれは、系譜上のことであり、政治上のことであって、それ以上の意味を少くとも字句の上から読みとることはできない。また語ろうともしていない。ただ例外なのは、迹見赤檮と恵慈法師、それに秦川勝の場合である。実はこの三名ともが、補闕記全体のなかで異常な増幅をみせていることは、「補闕」の再考にとって極めて重要となる。ただし迹見赤檮のことはみえないが、その『日本書紀』における位置付けは、そのまま秦川勝に入れ換わっているのである。

「補闕」とはまず、闕けたところを補うという手続きであるまえに、在るところをさらに補うというところから出発しているかに思える。補闕記が、いかに『日本書紀』等を不本意としながらも、すでにそこに在るところの価値から完全には逃れられないことを物語っている。たしかにこれは否定できない事実であるが、在るところを補うことからはじまって、闕けたところを補う意思が存在していたことも、またたしかであった。それはただ、舎人調使麻呂や膳大郎女を登場させるということに限らない。

そもそも補闕記には、『日本書紀』以下、序文で示された「暦録」や「四天王寺聖徳王伝」の一字一句を、そのまま踏襲したところがほとんど無い。恵慈法師や秦川勝（迹見赤檮も含む）の場合においてすら、そうであった。この点、「暦録」や「四天王寺聖徳王伝」の『日本書紀』に対する姿勢と、基本的に異なるものがある。これはもはや、闕けたところを補うという、ただ手続上の問題では解決されないであろう。また、在るところを補うと言っても、在るところをただ拡大するということでもないことがわかる。『日本書紀』等そのもののあり方を、「補闕」するということでなければならない。これはすでに、文化の対決である。

一つには、『日本書紀』の書契に対する、ある種の信仰と尊念を不本意とすることで、その追認される書契が先行して、太子伝の規範を形作ることに対する「憤憤」があったと考えられる。それは自ずと、誄の文化（あらゆる身体的なる結合と交情を優先し、政治・社会史的時間を時として無縁にするコトバの文化）を契機に、その痕跡を一部残しながら伝えられた「調使膳臣等二家記」へと、傾斜していくことになる。

二つとして、「善言」を含んだその書契文化には、『日本書紀』講書のような極めて限られた範囲での参加は許されても、そのほとんどが受け容れられないものとなっていたということである。たとえば、元慶六年（八八二）八月二十九日には、同二年二月から五年六月にかけておこなわれた『日本書紀』講書の総仕上げとも呼べる「日本紀竟宴」が催された。

至是申澆章之宴、親王以下五位以上畢至、抄出日本紀中聖徳帝王有名諸臣、分充太政大臣以下、預講席六位以上、各作倭歌、自余当日探史而作之、(12)

『日本書紀』に記述されてある「聖徳帝王有名諸臣」こそが、詠まれるにふさわしいものとされ、しかもその作歌者は、太政大臣以下の特定の人間（講書参加者）であった。ここでいわゆる聖徳太子が詠まれたかどうかは知らないが、(13)「探史而作之」るなかにあったかもしれない。いずれにせよ、『日本書紀』の書契をもって表明された太子以外に、その詠歌の対象となるものはなかったのである。そしてその作歌者も、いわばその時における「聖徳帝王有名諸臣」にほかならない。その理由は、滋野朝臣貞主の草した『経国集』の序文によく集約されている。

臣聞、天肇書契、奎主文章、古有採詩之官、王者以知得失、故文章者、所以宣上下之象、明人倫之叙、窮理尽性、以究万物之宜者也、

書契そして文章は、つまるところ万物の宜を究める絶対価値とされ、それは政治から人倫から、また物の本質からすべてを支配する価値でさえあった。もちろんこれは、本来的に言うと施政と施政者の論理であって、その限りにおいて、『日本書紀』の書契・文章も、その範囲で絶対的な価値を付与されていたのである。律令国家側の文化と言い換えることも可能で、『古語拾遺』の言う「書契以来」の文化にほかならない。

この意味からして、中級・下級官人を出すのがせいぜいの、在地的性格の濃厚な秦氏によって補闕記が撰修され、「補闕」が試みられたことは、充分うなずけるものがある。さきに補闕記は、忌部氏の『古語拾遺』とちがって、特

定の氏族を意識して書かれたものではないと言った。たしかにその通りであるが、たとえば忌部氏が書契としての「神祇令」に対したと同様、補闕記も『日本書紀』等に対する根本的な「補闕」と「拾遺」を迫ったという点で、両者はよく共通していたと言わなければならない。それは政治の問題であるよりも、文化の問題である。

しかし一方、『日本書紀』等のあり方そのものを「補闕」することによって、逆に書契文化の圏外から、何とかあらたに参加しようとする意思も無視できない。補闕記自体、すでに書契であり、文章であった。そのために当然、好むと好まざるとにかかわらず、『日本書紀』に依拠せざるを得ない側面を背負っている。秦川勝の奮戦記事は、その好例である。それが秦氏の記事であるだけに意味深いものがあって、内容上の骨子は、ほぼ『日本書紀』に従い、その文章を巧みに解釈改作しながら、迹見赤檮を沫消し、秦川勝をそこへ挿入したのである。規範としての『日本書紀』の価値を借りつつ、秦川勝と秦氏の存在を説得力に富むものとしようとしていた側面がある。恵慈法師の所伝記事にしても、すでに『日本書紀』等にその存在した記事がともかくあるのであるから、その存在自体をあらためて述べる必要はなく、その点比較的容易に持ち出すことができたであろう。

これは明らかな自己矛盾である。そこで今度は、「四天王寺聖徳王伝」に対する「補闕」という点から見直してみよう。もちろん『日本書紀』を踏襲するところ大であったと考えられるところから、『日本書紀』に対する「補闕」に准じてよいであろうけれど、この点はもうくり返さない。今は、「今在経者、小野妹子所持也、事在太子伝」りとの補闕記割注が、一応補闕記撰修者のものとするならば、ここに一つの認識が表明されていることになる。万一、この割注の筆者がそうでないにしても、小野妹子法花経将来説話が、補闕記に全く記されていないのは事実として認めなければならない。さらにまた、恵思禅師後身説が、果して「四天王寺聖徳王伝」に記載されていたものか詳らかでないけれど、補闕記撰修の段階では、少くとも通用していた説であったと思われて、その説もまた補闕記の一切採用するところではなかった。

この沈黙は、一体何を物語っていようか。仏教関係の所伝記事にも深い関心を示した補闕記撰修者であってみれば、ただ省略ではすまされない、何らかの意思表示があったものと思われる。そこで補闕記全体をみるに、終始一貫、太子の仏教については、恵慈の存在が大きく横たわっていることに気付く。これはむしろ、小野妹子法花経将来説話と太子の恵思禅師後身説とを見事に統合した『上宮皇太子菩薩伝』に、恵慈のことが一切消滅してしまっていることと、実に対照的である。何らかの形で、双方に成立上の関係があったのかどうかは明らかでないが、いずれにせよ大きく異なる二つの方向がほぼ相前後して存したことは興味深い。(14)

恵慈の存在は、三論系および三論宗においてこそはじめて位置付けられるものであった。『法隆寺東院縁起』所収の「福貴寺道詮伝」には、三論宗のわが国における出発を「太子及ᆞ恵慈之流ᆞ」に求めるところがあり、凝然も、『維摩経疏菴羅記』七で、恵慈を三論宗碩学の一人に入れている。もっとも、恵慈を三論宗の一人に位置付けることが、いつ頃から成されたかには疑問がある。同じ高句麗僧恵灌らと結び付けたり、三論宗における太子認識が恵慈を宗僧の一人に仕立て上げたとも考えられる。

従って、補闕記撰修段階に、恵慈がすでに三論宗の一員として位置付けられる存在であったかどうかは、その確証が得られないのである。しかし逆に、「膳臣家記」の内容から推定しておいたように、三論系および三論宗と恵慈との関係は、補闕記撰修以前の、「膳臣家記」に早くも反映されていたのではないかと考えられる。またこれとは別に、小野妹子法花経将来説話が主として法相宗系のなかで形成され、恵思禅師後身説との結合もしくは後身説そのものが、主として天台宗系に継承されたということは注目してよい。補闕記の撰述主体を、ただちに広隆寺に求めることには無理があるけれど、ともかく秦氏がその主体と考えられる以上、仏教的にはやはり広隆寺と無縁であり得まい。広隆寺こそ、三論宗を本としていたのである。

奈良朝のことは信が置けまいが、とにかく『広隆寺別当補任次第』は、第二代道慈以降その大半の別当を、三論宗に求め、そのうち元興寺三論の占める割合が最も多い。たしかに、少くとも平安朝前期の広隆寺関係者は、三論宗僧が多い。のち承和三年に別当となり、広隆寺中興の祖と称せられた道昌もその一人であることは言うまでもない[15]。貞観十五年の『広隆寺資財帳』にみえる別当玄虚も道昌門弟であるし、施入者の一人として記録された実敏は、西大寺三論宗僧であった[16]。では、第九代道昌以前はどうかというに、第八代は宣融で、大同四年から寺務三十五年と伝えられ、出身はただ元興寺という。第七代は明澄で、宝亀五年から寺務三十五年と伝えられて、元興寺道昌の師という。第六代は玄耀で、天平十七年から寺務二十九年とされ、元興寺三論宗であったという。ちなみに、第五代が道慈で、天平十五年から寺務二年、第四代が道聴で、天平十年から寺務五年と言い、元興寺三論宗。ついで第三代は道騰で、元興寺三論宗。第二代は道慈、初代は道昭となっている。以上は、『広隆寺別当補任次第』を追ってみたわけだが、初期の方は極めて怪しい。しかし今、『東大寺具書』の三論宗師資相承に従うと、福亮の弟子の一人に元興寺僧神泰がいて、神泰→宣融→明澄・玄耀とつづき、玄耀は新元興寺僧道詮に、明澄は新元興寺僧道昌にそれぞれ継承されたという。広隆寺をもって、「三論稟承之招提」と述べたのちの『広隆寺来由記』も、あながち根拠のない発言ではあるまい。

とりわけ、元興寺三論系の高句麗僧群に深いかかわりを持つ福亮以降、元興寺三論の系譜に多くを負う広隆寺は、当面注目されなければならない。さらに秦氏出身の僧としては、意外に南都仏教の重鎮が数えられて、大安寺三論宗僧の勤操はその一人である。[17] また、最澄の大乗戒壇院創設をめぐって、南都仏教側の拒否者の代表は護命であるが、彼もその一人で、元興寺法相宗僧であった。[18] すべてが元興寺三論というわけではないが、とにかく三論宗僧は極めて秦氏の周辺に多い。法相宗系によって持ち出されたらしい小野妹子法花経将来説話には、ただちに合意できないものがあったに相違ない。たとえば、延暦二十一年正月の勅は、「三論法相、二宗相争、各専一門」[19] らにする有様を指摘し、同二十二年正月の勅になると、「緇徒不学三論、専崇法相、三論之学、殆以将絶」[20] と述べている。さらに翌年正月の勅でも、「就三論者少、趣法相者多」[21] き事態を伝えている。平安朝初頭は、とりわけ三論法相両宗の対立がはげしく、かつ三論は法相に圧倒される現実があったのである。[22] 一方、恵思禅師後身説は小野妹子法花経将来説話と合体して、天台宗系に継承されることになるが、秦氏出自の護命は、まさにその天台宗を否定する急先峰であった。

とにかく、小野妹子将来の「今在経」と、上宮王家とともに失われた、太子と恵慈の間に存する「此経」とを峻別した補闕記には、宗派上の異和感が潜んでいたのではないかと思われる。それは同時に、太子の仏教に対する認識の相違でもあったろう。小野妹子法花経将来説話や恵思禅師後身説は、太子の存在と仏教研讃を、ただちに中国と結び付けて理解するのに対して、補闕記は、あくまで高句麗（元興寺系）を介在として、中国を間接的にしか認めようとしていない。「四天王寺聖徳王伝」に対する「補闕」とは、以上のような宗派上の拮抗とともに、文化思想に対する認識方法のくいちがいに由来するところがあったと考えられるのである。

この点は、中国王朝の交替に強い関心を示した「暦録」に対してと、同様の意味があったであろう。ところが皮肉にも、恵慈と太子の結び付きを強調する結果となった補闕記は、まさに『日本書紀』の型を踏襲したことになる。逆に「四天王寺聖徳王伝」や「暦録」は、その『日本書紀』の認識方法に、まさしく「補闕」を迫ったことになるのである。そしてなおここに、「暦録」や「四天王寺聖徳王伝」の「補闕」と、基本的な条件を分かち合う補闕記の「補闕」を指摘せざるを得ない時がきた。それは「暦録」もそうであったような、神仙思想に対する共通の強い関心という限られた問題ではない。達磨飢人説を含めた後身説の台頭と、それは密接なかかわりがある。まえに述べておいた、尨大な「図書経籍」による教化と、個人の「如法修行」に関心をはらわずにはいられなくなった奈良朝中後期の律令国家体制における矛盾の問題が、そこに頭をもたげてくるのである。

「維城典訓」と「律令格式」の必読を官人に勧め、[23]天下の庶人をして「孝経一本」を家ごとに蔵さしめて、[24]その精読勤修を促した藤原仲麻呂政権は、天平宝字二年八月、「天下諸国隠於山林、清行逸士十年已上、皆令得度」[25]めよとの施策を打ち出した。これが戒律重視の意味であったことは、同日、「其依犯擯出僧等、戒律無闕、移近一国」[26]うせよとの方針からも、およそ推定される。それはこの日、鑑真に対して「戒行転潔」きことを称え、同時に僧綱の任を停めて、「集諸寺僧尼、欲学戒律者、皆属令習」[27]めることになったのと同じ意味を持つ。つまり山林に隠れるといい、犯に罪せられるといい、いずれも「僧尼令」等の律令規定を犯したものであるにもかかわらず、戒律がそれに優先されようとしていたのであった。また鑑真にしても、これは決して失脚などではなく、僧綱という「僧尼令」規定に優先して、その戒律を用いるべきだというのである。

ここにみられるのは、もはや律令や寺院伽藍に拘束されない、個人に対するそのあり様の強い関心であり、むしろ執心でさえある。「皇帝」尊号の贈与や、それにもとづく「聖」観の形成も、結局これに一貫するものである。これは一面、「木叉」や「礼」[28]の個人教化によって、律令国家秩序の回復を願うものではあるが、その反面、もはやその秩序を超えた、あるいはその秩序志向とは別のさらに優先した認識が先行しはじめている。この傾向はすでに、伝戒師招請出発や行基集団に対する評価の変化がみられる天平前半年からはじまっていたが、ここに及んで著しいものがあったのである。

『日本霊異記』中の一にみえる長屋王の説話も、このような前提のもとではじめて理解されるであろう。「太政大臣正二位長屋親王」は、元興寺大法会を指揮していた時、「一沙弥」の乞食するのを嫌い、その頭を打った。そして程なく長屋王は、自尽に追い込まれた。

著袈裟之類、雖賤形不応不恐、隠身聖人交其中、

このように説いている。「隠身聖人」＝「一沙弥」は、一人の太政大臣親王をさえ殺す力を持っていた。言い換えれば、律令国家秩序（寺院伽藍の法会もその一つの表象として含まれる）に優先する「隠身聖人」＝「一沙弥」が認識されているのである。まえに、太子を「卑賤人」＝「一沙弥」として、太子自身の転生を説いた部分が「暦録」に存した可能性について触れておいた。これも同様のことが言えて、十七条憲法や冠位十二階を制定するという律令国家秩序の先駆者的位置付けの伝承をまといつかせてある太子の存在に対して、その規定を真向うから拒否する形で、なお太子の個性としての尊厳さを強調しようとする逆説がここにうかがえるのである。「暦録」の『日本書紀』に対する、実は「補闕」であったと言えよう。

このような個人そのものに対する価値は、たとえば戒律の重視からもわかるように、必ずしも可視的なものではない。むしろその可視性を裏切るものでさえあって、『日本霊異記』中の七が、「内密菩薩儀、外現声聞形」はすと行基を認識したのは、そのことをよく伝えている。そして、この「内密」める個人の価値は、あらゆる手段で確かめられ、

補強されようとするのであった。たとえば、『日本霊異記』上の四が「聖反化」と言い、同上の五が行基をもって「文殊師利菩薩反化」と説き、同上の六が「観音応化」と言い、同中の十七が「観音変化」と説き、また同中の二十九が行基を「化身聖」とか「隠身之聖」と言うなどは、その最も多い一群例である。いわゆる化生人として、菩薩の化身として「内密」める価値を高め、人に知らしめようとする。(29)

ここまでくれば、後身説は自ずと生じずにはいまい。また持経も、その価値を補うもので、『日本霊異記』上の十八や三十などに、その例がみえる。この点からすれば、ささやかな新説話の挿入であったにせよ、「暦録」や「四天王寺聖徳王伝」には、『日本書紀』の「補闕」という意味が、無意識にせよ存在していたとみなければならない。その限りにおいて、「善言」を含む『日本書紀』の書契や文章、そしてそれを一番根強く継承する平安王朝国家の施政者による書契文化主義は、以上のような国家秩序を超えた個人に対するあらたな価値観とはおよそ別のところで、むしろ観念的に反動的に、確認されていかざるを得ないものであった。そうである以上また、その書契文化主義には、実質的な空洞化が将来して、補闕記の「補闕」も、それが可能となる余地を迎えていたことになる。

しかしくり返しになるが、補闕記自体がその自己矛盾を犯したように、決して書契文化はその有効力を失墜したわけではない。にもかかわらず、太子の個人としての価値を、「調使膳臣等二家記」や秦氏所伝記事を引用しながら、あくまで追求していった補闕記は、一面「暦録」や「四天王寺聖徳王伝」と共通の時代条件を分かち合っていたのである。ただ基本的にちがうのは、二家記がその痕跡として背負っている誄の文化を持ち出してきたことで、また逆にそれに引かれて採用したことは、奈良朝後期に顕著となる個人に対するあらたな執心と価値観とに、たとえ間接的であろうとも、誄の文化が相通ずるもののあったことを物語ってはいよう。

注

(1) 平野邦雄「八世紀〝帰化氏族〟の族的構成」(竹内理三博士古稀記念会編『続律令国家と貴族社会』)。
(2) 『続日本紀』天平宝字元年八月庚辰条。
(3) 秦氏所伝記事のうち、たとえば物部守屋追討記事の原型などは、あるいはこの奈良麻呂の事件を契機として、その後、創作された可能性もある。
(4) 井上満郎「平安時代の秦氏の研究」(『日本歴史』三四〇)。
(5) 『続日本紀』天平二十年十月丁亥条。
(6) 『続日本紀』宝亀七年十二月戊申条。
(7) 『続日本紀』延暦二年七月癸巳条。
(8) 『続日本紀』延暦十年正月甲戌条。
(9) 『日本後紀』弘仁二年七月辛酉条。
(10) たとえば、『三代実録』元慶五年八月二十三日己亥条は、「勅、以山城国葛野郡二条大山田地卅六町、為大覚寺地、其四履、東至朝原山、(後略)」と記す。栗田寛『新撰姓氏録考證』下一三二〇頁で、この勅を一部引用し、朝原氏は、この葛野郡の朝原なる地名に依ったものとされている。太田亮『姓氏家系大辞典』第一巻「朝原」項においても、同様である。このいわゆる朝原氏は、秦氏の本宗とちがい、ある時期、秦氏の族的結合に組み込まれていたもので、再びその結合から復帰したものであろう。
(11) 井上満郎、前掲論文。
(12) 『三代実録』元慶六年八月二十九日戊辰条。
(13) 旧稿「『上宮聖徳太子伝補闕記』の文化史的意義」(『南都仏教』三三)において、「聖徳帝王」の「聖徳」を曲解して、聖徳太子とみる稚拙な誤りを犯した。飯田瑞穂氏の私信による指摘を得て、今はその非を改めておく。
(14) 『延暦僧録』所収の「上宮皇太子菩薩伝」の成立は、飯田瑞穂「聖徳太子伝の推移――『伝暦』成立以前の諸太子伝――」によると、延暦五年四月以降、延暦十三年十月以前と一応推定されている。

(15)『平氏伝雑勘文』下一所収「別当補任」逸文、『法輪寺縁起』所載「道昌略伝」、『広隆寺来由記』。なお、道昌伝の系譜については、小山田和夫「『法輪寺縁起』所載道昌略伝について――『日本三代実録』道昌卒伝との関係を中心に――」(『立正史学』四五)がある。

(16) 玄虚のことは、『広隆寺別当補任次第』によると、道昌の譲で、貞観四年には広隆・隆城両寺別当になったと言い、実敏については、『東大寺具書』や『三国仏法伝通縁起』巻中にみえる。

(17)『僧綱補任』。

(18)『僧綱補任』、『叡山大師伝』、『伝述一心戒文』巻上、『続日本後紀』承和元年九月戊午条。

(19)『日本紀略』延暦二十一年正月庚午条、『類聚国史』巻百七十九仏道六諸宗。

(20)『日本紀略』延暦二十二年正月戊寅条、『類聚国史』巻百七十九仏道六諸宗。

(21)『類聚国史』巻百七十九仏道六諸宗。なお『日本紀略』延暦二十三年正月癸未条には、この勅の抄出が載せてある。

(22) さきの『類聚国史』によると、延暦十七年九月十六日の詔でも、「偏務法相、至於三論、多廃其業、世親之説雖伝、龍樹之論将墜」と記す。

(23)『続日本紀』天平宝字三年六月丙辰条。

(24)『続日本紀』天平宝字元年四月辛巳条。

(25)―(27)『続日本紀』天平宝字二年八月庚子朔条。

(28)『続日本紀』天平宝字元年閏八月丙寅条、『類聚三代格』巻十五寺田事。

(29) 伊藤唯真氏は、「奈良時代における菩薩僧について」(『仏教大学研究紀要』三三)で、菩薩僧が天平年間から史料上にあらわれ、行基集団に対する国家のいわば有和政策化の時期と揆を一にしながら、さらに増加の一途を辿ったと指摘されている。

あとがき

ふつう著書の上梓と言えば、積年の研鑽をもってするのが常道であろう。しかし本書はそうでない。内心忸怩たるものがある。

どうも弁明からはじめなければならない。さほど昔の話ではないが、日本史の論文を読むのが何とも苦手であった。それには様々な理由があったと思う。人によって、歴史の研究をはじめるようになった動機や契機は、おそらく多種多様であろう。戦後生まれの私が、敗戦を契機とした時代の価値転換などを見知ろうはずもない。その点、いささかなりとも負い目が無いと言えば嘘になるが、大学や学問そのものに懐疑心を持つようになった大学紛争の最中に、私は学生時代を過ごした。文学や哲学へと、次第に心引かれていったのである。

それでも、歴史自体には興味と関心があった。ある時、思い切って津田左右吉全集を買った。大学の二、三年次ではなかったろうか。上代史の研究よりも、まず第二十巻を読みあさった。「必然・偶然・自由」「歴史学に於ける『人』の回復」「史学は科学か」「歴史の矛盾性」そして「シナ思想と日本」が、そこには収められていた。ついで「文学に現はれたる我が国民思想の研究」を別巻で読み続けた。これはノートにとって、今でも私の部屋にある。

少なからぬ感動を得ていた。まず迫力がある。その気力たるや、尋常でないものを感じたのである。それでいて、性急なところが決してない。難解な論理と文章をもてあそんでそれに溺れるようなこともなく、鋭い直観と洞察力、それに息の長さがありありとうかがえた。文章もよかった。美文というのではない。常に自分の呼吸を守り生かし、間断なくそれは整い一貫していた。何よりも他人の論説を引用することがない。イデオロギーの厚化粧も、そこにはなかった。イデオロギーと思想は、全く別物である。すべて自身の言葉で大部を成していたのである。

いつしか、津田左右吉のように書きたいと思うようになった。何とも不遜な想いである。案の定、そう念ずれば念ずるほど、自分の浅学菲才が頭をもたげて、目前に厚くて重い壁を形作り、進路を妨げる。そんな時、言い訳の言葉も今では覚えた。時代が違うのではないか。研究はより細部に分け入り、緻密さが求められる。かつて信じられていた史実も、今では動揺しがちで、史観も複雑化し、個別論文の積み重ねと、その習得を何よりの必須条件とするようになった。良く言えば、学問として進化発展しているのだと。

だが、進化発展というものを、どこかで信用していない自分をも知っている。これは名状し難いジレンマで、自分の能力を思い知らされるたびに、その波紋は薄らぐことなく拡がる。これからも決して氷解することはあるまいと、変な確信がこの点だけにはある。文化・国家・宗教に歴史の三要素を求めるブルクハルトや、〝秋〟の時代を省察するホイジンガ、はたまた労働・仕事・活動を人間の条件とみるアレントなどのことが、いつも脳裏から離れないのも、私には理由のあることと思われる。

本書は従って、あるジレンマの産物である。その内容がどれほどのものであるのか、私には甚だ不安なところも多い。ただ、上宮聖徳太子伝補闕記の研究であってそうでないというところに、もし何らかの意味を読み取ってもらえるならば、これにまさる幸せはない。一つの到達点ではなく、確認と試行錯誤と冒険との出発点でありたいし、それ以上でも以下でもないのである。あえて書き下ろしに臨んだのも、ささやかな理由はその辺にあった。

早くから歴史研究に没頭し邁進してきたとは言い難い私、また時として歴史学に懐疑の念を持つことさえあった私が、まがりなりにも今まで歩んでこれたのは、ひとえに恩師竹内理三先生のお蔭である。申し上げるお礼の言葉もない。本書もまた、竹内先生のご高配によって生まれた。

早稲田大学文学研究科に提出した昭和四十七年度の修士論文「上宮聖徳太子伝補闕記の研究」が、本書の土台になっている。その後発表された関係論文も一部はあるが、今回はそれにも再考を加え、あらためて書き下ろすことにした。旧稿の再録は一切ない。しかし、具体的な事柄は別として、その視点や構想は修士論文を大きく逸脱することがない。

それにしてもまた、数多くの先生、先輩、同輩そして後輩のご指導やアドバイスも忘れることができない。非礼ながらも書面にてたびたびご教授いただく先生方、社会経済史の眼をも教えられた早稲田の旧竹内ゼミの方々、不勉強で未熟な私を暖かく育ててくださった、また今そうである大分大学と日本女子大学の先生方には、史料調査で何かと便宜をはかってくださった諸機関の方々ともども、記して謝意を表したい。

一九八〇年六月

新川登亀男

戊午叢書刊行の辞

今日の史学の隆盛は前代未聞といえよう。数え上げることも出来ぬ程の研究誌、ひろい歴史愛好者を含む歴史書のおびただしさ、送迎するものの目も眩むばかりである。にも拘わらずここに新たな叢書を企画する理由は三つある。一つは研究誌の多さにも拘わらず、掲載される枚数がきびしく制限され、大論文の発表の場となし難い現況を打破したいこと。二は、出版物は多数とはいえ、すべて営利的出版者の常として、時流から外れた地味な研究は出版困難である状況に、多少の手助けをしたいこと。三は、本叢書の最大の眼目とするところであるが、いわゆる若手の研究者の研究は、概して新鮮さにあふれ、前途の大成を予告する優秀さをもつにも拘わらず、正当な評価をうけること少く、著書として出版される機会が中々得られない実情を打破したいこと。私自身、恩師の推挽によって卒業論文を出版することができ、それが出発点となって、今日まで恵まれた研究生活をおくり得た恩恵を深く思う故に、とくに第三点に重点をおき、今年を以て古稀を迎えた機会に、年々多少の資を提供して出版補助とし、吉川弘文館の賛成を得て発足し、今年の干支戊午に因んで戊午叢書と名づけたものである。対象はほぼ大学修士論文とするが、未だ専書刊行のない隠れた研究者の論文集をも含めたい。大方の賛成を得て、多年に渉って恩恵をうけた学界への報謝の一端ともなれば、幸甚これにすぐるものはない。

一九七八年一二月二〇日

竹内理三

著者略歴

昭和二十二年
広島市に生れる
昭和四十六年
早稲田大学第一文学部史学科
(日本史専攻)卒業
昭和五十年
早稲田大学文学研究科博士課程
(日本史専攻)中途退学
大分大学教育学部助手
昭和五十三年
大分大学教育学部講師
昭和五十五年
日本女子大学文学部講師

上宮聖徳太子伝補闕記の研究

著者　新川登亀男（しんかわときお）

昭和五十五年九月一日　初版印刷
昭和五十五年九月十日　初版発行

戊午叢書

発行者　吉川圭三

発行所　株式会社　吉川弘文館
東京都文京区本郷七丁目二番八号
郵便番号一一三
振替口座東京〇二四四番
電話〇三—八一三—九一五一番(代表)

印刷＝壮光舎印刷　製本＝宮内製本

〈戊午叢書〉
上宮聖徳太子伝補闕記の研究（オンデマンド版）

2017年10月1日　発行

著　者　新川登亀男（しんかわときお）
発行者　吉川道郎
発行所　株式会社 吉川弘文館
〒113-0033 東京都文京区本郷7丁目2番8号
TEL 03(3813)9151(代表)
URL http://www.yoshikawa-k.co.jp/

印刷・製本　株式会社 デジタルパブリッシングサービス
URL http://www.d-pub.co.jp/

新川登亀男（1947～）
ISBN978-4-642-72094-6